샤르허브의 아지랑이

동북아총서
몽골 현대단편소설선1

샤르 허브의 아지랑이

더르즈껍드 앵흐벌드 외 지음
난딩째째그와 정용환 외 역

도서
출판 모시는사람들

샤르 허브의 아지랑이

차례

스님의 눈물

데. 나착도르즈

권성훈 역(몽골국립대 교수)

세상이 공허하다면서 법륜(法輪)[1]을 돌리며 수도(修道)를 하고 있던 로동스님이 노란 장삼에 붉은 가사를 휘날리며 '간단사' 남쪽의 다리를 향해 내려오고 있었다. 이와 반대 방향인 '서쪽 지게꾼의 거리'에서는 달콤한 연정(戀情)의 날카로운 칼날로 무장된 처녀, 유배화라고도 하는 체렌함이 백옥같이 하얀 얼굴에 검은 머리카락을 바람에 휘날리며 나오다가 로동스님과 마주쳤다.

유배화는 아편이 떨어졌기 때문에 금반지를 맡기고 몇 푼을 빌려 쓰려고 가는 길에 우연히 로동스님과 마주친 것이다. 유배화는 앞에서 오는 스님이 겉으로는 점잖고 마음씨가 부드러워 보이지만 한편으로는 경박하기 짝이 없는 사람이라는 것을 한눈에 알아차렸다. 순간 기막힌 꾀가 유배화의 머리에 번개같이 스쳐 지나갔다.

---

1) 티베트 불교에서 사용하는 원통형의 경전통. 통을 돌리며 소원을 빌기도 한다.

유배화가 얼른 스님 옆에 바싹 다가가서 수심과 번뇌에 찬 표정을 지어 말했다.

"스님, 부디 불쌍히 여기소서. 노모께서 병환이 나서 돌아가시기만 기다리고 누워 있습니다. 부디 저희 집에 오셔서 불경이나 외워 노모께서 마지막 가시는 길을 인도해주소서."

스님은 좀 난처한 표정을 지어 말했다.

"나는 지금 준 후레의 법회에 가는 길이라서 안 되겠네. 다른 스님에게 부탁해 보시게."

그러나 유배화는 거듭 괴로운 표정을 지어 온갖 말을 동원하여 애원하며 붙드는데, 스님은 도저히 거절할 수 없겠다는 생각이 들어 불경이나 외워 주러 처녀를 따라 그녀의 집을 향해 발걸음을 옮겼다.

무더운 여름날, '서쪽 지게꾼의 5번가'의 질척거리는 진흙바닥에서 나는 고약한 냄새는 일 만 다발의 향을 피워도 가시지 않을 것만큼 찌든 냄새는 지독했다.

로동스님은 손수건으로 코와 입을 쥐어 싸고는 유배화의 뒤를 사뿐사뿐 따라갔다.

이내 새하얀 대문으로 들어서자 소금에 절인 소가죽 냄새가 진동하여 코를 찔렀으며, 소털이 바람에 날아와서 옷에 달라붙었다.

무너진 진흙집 사이로 난 좁은 길을 지나 서쪽에 있는 무슨 구멍같이 음침한 집으로 들어갔다.

"금방 차 끓여 내 올께요."

유배화는 스님을 의자에 앉혀 놓고 애교 있게 말하고 밖으로 나갔다.

스님은 방 안을 둘러보았다. 아래쪽에 큰 침대가 있었다. 이불과 요는 얌전하게 개켜서 알록달록한 침대보로 덮어놓았다. 위쪽에는 네모난 탁자 위에 흰 천을 깔고, 그 위에 큰 시계와 불화를 놓았다. 지붕은 낮았다.

로동스님이 서면 머리가 천정에 닿을 지경이었다. 작은 창문 하나는 창호지를 이중으로 발랐는데, 그 위에는 빨간 종이를 오려서 아름답게 무늬를 놓았다. 방안은 낮이지만 어두컴컴했다. 창문 한쪽 모서리에 작은 구멍 하나를 뚫어 놓았는데 이것은 들어오고 나가는 사람을 살피기 위한 것 같았다.

곧바로 유배화가 들어와서 따뜻한 차를 대접한 뒤에 간곡하게 부탁했다.

"자애로우신 스님, 부디 저희 어머니 병을 낫게 해 주세요."

스님이 비로소 유배화의 얼굴을 바라보았다. 햇빛 아래에서는 유배화의 얼굴이 하얗게만 보였는데, 지금 방 안에서 보니 양 볼은 발그스름했고, 아침마다 기도하는 백다라보살[2]처럼 아름다웠다.

어느덧 스님의 마음속으로 사바세계의 욕망의 안개가 뭉게뭉게 피어오르기 시작했다.

스님은 아주 친절한 목소리로, '어머니께서 어디 계시냐'고 물었다. 그녀는 어머니가 아프다고 한 말이 거짓말이었지만 어쩔 수 없이 '이쪽에 계십니다' 하며 스님을 모시고 건넌방으로 갔다.

한 노인이 이불을 뒤집어쓰고 누워 있었다. 작은 불상을 모셔 두고 있는데, 먼지가 수북했다. 그 앞에는 중국풍으로 빨간색 양초 두 개를 걸어놓았다.

스님은 그에게 정성을 들여 불경을 외고 기도를 해 주었다.

독경을 마치고 보니 어느덧 저녁이 되었다. 어머니도 좋아진 탓인지 일어나 '모두 스님의 덕분입니다' 하며 합장을 했다.

유배화는 스님에게 외경하는 거룩한 표정을 지어 보였다.

그런데 유배화가 이야기를 하면서 살며시 짓는 미소가 아주 매혹적이

---

2) 관음의 눈에서 나왔다고 하는 아름다운 여자 모양의 보살

었다. 그녀의 까맣고 고혹적인 눈동자가 떼굴떼굴 구를 때마다 로동스님의 가슴에 크고 작은 불꽃이 거칠게 타올랐다가 꺼지곤 했다.

유배화는 직감적으로 스님의 가슴 속에 타고 꺼지는 불꽃을 알아차렸다.

"스님, 마침 저녁이 되었으니까 저희 집에서 진지 드시고 가세요."

스님은 고단하기도 했고, 또 불경을 읽어 주고 나서 식사대접 받는 것이 관례이기도 했기 때문에 못 이기는 척 유배화의 제안을 받아들였다.

스님은 유배화를 따라 아까 그 건물로 갔다.

유배화는 요리사를 불러 음식을 준비해서 스님을 대접했다. 그 뒤부터 유배화는 점점 더 노골적으로 유혹을 했다.

유배화가 스님에게 바싹 달라붙어 이런 저런 이야기를 나누다 보니, 스님은 속세를 동경하는 마음으로 점점 기울어져 갔다.

그날 오후, 스님은 도인하르[3]에 있는 집과 불경 속에 모신 부처님은 아예 생각조차 나지 않았다. 유배화가 깜짝 놀란 듯 말했다.

"어머! 벌써 날이 어두워졌네요. 스님을 모셔다 드릴 인력거도 없고, 비도 내리는데 어쩌나? 여기서 주무시고 내일 아침에 가세요."

스님은 피곤하기도 했고, 정말 밤이 되어 있었고, 밖에 비까지 내리고 있었다. 무엇보다도 마음이 기울어져 있었다.

실은 유배화와 이런 저런 이야기를 나누며 시간을 보내는 것도 재미있었기 때문에, 여기서 자고 가리라고 이미 마음먹고 있었다. 유배화도 기뻐하며 일어나 이부자리를 준비했다.

각 방에 따로 침대에 누웠다. 유배화가 이따금 한번씩 가볍게 기침을 하는데, 스님은 통 잠이 오지 않았다. 금방이라도 아름다운 처녀한테로

---

3) 간단사(寺) 근처의 스님들이 사는 동네 이름

건너가고 싶었지만 아직 여자와 한번도 몸을 섞어 본 경험이 없기 때문에 적잖이 망설여졌다. 게다가 스님이 아닌가.

그러나 스님은 더 이상 참을 수가 없었다. 뒷간을 다녀오겠다는 핑계로 일어섰다. 들어올 때는 반드시 처녀를 품 안에 넣으리라 다짐하고 나갔다. 되돌아와 밖에 서서 유배화의 방 안을 슬쩍 엿듣는데 아무런 기척이 없었다. 살며시 문고리를 잡아당기는 순간이었다.

"어머, 스님, 조금 있다가 들어오세요."

난데없는 유배화의 당혹스러운 목소리가 들렸다.

스님은 유배화의 말대로 문밖에서 서성이고 섰다가 갑자기 무슨 일인지 궁금해서 집게손가락에 침을 묻혀 창호지를 뚫고 그 작은 구멍으로 방 안을 들여다보았다. 처녀가 등불 아래서 속옷을 벗는 모습이 눈에 들어왔는데, 눈부시도록 아름다웠다. 스님의 가슴은 두근두근 뛰기 시작했다. 스님의 공허한 마음은 어느새 속세로 옮겨져 있었고, 계율의 도는 이미 바론 조[4]로 훌쩍 날아가 버렸다.

마음에 정욕의 불길이 활활 타올라서 탐욕스러운 사내가 된 그는 방으로 들어가 눈부신 유배화를 끌어안았다. 유배화는 기다렸던 터라 스님의 몸을 한 구석도 놓치지 않고 알뜰살뜰하게 쓸어주었다. 처음 '살맛'을 알게 된 로동 스님에게는 속세의 일이 마냥 황홀하기만 했다.

로동 스님은 아침에 바로 절로 돌아갔지만, 오후가 되자 다시 생각나서 유배화에게로 달려갔다.

그렇게 몇 달이 지났다. 어느덧 '서쪽 지게꾼의 거리'와 '간단사' 사이에 뚜렷한 오솔길 하나가 새로 생겨났다.

---

4) 티베트의 수도 라싸를 이르는 말. 여기서는 타락을 의미함.

유배화가 로동스님을 애초에 진심으로 좋아한 것은 아니었기 때문에 부자 스님의 덕으로 흥청망청 쓰면서도 별로 만족할 줄을 몰랐다.

속세의 올가미에 걸려든 로동스님은 유배화에게 푹 빠져 다른 어떤 할 일도 생각나지 않았다. 결국 스님은 '간단사'에 있는 집과 갑쥐[5]가 되려고 모았던 재산을 몽땅 팔아서 유배화에게 풍족하고 멋진 집을 마련해 주고 속인이 사는 동네로 내려와 동거하게 되었다.

어느 날 로동스님이 집에 와서 대문 고리를 잡아당기는데 문이 안으로부터 잠겨 있었다. 창문 틈으로 안을 들여다보니 유배화가 한 사내를 껴안고 애무를 하고 있었다. 소문으로만 듣던 유배화의 옛 애인이라는 녀석이 바로 저놈이 틀림없으렷다.

로동스님은 화가 머리끝까지 치밀어 한바탕 싸울 심산으로 문을 부수고 들어가 자신도 모르는 무슨 말을 질러댔다. 그러나 유배화는 조금도 놀라워하는 기색이 없었다. 등 뒤에는 젊고 든든한 사내 녀석을 세워놓고, 사람이 살아가는데 필요한 인륜을 말하고 나서 욕설까지 퍼붓고 집 밖으로 내쫓아 버렸다.

스님은 너무도 억울하여 어디다 사연을 고소라도 하고 싶었지만 계율을 저버린 주제라 어쩔 수 없었다. 로동스님은 밀려드는 슬픔을 주체하지 못하여 문지방을 붙들고는 울부짖었다.

"애야, 난 너를 사랑한단다. 이제 난 어떻게 하란 말이냐? 네가 다른 사내와 사귀는 것은 어쩔 수 없지만 날 버리지는 말아다오."

스님의 눈에서는 검은 속세의 눈물이 빗방울처럼 줄줄 흘러내렸다.
(1930)

---

5) 티베트 불교에서 경전에 능통한 스님에게 주는 칭호

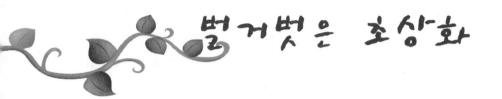

벌거벗은 초상화

체렝톨 투멩바야르
난딩쩨쩨그와 정용환 역

여자는 미술관 전시실로 들어서면서 내 모습이 어떻게 나왔을까 자못 조급하고 흥분되어 걸음이 빨라졌다. 난생 처음으로 화가 앞에 벌거벗은 모습으로 섰을 때는 정말 부끄러웠었다. 하지만 돈 때문에 어쩔 수 없이 부끄러움을 떨쳐버릴 수밖에 없었다. 계약금 이천 투그릭을 받고 총각 화가의 가난한 집으로 들어설 때 자신도 모르게 와들와들 떨었던 것을 회상하면 절로 웃음이 나왔다. 그는 재능이 뛰어난 화가답지 않은 수수한 옷차림이었고, 집안에는 가구나 소품들이 어수선하게 널려 있었다. 물감 냄새가 나는 그의 방에 처음 들어갔을 때 내 마음이 바뀌게 될 줄 어찌 알았으랴. 누드 모델료 이상의 것, 즉 영원히 그 화가의 주인공이 되고 싶은 욕망을 갖게 되리라고 어찌 예측이나 했겠는가. 그림을 그리기 전에 가난한 화가는 아주 간절하게 말했다.

"강체체그, 이번 전시회에 얼마만큼 성공적으로 참가하느냐에 따라 앞으로의 내 화가의 운명이 좌우되지요. 그만큼 이번에 그리게 될 그림이 중요해요. 우리 둘이 열심히 손발을 맞추어야 합니다."

화가는 민첩하고 교묘한 손동작으로 눈 깜짝할 사이에 그녀의 모습을 그려나갔다. 그녀가 벌거벗은 채로 화가의 앞에 서 있다는 사실을 아는 사람은 이 세상에 그와 나밖에 없다. 혹시라도 주위에서 알게 되면 전시장에 걸린 그녀의 누드화에 대한 욕설이 나돌지도 모른다. 그렇게 되면 어떻게 얼굴을 들고 살아갈 수 있을까. 처음에는 이런 걱정이 그녀의 머리를 지배했었다. 그림을 그리는 동안 화가는 그녀의 피부색, 몸 안의 점, 심지어 구김살이나 손금까지도 섬세하게 파악해 버렸을 것이다.

그림을 그리는 동안 화가도 그녀에게 사랑을 느꼈던 것일까. 화가는 행여 그녀가 다른 화가 앞에서도 벌거벗으려는 것을 시기라도 하듯이, 그리고 그녀를 무척 아끼는 듯한 다정다감한 말을 늘어놓았다.

"당신 자체는 나의 미술세계예요. 어떤 다른 화가가 무엇으로 유혹을 하더라도 절대 당신의 몸을 그리게 해서는 안 돼요. 당신의 피부는 비단처럼 부드러워요. 누드화에서는 이처럼 중요한 게 없지요. 나는 당신이 입은 얇은 블라우스 속으로 비치는 살결을 보자마자 직감적으로 알아차렸지요. 다시 말하지만 다른 누구에게도 그대를 그리게 해서는 안 됩니다. 우리 화가들은 눈치가 빠르지요. 다른 화가가 설령 감언이설을 늘어놓더라도 최소한 이번 전시회에서 그림이 공개될 때까지 참아주셔야 합니다."

그녀는 차마 부끄러워서 어떤 말도 나와 주지 않았다.

"그럴 리가 있겠어요? 나는 당신한테만 내 누드화를 그리게 할 겁니다. 당신 말고 그 누구 앞에서도, 아니 내 평생 다른 사람 앞에서는 절대로 벗지 않겠어요."

그렇지만 야속하게도 말은 입 속에서 맴돌 뿐 밖으로 나와 주지 않았다.

화가가 그녀를 그리는 사이 여자의 머릿속은 점차 복잡하게 얽혀가고 있었다. 화가는 벌거벗은 채로 누운 나를 보고 무슨 생각을 하는 것일까. 나를 껴안고 싶어 할까. 아니면 내 몸을 원하는 걸까? …… 등 많은 생각들이 오갔다. 그녀는 처음엔 '빨리 끝났으면 좋겠다.'고 생각하다가 차츰 이런 상황에 익숙해져서 될 수 있으면 오래도록 여러 가지 자연스러운 동작으로 그리는 것을 도왔다. 화가의 주의 깊고도 호기심으로 가득 찬 눈빛, 뭔가 이야기하는 모습이 차츰 그녀의 마음을 사로잡았다. 그는 <모나리자>, <베네라>, <담비를 안고 있는 여인>, <식스틴 요정> 등 유명한 화가의 붓끝에서 마술처럼 남겨진 많은 아름다운 여성들에 대해 말했고, 유명한 화가인 루벤스는 죽은 자기의 아내를 그림을 통해 되살렸을 뿐만 아니라 53세 때에는 그의 재능에 감동하여 그를 사랑하게 된 16세의 처녀를 아내로 삼아 아름다운 그림을 그려주었다고 말했다. 만일 루벤스가 그런 그림을 그리지 않았다면 엘레나의 아름다움을 인류가 몰랐을 것이라는 등 신화처럼 신비한 이야기를 감동스럽게 들려주었다. 그는 심지어 그런 훌륭한 여인들의 초상화를 일일이 보여주면서 설명하였다. 그 중에서 강체체그의 마음을 사로잡은 것은 <식스틴 요정>이었다. 자기 자식을 사랑하고 아끼지만 어쩔 수 없이 다른 세계로 보내야 하는 비련의 젊은 어머니. 그 속에 슬픔에 찬 여자의 살아 있는 모습이 들어 있는 것 같았다.

강체체그는 그 화가와 만날 때마다 매우 다른 신비한 세계의 문을 여는 것만 같았다. 아마 바로 이런 이유 때문에 화가에게 마음을 빼앗기게 되었는지도 모른다. 누드화를 그리는 동안 "나는 당신을 사랑해." 하며 고백하고 싶을 때가 많았지만, 먼저 그림을 끝내고 전시회가 열린 다음에 기쁨의 분위기에서 고백을 해야지 다짐하며 끝내 입을 다물었다.

그녀가 전시실에 들어서자 벽은 온통 그림으로 장식되어 있었다. 관람객들은 개회식을 기다렸다가 작품을 구경하려고 우르르 몰려 들어갔다. 강체체그는 자기 초상화와 사랑하게 된 화가를 이리저리 눈을 돌려가며 찾았다. 그러자 바로 앞에 <벌거벗은 초상화>라는 별로 맘에 들지 않는 제목의 그림이 눈에 띄었다. 틀림없이 강체체그 자신의 모습이다. 그러나 그녀는 자기 초상화를 첫눈에 알아보지 못했다. 그렇지만 그림은 매혹적으로 창조되어 있었다. 어느 봄날 밤, 초승달이 창문으로 들어와 그녀의 몸을 사로잡았다. 터지기 직전의 탐스러운 자태, 약간 기울어진 채 간지럼을 잘 타는 듯한 목, 끝 모를 애정에 주려서 그 누군가를 애타게 갈망하는 듯한 애처로운 모습, 두 손을 아래로 자유롭게 놓아둔 채 어린애처럼 부드러운 얼굴에는 달빛이 미끄러지고 있었다.

그림 속에 담긴 그녀의 눈은 힘이 빠져서인지 흐릿해졌고, 반쯤 감은 눈꺼풀 사이로는 사물이 희미했다. 마치 화가의 굳고 단단한 손이 그녀를 압도하고 여자가 자기의 품 안으로 안기기를 기다리는 것 같았다. 그녀의 입술은 "이리 와, 이리 와, 사랑해 줘요." 하며 애원하고 있었다. 창문 밖에 막 움돋는 자작나무는 달빛 아래 벌거벗은 나신같이 하얗고, 방으로 흘러 들어오는 산뜻하고 신선한 공기마저 분위기를 더욱 흥분시키고 있었다. 소파의 빨간색 덮개조차 그녀의 흥분을 자극하고 있었다. 그녀는 벌거벗은 초상화 앞에서 감탄을 넘어 넋을 잃었다. 그만큼 화가는 나를 좋아한다. 그는 분명히 화가의 눈으로 나를 바라보지 않은 것이 틀림없었다. 그녀는 화가가 자신을 사랑한다는 생각에 이르자 너무 기뻐서 금방이라도 심장이 멎어버릴 것만 같았다.

잠시 후 관람객들에게 중대 발표가 있겠다는 방송이 있었고, 드디어 화가 바트체렝의 <벌거벗은 초상화>가 대상에 입상했음이 공표되었다. 그녀는 웃음을 넘어 흥분되어 눈물이 났다. 사랑하는 남자가 "당신 덕분입니다." 하고 얼굴 가득 미소를 지으며 다가오면 마음속 깊이 숨겨뒀던 "사랑해요."라는 말을 털어놓아야겠다고 다짐했다. 이제 화가의 여인이 되는 것은 어쩔 수 없는 운명이라 생각하고 있었다.

그러나 안타깝게도 그런 일은 바로 일어나지 않았다. 그녀는 그에게 축하해 줄 사람이 너무 많아서 아직은 그녀에게 다가오지 못하고 있으리라 생각했다.

강체체그는 꽃다발을 가슴에 안고 그에게 천천히 다가갔다. 화가는 그제야 가까스로 그녀를 알아보고 말했다.

"당신에게 특히 감사를 드립니다. 이제부터 당신은 자유롭습니다. 만일 다른 화가가 당신의 누드화 그리겠다고 하면 응해도 좋습니다."

화가는 지극히 냉정하게 선언을 하더니 축하하러 온 다른 사람을 향해 휙 돌아섰다.

그녀의 눈에서는 도저히 참을 수 없는 눈물이 흘러 나왔다. 흐르는 방울방울의 눈물을 따라 그 아름다운 그림이 흐려져 갔다. (1998)

원한

달하아 노로브
난딩쩨쩨그와 정용환 역

1

덩치가 자그마한 검은 개가 식탁 아래에서 뒷다리를 바닥에 붙이고 앉아 정면에 보이는 초상화를 뚫어지게 쳐다보고 있었다. 촐로옹은 그제야 비로소 개의 갈색 눈과 시선이 마주쳤다. 깜박거리지 않고 응시하는 그 눈은 문득 개 눈이라고는 믿겨지지 않을 만큼 무서웠다. 검은 개는 촐로옹이 몸을 움직일 때마다 흘끗 쳐다보았지만 곧바로 다시 뎀칙에게로 고개를 돌리고선 꼼짝을 하지 않는다. 뎀칙은 섬섬옥수의 손을 가진 애인 촐로옹과 나란히 앉아 그녀의 귀밑머리를 쓰다듬으며 달래거나 다정하게 손을 쓸어 만지거나, 아니면 가끔 식탁 위의 음식과 과실주에 손이 가곤 하였다. 그런 뎀칙의 움직임에 맞추어 검은 개는 바람에 누웠던 풀이 일어나듯 검은 목덜미 털이 뒤통수부터 꼬리 끝까지 텁수룩하게 일어섰고, 길게 늘어진 혀 사이로 이빨을 드러내자 수염이 와들와들 흔들렸다. 개는 그렇게 움직일 뿐 어떤 소리도 내지는 않았다.

검은 개는 뎀칙의 어깨 너머 양탄자 벽에 걸린 액자를 비스듬히 쳐다보았다. 액자 위는 파란 스카프를 걸쳐 장식하였고 그 안에는 고인의 초상을 담은 사진이 들어 있다. 머리카락과 수염, 눈썹과 눈이 정결하고 엄격하여 의연한 인상이 짙게 풍겼지만 얼굴에 엷은 미소를 지어서 자신의 모습을 부드럽게 보이려 애쓰는 듯 보였다. 검은 개는 고인의 이 사진을 볼 때마다 그토록 무서웠던 눈길이 신비하리만큼 부드러워지고 차츰 눈동자가 어렴풋이 커지면서 눈꺼풀에 눈물이 가득한 듯이 보였다. 그러나 그 개는 뎀칙을 의식하는 순간에는 눈동자를 바늘구멍처럼 가늘게 오므려 날카로운 눈빛으로 뎀칙을 쏘아보았다. 이것은 액자 속을 바라보던 따스하던 시선과는 너무나 달랐다. 미워하고 혐오하는 철천지 원수를 쏘아보는 살벌한 눈빛이라고나 할까. 어쩌면 개 눈에 이토록 뚜렷한 감정이 담겨질 수 있을까? 여느 때 같으면 밥을 달라고 달라붙거나 집을 지키려고 낯선 이방인에게 사납게 돌진했지만 오늘은 달랐다. 촐로옹은 그 눈빛이 지금처럼 살기등등하지 않았다는 것을 잘 안다. 저 흘겨보는 눈빛은 보기만 해도 소름이 돋았다. 촐로옹은 보다 못해 민망해져서 사탕 조각으로 검은 개를 달래보지만 냄새만 맡고서는 제자리에 놓을 뿐이었다. 그리고 개는 여전히 증오하는 시선으로 뎀칙을 무섭게 쏘아보고 있었다.

촐로옹이 뎀칙의 옷깃을 슬쩍 잡아당기면서 속삭였다.

"당신, 저 개의 눈을 좀 봐."

그렇지만 개는 오히려 눈을 크게 뜨고 앞다리를 볼끈 쥐더니 얼굴을 찡그렸다. 그러자 촐로옹은 슬그머니 일어서면서 뎀칙에게 속삭였다.

"겁낼 것 없어요."

2

"딸과 사위가 가끔 와서 같이 지내주지 않았더라면 아무도 없는 이 집에서 앉아 있는 것조차 참기 힘들었을 거예요. 그래도 이 개는 안에서나 밖에서나 항상 내 곁에 있어 주었어요. 뎀칙 당신이 올 거라고, 밤이면 밤마다 기다리고 있었지요. 뿐만 아니라 장례식 때도 당신이 오겠지 하고 많이 기다렸어요. 당신이 고인을 무서워한다지만 그래도 서로 아는 사이 아니에요? 자, 이제 무서워할 필요 없으니 자주 와 주세요."

우즈메가 낮은 목소리로 속삭이듯이 말했다.

"그럼요, 오고말고요."

뎀칙이 웃음을 지으며 눈물에 젖은 우즈메의 속눈썹을 엄지손가락으로 닦아주었다.

"하하하, 저는 죽은 고기를 기다리는 하이에나처럼 당신의 남편이 죽기만을 기다렸지요. 아니면 우즈메 아주머니께서 싫어할 것 같아서 안 왔지요."

그는 농담 투로 말했지만 꼭 진심처럼 들렸다.

"무서워할 것을 무서워해야지요. 그렇지만 고인을 그렇게 무서워해서야 원. 당신도 참 이상해요."

그러자 뎀칙이 우즈메 아주머니의 말을 도중에 끊더니 은근히 말을 낮춰서 말했다.

"그거야, 우리 둘 다 무서워했잖아. 지금은 내가 언제든지 와도 무서워하지 않을 거지?"

뎀칙은 말하면서 어느새 우즈메의 손을 만졌다. 우즈메는 내심 불쾌했지만 즐거운 기억을 되살리면서 쑥스러운 듯 얼굴을 붉히며 낮게 말했다.

원한 19

"그래도 항상 당신이 마음대로 했잖아요."

"알았어. 지금 내가 이 개를 데리고 가겠습니다. 개가 물지 못하게 재갈이나 단단하게 물려주십시오."

뎀칙은 단호한 어조로 말했다.

"그건 왜지요?"

우즈메가 무슨 영문인지 몰라 눈을 끔벅거리며 물었다.

"잘 길들여야지요. 안 그러면 저놈이 나를 콱 물어 버릴 거요. 저놈의 매서운 눈을 보면 모르겠어요?"

"어머머……. 그러고 보니 정말 무섭네요."

"어서 재갈을 찾아서 입에 물리기나 하세요. 일이 있어서 나는 지금 가야하니까 서두르세요."

"그럼, 제가 아끼는 개도 데려가고 오랜만에 방문한 당신도 가 버리고 저는 혼자서 어떻게 살라고요?"

우즈메는 망설이듯 혹은 초조해 하듯 작은 목소리로 말했다.

"괜찮아요. 하루 이틀만 참으세요. 그때는 저와 이 개가 아주 다정한 사이가 되어서 돌아올 겁니다. 슬리퍼를 물어다 주는 훈련까지 시킬 겁니다. 그렇게 하는 게 좋겠지요?"

하고 뎀칙이 야릇하게 웃으며, 우즈메의 엉덩이를 슬쩍 꼬집었다.

"정히 그렇다면 그렇게 하세요. 저 개는 하나밖에 없는 저의 유일한 친구예요. 둘 다 빨리 와야 해요."

우즈메는 깊은 한숨을 내쉬며 애처롭고 부드러운 목소리로 말했다.

우즈메와 뎀칙은 서로의 뺨에 살며시 입술을 스쳐서 작별 인사를 고하고는 자리에서 일어섰다.

뎀칙이 검은 개를 안고 차문을 열자 우즈메가 옆으로 다가가서, 개한테 먹이를 줄 시간과 산책시키는 시간에 대해 알려주었다. 그렇게 말하는 동안 우즈메는 헤어지는 것이 슬퍼서 눈물까지 글썽였지만, 결국 혼자서 남을 수밖에 없었다.

3

뎀칙은 바로 집으로 돌아갔지만 개를 집 안으로 데리고 들어가지 않았다. 그는 곧 집 안으로 들어가서 길쭉한 부대에 들어있는 것을 가지고 나오더니 뒷좌석에 있는 개한테 던지고는 차에 올라탔다.

"사냥을 할 거야. 밤에 사냥하는 것도 참 좋지."

하고 개에게 말하면서 뎀칙은 의미심장하게 웃었다.

뎀칙은 사람들이 많은 시내가 아닌 시외로 차를 달렸다.

"뎀칙은 옆자리에 있는 사람보다 뒷좌석에 개를 태우고 가는 편이 훨씬 외로움과 지루함을 달랠 수 있을 거라고 판단했나 보지?"

촐로옹이 뎀칙에게 불만이 섞인 목소리를 냈다. 옆자리에 앉아 있는 촐로옹에게는 뒷자리에 앉은 검은 개의 날카로운 눈빛이 앞 거울에 이따금씩 비치자 오싹해져서 온몸으로 소름이 돋았다.

차를 달려 도시를 벗어나 어둑한 숲길을 따라 가다가 숲의 가운데쯤에서 차를 멈추자 촐로옹은 내심 두려웠지만 아무 말도 꺼내지 못하였다. 촐로옹은 뎀칙의 잔인한 행동 앞에서 허수아비처럼 무용지물이 되어 말리지 못하고 멍하게 있을 뿐이었다. 그저 불길한 예감이 엄습하는 가운데 말을 꺼내지도, 몸을 움직이지도 못하고 앞자리에 앉아 있었다.

촐로옹이 앉아 있는 뎀칙의 옆자리는 자신의 여자들만 골라서 앉히는 그런 자리다. 늙은 여자와 젊은 여자, 미녀와 추녀 등 여자라면 누구든

이 자리에 앉히고 차를 달리는 것을 좋아하였지만 남자는 누구도 앉지 못하게 했다. 이런 사실은 촐로옹을 포함해서 뎀칙과 함께 일하는 사람들이라면 누구나 잘 알고 있다. 심지어 제 아내마저도 못 앉게 한다는 말을 들은 적이 있었다. 오늘 저녁에 촐로옹을 이 자리에 앉히는 이유를 그 누가 알겠는가.

뎀칙은 검은 개와 길쭉한 부대에 든 것을 끌어당겨 자동차 조명 쪽으로 갔다. 자세히 보니 그 작은 개 목걸이를 철사로 묶고 잡아당기는 것이었다. 개가 뒤로 물러서자 발로 세게 걷어찼다. 개가 일어서자 한 번 더 날아갈 정도로 세차게 걷어차고는 축 늘어진 개를 끌어다 자동차 조명에 비치는 어느 작은 나무에 매달았다. 그 작고 불쌍한 검은 개는 얻어맞고 갈비뼈가 부러졌을 법한데도 낑낑거리지도 않았다.

나무에 매달려진 개는 너무나 순해 보였다. 낙타털처럼 가슴 가득 돋아난 갈기, 엄지손가락만한 짧은 꼬리, 넓적하고 큰 귀를 보라. 가슴의 털을 깎아서 빗질해 놓은 모습이 마치 사자의 가슴처럼 늠름해 보였다. 넓적한 네 발바닥으로 단단히 서서 이쪽을 쳐다보는 두 눈에서는 광채가 났다. 검은 개는 묶인 줄에서 빠져 나오려 애원하며 애를 쓰거나 낑낑거리지도 않고 저대로 의연하게 서 있을 뿐이었다. 뎀칙은 차로 돌아와 길쭉한 부대에서 짧은 총을 꺼내 장탄하고는 열려 있는 자동차 문 위에 총대를 올려놓고 개 쪽을 겨냥하였다.

"옆에 눈이 달린 새끼…. 그 두 눈을 쏘아 관통하려고 했었지. 허나 지금은…." 뎀칙이 중얼거리며 흥분되어 가볍게 몸을 떨었다. 촐로옹은 지금 그 용감한 작은 개가 죽음을 기다리며 조용히 서 있는 것을 바라볼 뿐이다. 뎀칙이 총알을 발사하자 개의 사지는 경련을 일으키면서 분노로 끓어오르던 눈은 천천히 꺼져갔다. 뎀칙은 큰 칼을 들고 쏜살같이 달려가 철사를 칼로 베려다가 스스로를 비웃으며 개 목걸이를 잘랐다. 이어서 엄지손가락만한 꼬리를 칼로 자르더니 "다시는 사람으로 태어나지 말거라."고 소리를 지르면서 멀리 던져버렸다.

그는 피 묻은 칼과 손으로 눈 덮인 땅을 파고서 검은 개를 구덩이에 묻었다. 뎀칙은 검은 개 무덤 위에 병에 든 가솔린을 뿌려 불을 붙였다. 뎀칙이 자동차에 올라탔을 때였다. 갑자기 오한으로 온 몸이 벌벌 떨리고 있었다. 그는 술병 뚜껑을 떨리는 손으로 겨우 열 수 있었다. 입에 대고 벌컥벌컥 술을 들이키자 이빨과 병이 서로 부딪치며 왈각달각 소리가 났다. 목에 불을 지른듯 통증을 받자 술병을 입에서 내리고 크게 신음을 내지르면서 이마의 땀을 닦고는 혼잣말을 주절거렸다.

"우즈메야, 네 남편을 영혼도 그림자도 없게 만들었다. 그놈이 몇 년 동안 내 목에 걸린 가시처럼 여겨져 증오했었지. 그래서 나는 복수를 해야 했어. 이제야 마침내 그 소망이 이루어졌어. 이제 만족한다."

뎀칙과 촐로옹은 차의 전조등을 끄고 어둠 속에서 묵묵히 한참을 앉아 있었다.

한동안의 침묵이 흐르고 이윽고 촐로옹이 먼저 입을 열었다.

"우즈메한테는 뭐라고 말할 거에요?"

뎀칙이 단호하게 말했다.

"거기는 두 번 다시 안 갈 거야!"

바바

체.도르즈고톱
난딩쩨쩨그와 정용환 역

원시인들의 무리가 사냥을 하고 있었다.

이름인지 별명인지 모르지만 '바바'라는 사나이가 무리를 통솔한다.

바바는 무리의 모든 남자들을 싸움에서 이겨 당당하게 대장이 된 것이다. 게다가 바바는 돌 몽둥이까지 지니고 있다. 돌 몽둥이는 한쪽 끝에 구멍을 뚫어서 고리를 달았다. 바바는 손목에 고리를 끼고 몽둥이를 잡았으며, 그것은 항상 몸에 지니고 다녔다. 바바는 같은 동료들에 대한 의심이 대단히 심했다. 이 돌 몽둥이는 한 재주 좋은 수공이 여러 달에 거쳐 만든 물건이었다. 수공이 다 만들고 나서 너무 기쁜 나머지 친구들을 불러다가 뽐을 내며 보여 주었는데, 세상의 모든 일이 여기서부터 꼬이게 될 거라고 예언했다.

처음에 이를 본 한 조심성이 있는 친구가 "네가 만든 이 몽둥이를 어느 누구에게도 보여주지 말라."고 충고를 했건만 수공은 훌륭한 몽둥이를 만들어 낸 기쁨을 동료들에게 숨기지 못하여 기어이 그들과 기쁨을 나누었다. 동료들이 모여서 그 몽둥이를 보고 감탄하며 칭찬을 했다. 수공은 너무 너무 기뻤다. 그런데 바바가 오더니 그것을 보고 빼앗으려 했다. 수공은 안 뺏기려고 붙잡고 싸웠는데, 바바가 그 몽둥이를 빼앗고 그것으로 그를 쳐 죽였다. 바바가 몽둥이를 소유가게 된 내력은 이와 같았다.

사냥꾼 무리는 야생 소와 싸웠다. 그들은 배가 고프다 못해 허기져서 야생 소를 사냥하려고 기를 썼다. 피를 흘리는 소가 미친 듯이 날뛰는 바람에 돌밖에 다른 무기가 없는 사냥꾼들에게 중상을 입혔을 뿐만 아니라 심지어 한두 명의 사냥꾼을 저 세상으로 보내 버리기도 했다. 그래도 결국 그들은 천신만고 끝에 소를 잡고야 말았다.

원시인들은 배가 너무 고팠기 때문에 다들 소고기를 먹으려고 성급히 달려들었다. 그런데 바바가 다른 동료들을 때려 소 근처에 얼씬도 못하게 하며 혼자만 소고기를 뜯어먹기 시작했다. 먹고 또 먹고…. 바바는 정오쯤 되어서야 비로소 배가 찼다. 그러고 나서도 바바는 소고기 옆을 떠나지 않았다. 굶주렸을 때를 떠올리며 배가 꺼지면 또 먹겠다고 작정하고 있었던 것이다. 그렇지만 배가 터질 듯이 불러서 고기 비린내만 맡아도 속이 울렁거릴 지경이었다. 바바가 일어나려 할 때 그 주위에 둘러앉아서 군침을 삼키던 동료들이 고기를 먹으려고 슬그머니 일어났다. 그래도 바바는 고기를 두고 일어나지 못하고 호시탐탐 고기를 노리는 동료들을 매섭게 째려보며 겁을 주었다. 그렇지만 여전히 배가 너무 불러서 그에게는 이렇게 시기하는 것도 귀찮게 여겨졌다. 바바에게 매 맞을까봐 동료들은 할 수 없이 도로 주저앉고는 분을 삭이지 못해 서로에게 아무런 감정도 없건만 서로 물고 할퀴어 피를 흘리며 싸웠다.

그런 이들 중에도 힘이 좀 센 사람들은 바바와 가까운 자리를 차지하고 앉아 있었다. 제일 연약한 이들은 맨 끝자리에서 자기들만의 큰 원을 이루어 앉아 있었으며, 이들은 바바뿐 아니라 가끔씩은 바로 앞에 앉은 동료들에게도 구박을 당하기도 했다. 그러나 바바가 혼자서 맛 좋은 고기를 쩝쩝거리며 탐욕스럽게 먹는 것을 가까이서 지켜볼수록 더 고통스럽기만 했다.

약한 사람들 뒤로는 또 새들이 소고기와 바바를 둘레로 또 하나의 원을 이루었으며, 그들 뒤에 독수리들도 소고기를 쪼아 먹으려고 날아와 둘러앉았다. 독수리들 뒤에는 또 매의 무리가, 매 뒤에는 까마귀 무리가, 까마귀 뒤에는 까치 등의 새들이 자기들만의 영역을 이루어 앉아 있었다. 이렇게 소고기를 가운데 두고 여러 개의 원이 생긴 것이다. 원 밖으로 나가면 나갈수록 동물들의 몸뚱어리가 작아졌지만, 아예 작은 파리나 벌레들은 구속도 없이 원 안으로 들어와 소고기 주위에 몰려들었다. 파리와 벌레들이 소고기 위에 날아들지만 바바는 그것들에 대해서는 전혀 개의치 않았다.

물론 야생 소와 싸울 때 무리 중에서 제일 힘이 센 바바가 주된 역할을 했다. 그런데 사냥에 아무런 역할도 하지 않은 새들이 서로 힘겨루기를 하여 힘센 새가 힘이 약한 새를 제치고 앉아 있었다.

바바는 이윽고 배가 불러서 소고기를 곁에 두고 그늘에서 졸고 있는데 가장 안 쪽에 있던 한 사람이 일어나서 소고기 쪽으로 살금살금 다가갔다. 그러나 바바는 이를 금방 눈치 채고 고개를 들어 화를 내며 으르렁댄다. 어떨 때는 모르는 척하고 있다가 가까이 오면 갑자기 일어나 붙잡아서 무섭게 후려치기도 했다. 이런 모습을 본 원시인들은 바바를 더 무서워했다. 배고픈 것은 언제나 참기 고통스럽지만 바로 눈앞에서 고기 냄새가 진동하는데 배고픔을 참는 것은 더욱 고통스럽다. 이 고통을 느끼지 않는 사람은 무리 중에 바바 오직 한 사람이었다.

그렇지만 바바는 너무 과식하는 바람에 그를 둘러앉은 배고픈 사람들 못지않게 고통을 겪고 있었다. 그의 배가 뒤틀려서 죽은 소 옆에서 발버

둥쳤다. 과식한 바바에게는 그 많은 고기 옆에 누워 있는 게 점점 더 고역스러웠다. 이를 보다못해 둘러 선 사람들이 용기를 내어 불만을 터트리기 시작했다.

　－바바! 너 너무한 거 아니냐구?

　－우리가 이 소를 다 같이 힘을 합쳐서 잡았기 때문에 똑 같이 나누어 먹어야 한다구!

　그러자 누워 있던 바바가 고개를 천천히 들고 일어나 말했다.

　－같이 먹다니? 그게 무슨 해괴한 말이냐?

　중간쯤 앉아 있는 무리 중에서 코가 약간 비뚤어진 키 큰 남자가 일어나 말은 바르게 했다.

　－우리는 다 똑 같은 사람이잖아요

　그러자 바바는 쏘아보며 말했다.

　－그래? 그래서 너 나한테 무슨 말을 하고 싶은 거야?

　－만약에 우리가 같은 사람이면 똑같이 나누어 먹어야 한다고.

　코뼈가 비뚤어진 남자가 끝까지 용기를 내어 말했다.

　－똑같이 나누다니?

　바바는 여전히 화를 내어 말했다.

　－나는 "나눠야 한다" 는 말을 모르니까 다시 듣기도 싫다. 이 말을 다시 입에서 내뱉는 놈은 내가 저 벼랑 아래로 던져 버리고 말겠다.

　－이봐! 바바, 우린 배고파서 죽을 것 같아. 우리를 불쌍하게 생각해 주면 안 되겠나?

　－불쌍하다니? 그건 또 무슨 해괴한 말이냐? 난 그 말도 이해가 안 되는데?

　－바바, 좀 들어보라구. 우리하고 힘을 합쳤기 때문에 저 소를 잡을 수 있었던 것이잖아. 그런데 혼자만 먹고 우리에게는 살 한 점도 안 주는 건

공평하지 못해.

　─그래, 내가 공평하지 못하다고 해서 너희들이 나를 어쩔 건데? 아 하 하하하! 그 쓸데없는 소리 집어 치우고 가서 밥이나 지어서 처 먹어. 나 는 내 고기나 실컷 먹어야겠다. 그리고, 누가 이기나 한번 해 보자!

　─이봐. 동료들하고 동등하게 사는 게 좋지 않나?

　─네놈들 말대로 좋아서 뭘 할 건데?

　무리들은 그만 할 말을 잃었다. 뒤쪽에 물러나 앉아 있는 턱수염 있는 중년 남자가 얼토당토 않은 저 바바에게 무슨 말을 해줄까 이리 저리 궁 리하고 있었다. 이윽고 바바가 기지개를 켜며 하품을 하고 나서 말했다.

　─난 먹고 마시는 것 말고 다른 좋은 것을 모른다. 이 고기를 너희들하 고 나누어 먹으면 금방 없어지는데 나 혼자 먹으면 며칠을 두고 먹을 수 있단 말이지. 그만큼 즐거움이 길어진단 말이다.

　하면서 말끝에 고기를 뜯으려 하다가 얼굴을 찌푸리며 얼른 손을 뗐 다. 고기에 너무 질렸기 때문이었다.

　햇살이 뜨거워졌고, 이에 따라 똥파리들이 많이 들끓고 있었다.

　─바바, 너 그렇게 하는 것이 부끄럽지도 않아?

　무리 중에서 누군가 허기에 지친 목소리로 말하는 게 들렸다. 바바가 말을 받았다.

　─흥! 부끄러운 게 뭔데? 움직이기도 싫어 죽겠는데 거기다가 부끄러 워해야 한다니. 참나, 잠이나 한숨 자야겠어. 자는 동안 고기에 손대는 놈 이 있으면 용서하지 않을 거야!

　그리고 나서 얼굴 근육을 씰룩씰룩 거리며 말했다.

　─내 힘은 내 것이지 결코 너희같이 못난 놈들 것이 아니야. 힘이 있을 때 배불리 먹고 살다가, 죽고 나면 내 시신이야 어떻게 하든 마음대로 해.

　이때 또 허기진 사람이 말했다.

─잘 생각해 보라구. 동료들과 음식을 똑 같이 나누어 먹는 게 너한테도 좋잖아?

─아니! 나는 동료들보다 나 혼자 더 잘나고 싶어. 죽을 때까지 그렇게 살 거야. 그러다가 죽으면 그걸로 끝이야! 한번 살다 죽는 인생 배불리 먹고 사는 것 말고 뭐가 더 필요해? 너희들에게 고기를 안 준다고 해서 내가 손해 볼 건 없어! 그렇다고 반대로 너희들에게 준다고 해도 득 될 것도 없어! 공평하지 못하다고 해서 나에게 불리할 것도 없지? 내 힘은 오직 내 거야. 그러니까 내가 내 것을 쓰고 있는 것이지 남의 것으로 자랑하는 건 아니다. 만일 너희들 중에 누군가 나보다 힘이 센 사람 있으면 이 고기는 몽땅 그의 몫이다. 너희들 중에 반대로 힘이 있으면 여기 와서 이 고기를 빼앗아 봐! 못하지? 그러고도 뭐 동료들과 동등해야 좋다고? 흥! 너희 같이 못난 놈들하고 동등해서 뭐가 좋은데?

이때 턱수염 있는 사람이 뒤에서 궁리를 끝내고 일어났다.

─바바. 너의 후손들이 바바라는 힘세고 훌륭한 사람이 있었으며, 남을 멸시하지도 않고 동등하게 살려 했다고 자랑하며 때때로 기억할 것 아니냐?

그 말에 바바가 비웃음을 날리며 말했다.

─쳇! 죽고 나서 기억을 해 주면 뭐 해!

그리고 침을 탁 뱉고 나서 다시 고기를 물어뜯었다. 여전히 고기가 질려서 탁 뱉아내고 바닥에 두 팔을 벌리고 눕자 온 몸이 노곤하게 늘어졌다.

이를 보고 토토라는 젊은이가 자리에서 일어나 뭐라고 항의 하려다가 '아니지. 내가 만약에 그를 이기지 못하면 목숨을 잃게 된다'는 생각이 떠올라 도로 자리에 앉았다.

이때, 소고기를 쳐다보고 앉아 있는 사람들의 맨 뒷줄에서 몸집이 작은 남자가 앞으로 슬금슬금 기어 나왔다. 그 사람이 바로 바바를 향해 기어가는데 사람들은 모두 하나같이 다 놀랐다. 고기 냄새를 참다 못한 새들이 고기를 낚아채려고 종종 시도해 보지만 큰 새들이 날개를 펴며 울음소리로 그들을 경계하는 바람에 내내 실패했다. 이윽고 무리들 중에서 기어 나갔던 몸집 작은 남자가 바바에게 가까이 다가갔다. 잠을 청하고 있던 바바는 그의 소리를 듣고 고개를 들어 째려보자 그가 비굴한 얼굴로 웃음을 지으며 땅에 얼굴을 붙이고 말했다.

─바바! 너 내 입에다 소변을 볼래?

이 말을 들은 바바가 대체 이놈이 무슨 수작으로 묻는지 곰곰이 생각하다가 말했다.

─싫어, 주먹만한 네 주둥이에 얼마나 싸겠어?

날이 저물어갔다. 젊은이 토토가 바바를 증오하는 눈빛으로 쳐다보며, 굶주린 배를 만지작거렸다. 토토는 옆에 앉아 있던 코뼈가 비뚤어진 남자에게 속삭였다.

─우리 둘이 힘을 합쳐 바바를 죽이고 고기를 빼앗아 먹을까?

그러자 코뼈가 비뚤어진 남자 귓속말이 넘어왔다.

─너하고 내가 그를 이기지 못하면 곧장 죽음이야.

토토가 대답했다.

─셋이면 확실히 이길 수 있는데!

코뼈가 비뚤어진 남자가 여전히 겁먹은 얼굴로 말했다.

─그야 그렇지만 우리하고 누가 힘을 합칠까?

코뼈가 비뚤어진 남자가 주위의 동료들을 돌아보았다. 토토가 한 키 큰 남자를 가리키며 말했다.

─우리하고 저 '파'라는 자가 같은 편이 되어 주지 않을까?

―글쎄? 그런데 저 파는 믿음이 안 가는 걸.

코뼈가 비뚤어진 남자가 여전히 힘없이 말했다. 토토가 일어 서며 말했다.

―아무튼 내가 얘기 좀 하고 올게.

코뼈가 비뚤어진 남자가 귀에 대고 말했다.

―토토야, 부디 조심해서 말해라.

토토가 파 옆에 가서 귀에다 속삭였다. 파가 고개를 끄덕이고 좋다는 듯이 몇 마디 말을 붙였다. 토토가 제자리에 돌아와서 코뼈가 비뚤어진 남자에게 말했다.

―파도 허락했어! 죽든 살든 셋이 한번 해 보자고 하더라. 파가 일어나서 바바에게 가까이 가면 바바가 저리 가라고 쫓아낼 게 뻔해. 그때 우리가 일어나서 뒤에서 같이 공격하자고.

토토가 기분이 좋아져서 말했다. 코뼈가 비뚤어진 남자가 얼굴에 미소를 띠우며 말했다.

―그래! 토토야 명심해! 누구 한 사람이라도 바바의 돌 몽둥이에 걸리지 않도록 그를 삼면에서 힘 있게 붙잡아야 한다.

그때 마침 파가 무리 중에서 일어났다. 졸던 바바가 그 소리를 들었지만 모르는 척하고 눈 끝으로 지켜본다. 파는 바로 바바에게로 다가갔다. 파의 그 용기에 사람들이 다 놀란데다가 자기들이 죽임을 당하기라도 하듯이 겁을 먹었다. 그 중에서 토토와 코뼈가 비뚤어진 남자 둘이 더 당황하여 바바와 파 두 사람에게서 눈을 떼지 못하고 각각 뛰어 들어가 싸울 준비를 했다. 그런데 파는 바바 옆에 가더니 말했다.

―바바! 나 너에게 긴하게 할 말이 있어서 왔어.

바바가 아무렇지 않은 듯 물었다.

―너같이 못난 놈 주제에 무슨 말을 하려고?

이를 바라보고 있던 토토와 코뼈가 비뚤어진 남자는 더 가슴이 덜컥 내려 앉았다. 파가 조심스럽게 바바에게 가까이 다가가서 말했다.

－힘을 합쳐서 너를 죽이자고 토토가 나에게 말했어.

－그래? 그랬단 말이야. 나쁜 자식. 또 누구야?

－다른 한 사람 있는데 그의 이름은 토토가 나에게 말하지 않았어.

－파! 아주 잘했어. 자, 상으로 너에게 이 고기를 주겠다.

파가 다가가서 정신없이 고기를 뜯어먹었다. 이를 바라보던 바바가 말했다.

－파, 너 쟤네들 옆으로 가서 고기를 먹어! 우적우적 네가 고기 먹는 걸 보니 구역질이 나서 못 참겠어.

파는 고기를 들고 무리에게 다가 가려다가 동료들의 무서운 눈초리를 보자 갑자기 겁이 나서 말했다.

－바바! 내가 저리로 가면 토토가 그 다른 놈하고 나를 죽일 것 같아 무서워서 못 가겠어.

바바가 뭉그적거리며 일어나 앉는다.

－그렇지! 그놈을 내가 지금 당장 죽여 버리고 싶지만 귀찮다.

그리고 무리들을 향해 명령하듯 말했다.

－야, 너희들 중에서 토토를 잡아 온 사람에게 내가 고기를 주겠다.

그 말에 한참 소란스러워졌다. 몇몇 사람이 달려들어 토토를 붙잡았다. 토토가 그들을 발로 차고, 손으로 치고 잡히지 않으려고 발버둥쳤지만 결국 여러 사람 힘에 눌려 꼼짝할 수 없었다. 토토가 제발 살려 달라고 소리 질러댔다.

코뼈가 비뚤어진 남자가 금방 동료가 된 사람을 도우려 했지만 혼자 힘으로 이길 수 없어서 사람들 속으로 더 몸을 움츠리고 물러나 앉았다. 이윽고 몇몇 사람이 토토를 붙잡아서 바바에게로 데려다 주었다.

바바가 토토의 허리를 뒤로 꺾어 누르며 다그쳤다.

―나를 죽이자고 했던 네 동료가 누구냐?

이 말을 들은 코뼈가 비뚤어진 남자가 사람들 속에서 더 몸을 작게 움츠린다. 다행히 토토가 "죽어도 말하지 않겠다"고 말하는 소리가 들렸다. 코뼈가 비뚤어진 남자 눈을 감았다. 바바가 성을 내며했다.

―끝까지 네 동료를 말하지 않을 거야?

토토의 허리를 더 세게 누르자 우지직 허리뼈가 으스러지는 소리가 들렸다. 토토가 말했다.

―나는 끝까지 이름을 밝히지 않을 거야!

―그래?

바바가 다시 토토의 허리를 더 세게 누르자 비명이 터져 나왔다. 바바의 목소리도 더 커졌다.

―토토! 네 공범을 밝히면 네 목숨만은 살려 주겠다!

코뼈가 비뚤어진 남자이 이 말을 듣고 온 몸으로 냉기가 스쳐갔다.

―나는 죽어도 내 동료의 이름을 밝히지 않겠다.

토토의 목소리가 또 들렸다. 바바가 토토의 허리 꺾는 소리가 코뼈가 비뚤어진 남자에게 들려왔다. 토토의 마지막 비명 소리가 산에 메아리치며 사라졌다. 뒷자리에서 턱수염 있는 남자가 일어나서 말했다.

―바바! 내가 보기에 네가 참 불쌍하다.

떨리는 목소리로 말했다.

―배고프고 쫄쫄 굶는 사람이 왜 배부른 나를 불쌍하게 생각하지?

바바가 비웃으며 물었다.

―네가 죽고 나서 얼마나 고생할지 생각하면 생각할수록 불쌍해.

―죽고 나서 고생하다니? 홍! 죽고 나서 무슨 고생을 해? 죽었다…. 그럼 그것으로 끝나는 거야!

−아주 끝나는 건 아닐세!

턱수염 있는 남자가 배가 고파서 힘없이 말한다.

−끝나지 않으면 뭐가 어떻게 되는데?

바바가 옆에 있는 죽은 소를 가리키며 물었다.

−그럼 이 소도 지금 네 말대로 고생하고 있다는 거냐?

−물론 고생할 수 있고, 행복을 누리고 있을 수도 있지!

−너 무슨 말을 하는 거야? 난 이해가 안 돼. 그래, 그럼 이 소는 지금 죽어서 고생하고 있다고 생각하자! 그러면 내가 고기를 다 먹고 나면 무슨 고생이 남는단 말인가? 알아듣게 말해.

−어떤 동물이든 육신은 죽지만 그 영은 죽지 않는 것이다.

−너에게 누가 그러게 말했냐?

−나에게 저 산이 말해 주었다.

하며 턱수염 있는 남자는 꼭대기에 항상 구름이 머물러 있는 뾰족하고 붉은 산을 가리켰다.

−거짓말하지 마라! 산이 언제 그런 말을 하는 거 봤어?

−믿고 싶으면 믿고, 믿기 싫으면 그만 둬! 바바! 너도 다른 동물처럼 죽을 것 아닌가?

−그야 당연하지.

−죽고 나서 너는 엄청난 고통을 시달리게 된단다. 불쌍한 것!

혀를 차며 턱수염 있는 남자가 그윽이 산꼭대기를 쳐다본다.

−네가 말하는 거 진짜야?

−내가 말하는 게 아니라 산이 하는 말이야. 산은 사람처럼 거짓말을 하지 않아.

−그럼 내가 직접 저 산에게 물어봐야겠다. 그렇게 해야지 믿을 수 있어!

−그래, 맞았어. 바바! 하지만 산은 죽고 나서 고생할 사람하고는 얘기

를 안 해.

　―누구하고는 말을 하고 누구하고는 말을 하지 않는다는 거야?

　라며 바바가 동료들을 바라보는 것같이 산을 거만하게 쳐다보며 화를 내어 말했다.

　―산이 왜 못난 너와는 얘기하면서 나하고는 안한다는 거야?

　―왜냐하면 너는 죽고 나서 고생할 사람이기 때문이야.

　―그럼, 왜 산이 너하고 얘기를 하는 거야?

　바바가 버럭 소리를 질렀다. 그러나 턱수염 있는 남자는 태연하게 말했다.

　―나는 죽은 후에 행복을 누릴 것이기 때문에 산은 나하고 얘기를 하는 거야.

　―그렇다면 너는 왜 죽고 나서 행복을 누리고, 나는 왜 고생을 한다는 말이냐?

　―너는 공평하지 못해서 죽고 나서 고생하게 될 것이다. 바바! 나는 남의 것을 빼앗아 먹지 않고, 나약한 동료들을 도와주었기 때문에 죽은 후에 행복을 누리게 되는 거야.

　―거짓말하지 마!

　―이것은 내가 말하는 게 아니라 저 산이 말한 거야.

　바바는 벌떡 일어나 뾰족하고 붉은 산을 화난 얼굴로 쳐다보고,

　―그러면 내가 저놈의 산에게 직접 물어보겠다.

　―산이 너에게 말을 하지 않는다잖아!

　―말을 하게 할 거야! 만약에 말을 안 하면 내가 이 산을 무너뜨리고 말겠어!

　―산을 무너뜨릴 순 없을 걸.

　―입방귀 뀌지 마. 나는 저 산을 무너뜨릴 수 있어!

―그래, 할 수 있으면 해 봐, 바바야!

바바가 돌 몽둥이를 휘두르고 산을 무서운 눈빛으로 쳐다봤지만 어떻게 할 수 없음을 깨닫고 나서, 턱수염 있는 남자에게 말했다.

―그렇다면 차라리 너를 죽이겠다.

하며 화가 난 바바가 돌 몽둥이를 들었다.

―네가 나를 죽여준다면 그야 더 없이 고맙지! 너의 손에 죽는 것이 나는 좋아.

―왜 너는 죽고 싶어 하는 거야?

―죽으면 내가 행복을 누릴 거니까. 너한테 이렇게 구박도 안 받을 것이고, 너도 내가 죽고 나면 나를 더 이상 구박하지 못해.

―죽고 나서 행복해질 거라면서 너는 왜 여태 죽지 않고 이 고생을 하며 살고 있는 거야?

―사람이 죽고 싶다고 제 마음대로 죽을 수가 있나.

―자살을 하면 되잖아.

―그건 안 되지.

―왜?

―만약에 내가 자살을 하면 죽고 나서 행복할 수 없으며, 너처럼 고생하게 돼.

―그 말은 또 누구의 말이야?

―산!

―그러면 네가 다른 사람을 시켜서 너를 죽이게 하고 빨리 행복해지지 않고 여태까지 뭐하고 자빠져 있는 거야.

―그렇게도 안 되지!

―왜?

―나를 죽인 그 사람이 죽어서 나를 죽인 죄로 고생하게 되니까.

─무슨 상관이야, 그 사람이 고생을 하든 말든. 그 사람이 고생한다고 네 몸이 아플 것도 아니잖아?

─내 몸은 안 아프지만 나를 죽인 그 사람이 고생한다면 내 마음이 아프고 불쌍하게 돼.

─불쌍하게 생각할 필요가 뭐 있어?

─만약에 불쌍하게 생각지 않으면 죽고 나서 고생하게 되며, 남을 불쌍히 생각할 줄 알면 죽고 나서도 행복해지기 때문이야. 바바, 너는 남을 불쌍히 여기지 못하기 때문에 죽어서 고생하게 된다는 거야.

─죽고 나서 고생할지 행복할지 왜 우리 눈에 안 보이는 거야?

─어떤 동물이든 육체는 눈에 보이지만 영은 눈에 보이지 않아! 바바, 그렇지? 예를 들면, 내 몸이 너의 눈에 보여도 내 영은 네 눈에 안 보여. 그러니까 죽고 나면 동물의 영이 고생하는지 행복한지 아무도 보지 못하는 거야.

─아무에게도 안 보이는 것을 누가 보고 안 거지?

─산.

─산들이 다 볼 수 있어?

─아니, 단지 저 뾰족하고 붉은 산만이 볼 수 있어.

─오직 저 산만 본다는 사실을 너는 어떻게 알았어?

─산이 나에게 말했으니까.

─왜 산이 너에게만 말하는 거야?

─내 마음이 자비하기 때문에 나에게 말하는 거야.

─그렇군!

바바가 앉았던 그 자리에 벌렁 누웠다.

─이 불쌍한 바바야! 나는 네가 죽어서 얼마나 고생할지 생각만 해도 마음이 내 마음이 아프다.

바바는 한참 생각에 젖어 누워 있다가 턱수염 있는 남자를 불러 물었다.

－내가 죽어서 고생한다면 어떤 고통을 당할까? 혹시 산이 너에게 말한 거 없어?

턱수염 있는 남자가 마치 산에게 말을 듣기라도 하듯이 잠깐 생각을 더듬더니 바바가 불을 무서워한다는 것이 생각나서 얼른 말했다.

－죽고 나면 너를 불에 태운대! 불에 태워.

바바는 숲에서 산불이 났을 때 타 죽었던 사람을 여러 번 본 적이 있다. 불에 타면서 비명을 지르는 한 사람이 바바를 쫓아왔던 기억이 되살아났다. 그때 바바는 잡힐까 봐 너무 무서워서 안간힘을 다하여 도망갔었고, 불에 타는 사람의 속도가 엄청 빠른 데다 그 비참한 모습은 차마 눈뜨고 못 볼 지경이었다. 온몸이 불에 붙은 그 사람이 바바를 쫓아 와서 그를 안았다. 그 사람이 바바 때문에 불에 탄다는 듯 그를 증오하고 불타는 손으로 사정없이 때렸다. 바바는 그 손아귀에서 겨우 빠져 나왔지만, 온 몸에 아주 심한 화상을 입었었다. 불에 타는 사람의 눈이 이글거렸고, 잔혹하고 혐오하는 눈빛으로 바바를 바라보다가 눈이 튀어 나오더니 이윽고 숨을 거두었다. 그때 죽은 사람의 눈빛이 바바를 증오하고 협박한다는 생각이 들었던 것이다. 바바는 이 모든 기억이 되살아나면서 그때 화상 입은 흉터가 다시 아픈 것 같이 느껴졌다. 그렇지만 말은 거꾸로 나갔다.

－하하하! 나를 어떻게 불에 태운다는 거야. 나의 죽은 시신이 남들처럼 땅에 누워 있을 텐데!

－그렇지! 네 시신은 남들처럼 사람들의 눈앞에 새들에게 쪼이며 누워 있겠지……

－그럼 언제 어떻게 태운다는 거야?

－너의 시체는 아무도 건드리지 않을 것이고, 너의 영이 불에 탄다. 이

미 죽은 너의 몸을 아무리 불에 태워도 아프지 않아. 그러나 너의 영을 태우면 그때는 말할 수 없는 고통이 따르지.

―그래, 그럼. 네가 말한 대로 내가 그 불에 타서 죽을께! 그렇다고 고기를 너에게 줄 줄 알아? 천만의 말씀. 불에 타서 죽지 뭐. 한번 죽지 두 번 죽는 것도 아닌데.

―사람의 영은 죽지를 않아.

―죽지 않으면? 그럼 계속 탄단 말이야?

―그래, 죽지 않고 영원히 타지. 그러니까 나는 네가 불쌍하다는 거야.

―죽지 않고 계속 타다니? 언제까지 그렇게 불에 탄다는 거야?

―아주 오랫동안. 너 같은 경우 칠십 년 동안 탄다고 하더라고.

―칠십 년?

―그래, 칠십 년! 그런데 그 칠십 년의 일 년은 우리가 사는 백년과 같다고 하더라고. 바바야!

―뭐? 그러니까 몇백 년을 타야 한다는 거야?

―칠십 번의 백년! 칠천 년!

―산이 그렇게 말했어?

―그래, 산이 그렇게 말했어.

턱수염 있는 남자가 산을 쳐다보고 눈을 감고 입 속으로 몇 마디 어떤 알지 못하는 주문을 중얼거렸다. 무리들은 숨을 죽이고 그를 쳐다보며, 모든 사람 얼굴에 차츰 불길한 그림자가 감돌기 시작했다. 턱수염 있는 남자가 말했다.

―모든 사람이 다 똑같이 그런 운명이래요. 저 혼자만 알고 남을 배려하지 못하는 사람은 다 이렇게 불에 타 고통을 치르는 법이래.

말끝에 깊은 한숨을 내몰아 쉬더니 그의 눈에 눈물이 가득 고여 있었다. 바바가 그러는 그를 조용히 보고 있다가 불쑥 말했다.

-야! 너 무슨 미친 소리 하고 있는 거야? 난 너의 말을 못 믿겠어.

-오! 불쌍한 우리 바바!

하더니 턱수염 있는 남자가 무리들을 향해 말했다.

-죽어서 수천 년 동안 불에 타 고생할 사람을 이렇게 내버려 두다니! 여러분은 바바가 불쌍하지도 않아요?

-아, 그래요? 정말 무서운 일이군요.

사람들이 다 감탄했다.

-그런데 여러분! 바바에게는 이 고통에서 벗어날 수 있는 길이 있어요.

무리 중 턱수염 있는 남자가 나섰다.

-어떤 방법이 있는 거야? 바바는 지금까지 행동으로 보고 고통에서 빠져 나오기가 쉽지 않을 것 같은데?

-그렇지만 괜찮을 거요.

-괜찮을 거라니? 그럼 어떻게 해야 돼?

-정직하고 착한 일을 하면 죽은 후에 불에 태우지 않는다고 산이 말했어요. 그뿐만이 아니라 잘못을 뉘우치고 항상 정직하고 착하게 살다가 죽으면….

턱수염 있는 남자가 눈을 돌리고 하늘 끝자락 수평선을 아스라하게 바라보며 말했다.

-그런 사람들의 영은 하늘로 보낸대. 하늘에는 행복의 나라가 있으며 거기 간 사람은 영원히 죽음이 없대.

-와, 너무 좋겠다.

무리들이 또 감탄했다.

-죽은 후에 불에 태우는 사람을 어디서 태워요?

무리 중에서 코뼈가 비뚤어진 남자가 가까스로 공포에서 빠져나와 조심스럽게 물어보았다. 턱수염 있는 남자가 말했다.

―불에 태울 사람들은 땅 밑에서 태우지.

배가 고파서 가만히 있을 수 없는 새들이 앉아 있던 원에서 날아올라 보긴 하지만 곁을 떠나지 못하고 다시 제자리에 돌아와 앉는다.

소고기에는 파리들이 모이고, 역겨운 냄새가 풍기기 시작했다.

바바는 여전히 배가 너무 불러서 몸이 불편해서 자리에 누워 있지만 턱수염 있는 남자가 한 말이 자꾸 떠올랐다.

"바바가 생각하기를, 과연 그가 하는 얘기들이 사실일까? 아니면 거짓 말일까? 그의 말이 사실인지 거짓인지 내가 이렇게 생각을 한다고 해서 알 수 있는 것도 아니다. 아직도 사실과 거짓이 둘 다 나에게는 알 수 없 는 비밀스러운 것이다. 그러니까 어떻게 해야 옳을까? 이 놈이 나를 속이 고 고기를 먹으려고 하는 게 분명해.

그렇지만, 만약에 그에게 산이 진짜로 그렇게 얘기했으면 어떡하지? 내가 칠천 년을 불에 탄다고 했지? 칠천 년을 진짜로 불에 타면 참을 수 없는 고통이지? 아닐 거야. 산이 사람처럼 말을 했다니 믿을 수가 없어. 이건 사실이 아니야. 그런데 막상 내가 거짓말이라고 생각을 했는데 사 실이면 어떻게? 나는 지금 어느 한쪽도 확실히 알지 못하잖아. 사실이면 내가 칠천 년을 불에 탈 가능성이 높은데 그 길로 갈 필요가 있나? 신중 하게 하는 게 낫겠어! 불 속에서 칠천 년을 산다는 건 아무래도 고통스러 운 일이야. 영원히 죽지 않는 나라가 하늘에 있다고 했지. 사실이라면 정 말 좋겠다. 가고 싶다. 죽지 않으면 얼마나 좋을까. 그거야말로 거짓말이 겠지.

아니, 그런데 사실인지도 거짓인지도 모르는 이상 "거짓말이다 거짓 말!"이라고 말하고 다니다가 칠천 년을 불에 타는 것보다 '사실'이라고 믿 고 가면 잃을 것도 없잖아. 아니지, 어쩌면 이 모든 것은 다 거짓일 거야.

내 앞에 두 갈래 길이 있다. 하나는 잘못 될 수도 있는 길이고, 다른 하나는 잘못되지 않을 게 분명한데 그렇다고 안 맞을 수도 있는 길이다. 그렇다면 안심이지.

맞든 안 맞든 그건 나중 문제다. 지금 현재 나는 행복해. 나를 아무도 못 이겨. 아니지. 내가 늙어서 죽게 될 텐데 그때를 생각해야 한다.

바바는 이렇게 온갖 근심에 시달리며 몸을 뒤척인다.

턱수염 있는 남자는 바바를 보면서 속으로 쾌재를 부르며 쓴 웃음을 지었다.

'동료들을 내 생명보다도 더 아끼고 사랑하는 토토 같은 사람은 내 속임수를 알고 죽어가면서도 편했을 거야. 그런데 이 바바처럼 자신의 육신을 너무 사랑하고 아끼는 미련한 놈들이 대대로 존재한다면 내가 지어낸 이 방법도 계속 통할 거야. 이 바바란 놈은 결국 내 꾀에 넘어가고야 말 거야.'

추측대로 바바는 여전히 잠을 이루지 못하고 뒤척였다. 잠이 다 달아나 버렸던 것이다. 그리고 몸을 약간 돌려서 자신을 둘러앉은 무리들에게 아주 화난 얼굴로 말했다.

―저쪽 턱수염 있는 놈만 빼고 다른 사람들은 다 와서 이 고기를 나누어 먹어. (1983)

나루터

달하아 노르브
난딩쩨쩨그와 정용환 역

오르항강물이 말의 턱밑까지 차올라 넘실거린다. 올해는 비가 많이 내려서 하늘 아래 있는 유일한 강처럼 물이 넘쳐났다. 강 양쪽 기슭의 파란 언덕에 가축과 사람들이 떼 지어 몰려와 강 가에서 여름을 보낸다. 이런 좋은 계절 여름이면 뱃사공 햄치그한테는 할 일이 많다. 결혼식에 참가해 곤드레만드레 취한 사람들, 지방 축제 참가하기 위해 서두르는 사람들, 수확기에 일 때문에 온 많고 많은 사람들을 낡은 배에 태우고 양쪽 강기슭을 오르내리며 바쁘게 노를 젓는다.

햄치그에게는 여름이 정말 좋다. 여러 사람들이 온다. 가을이 되어 강물이 줄어가고 겨울이 닥쳐와 얼기 시작하면 낡은 배를 강가로 끌어당겨 뒤집어놓고, '추워지기 시작하네. 땔나무를 준비해야겠네. 군청에 가서 관리에게 부탁하여 경비원 일을 해야겠다. 올해도 긴 겨울이 될 것 같다.'라는 생각을 하며 강물에서 보낸 행복하고 따뜻한 계절을 마음속으로 그리워하며 다음 해를 기다린다. 겨울에 자주 오르항강으로 오고, 봄에 강물이 녹기 시작하면 햄치그는 기분 좋아서 노래 부르며 배에 기름을 바르고 고치고 깨끗이 닦으니 마냥 신이 난다.

햄치그는 "내 이 낡은 배는 의미 있는 것이야. 여기에 의대생 예쁜 아가씨들이 뱃머리에 앉아서 노래 부르며 오르항강을 건넌다네." 라고 자랑한다. 또 어떤 때는 "이 나라의 장관이 탔던 배이다. 재작년 수확기 때 오신 세드 부장 생각나요? 배가 심하게 흔들려도 그 높은 분을 강물에 빠뜨리지 않았던 배예요. 지금도 세드 부장이 잘 있잖아요."라고 자랑한다.

해마다 의대 학생들이 수확하기 위해 이곳을 찾아 온다. 차강 터허이(하얀 강굽이)의 탈곡장에 여학생들의 예쁜 목소리가 밤낮없이 울려 퍼지고 차들이 왔다 갔다 하는 소리에 햄치그는 신바람이 난다. 그의 몸은 하루종일 낡은 배 위에 있지만 마음은 늘 탈곡장에 가 있다. 재작년에는 국가수확위원회 세드 부장이, 잘 들여다보면 얼굴에 주근깨가 많은 사람이 수확하러 온 학생들을 격려하기 위해 왔었다. 햄치그는 그 사람을 처음 보는 순간 높은 사람이란 걸 알아차리고 "자, 이제 저 높은 분을 태우고 강 저편으로 가야겠네."라고 작정하고 강 가 쪽을 주시했다. 강물이 넘쳐 흐르는 강 저편에 세드 부장을 싣고 온 승용차가 뽀얀 먼지를 일으켜 멈추었다.

"자네가 날 데리러 왔나?" 하며 세드 부장은 덩치 큰 사람에게 어울릴 만한 무겁게 쉰 목소리를 내어 말했다.

"부장님, 가실까요?"

"그럽시다. 강물이 많이 불었네요? 나는 사막에서 살던 사람이기 때문에 물을 아주 무서워해요. 물을 보면 머리가 어지러워요." 하고 세드 부장이 말했다. 눈을 자주 껌벅거리는 것만 보아도 물을 무서워하는 것이 분명해 보였다.

요즘 산악지대에서 며칠 동안 내린 비 때문에 강물이 불어나 있었다. 여러 가지 나뭇잎, 풀부터 시작하여 나뭇가지까지 강물에 휩싸여 강굽이의 빠른 물살에 거세게 소용돌이쳤다.

두 사람을 태운 배가 강 저편에 거의 다 도착할 무렵 물살을 타고 내려온 해묵은 나무가 뱃머리에 부딪쳐 갑자기 뱃머리를 휙 돌려놓았다. 배에 갑자기 물이 넘어 들어와 배가 양쪽으로 세게 흔들리자 세드 부장의 얼굴이 파랗게 질려 눈을 꼭 감았다. 햄치그는 순간 이크! 큰 일 났다는 생각이 들어 온 힘을 다하여 노를 저었다. 강 저편은 먼 지평선에 있는 것 같이 멀리 느껴졌다. 몇 명이 강 저편에서 강 아래 위를 뛰어다니면서 "빨리, 그 나리를 안전하게 모셔라⋯." 하며 소리 지르니 더욱 더 긴장이 되어 마음이 불안해졌다. 배 안으로 물이 많이 들어와 세드 부장의 무릎까지 그대로 젖었다. 세드 부장은 그때서야 정신을 차리고는, 속으로 '이제 끝났다'는 생각이 들었던지 겁에 질린 눈으로 햄치그를 쳐다보았다. 노를 저을 때마다 건강하고 힘이 넘치는 젊은이의 가슴 근육이 씰룩씰룩 움직이고 온 몸은 이미 땀에 젖었다.

"진정하고 서둘지 마!" 하고 세드 부장이 그를 격려했다.

마침내 배가 나루터에 도착했다. 햄치그는 그제야 한숨을 돌렸다. 세드 부장의 손을 잡아 강가에 올라가도록 도와주었다. 강가에서 소리를 지르며 걱정하던 사람들 중에 군청의 한 책임자인 바아타르가 있었다.

"너는 도대체 뭘 하는 사람이야? 사람을 죽일 뻔했잖아. 이분이 국가수확위원회 부장님이야. 그 따위로 사람 생명을 책임지지 못하면서 무슨 뱃사공을 해?" 하며 큰 소리로 햄치그를 꾸짖었다. 햄치그는,

"이 정도 안전하게 살아 나왔으니 바아타르 담당자의 잔소리라는 것도 아무 상관없다. 지금 이 낡은 배를 어떻게 고치나? 할 일이 많은데. 가을이 되면 소나무 많은 산에 가서 좋은 나무를 골라 큰 배를 만들어야겠다. 이제는 오가는 사람들도 많아졌다. 보기 좋고 튼튼한 배를 만들어야지." 라고 생각하며 배를 끌어당기러 강으로 들어갔다.

"부장님이 추워서 떨고 계신다. 너, 얼른 차에 가서 그거 가지고 와라."
하고 바아타르 담당자가 옆에 있는 운전기사한테 말하자 그는 달려가 차
안에서 술 한 병을 가지고 왔다.

"이보게, 젊은이. 이리 오게나." 하고 세드 부장은 햄치그를 불렀다.

"나리. 저 뱃사공은 아주 무책임한 사람입니다. 우리가 저자에게 책임
을 엄중하게 물을 겁니다." 하고 바아타르는 앞질러 말했다.

"아니다. 책임 같은 것은 묻지 마라. 저 젊은이는 일부러 그렇게 한 것
이 아니다. 갑자기 떠내려 온 고목나무가 배에 부딪쳐서 그랬다. 사고라
는 게 이런 것이다. 그는 좋은 젊은이다. 도리어 자네들이 배를 고쳐 줄
능숙한 사람과 나무를 준비해 주도록 하라." 하고 세드 부장이 말했다.

"다른 사람 같으면 훈장을 받았을 겁니다. 그러나 그는 …" 하고 바아
타르가 말을 그치고나서 세드 부장에게 다가 서서 반대쪽 손가락을 머리
에 둥글게 돌려 보이면서 말했다.

"약간 이런 사람에요." 라고 말하고 나서 술병 뚜껑을 열고 세드 부장
에게 술을 따라 주었다.

햄치그는 그 모습을 보고, "바아타르 담당관은 아부도 잘해. 저렇게 지
저분하게 살아서 뭐 하냐. 하기야 그건 내 일도 아닌데 무슨 상관이야."
하고 속으로 생각하고 있을 때 세드 부장이 햄치그에게 다가왔다.

"너는 참 좋은 나룻배 사공일세. 고맙네. 나는 자네를 영원히 잊지 않
을 것이네. 언제 도시에 올 일이 있으면 우리 기획부에 와서 기획부 부장
세드를 만나러 왔다고 말하면 만날 수 있을 것이네. 내게는 자네처럼 물
을 좋아하는 아들이 하나 있다네. 돌아오는 길에 다시 한번 들를 테니 다
시 만나세."

세드 부장이 햄치그의 손을 세게 잡아 흔들었다.

그들을 태운 승용차가 강물로부터 도망치듯 뽀얀 먼지를 일으키며 사

라졌다. 햄치그는 세드 부장의 말에 용기가 생겼다. "그렇구나. 높은 사람들은 겸손하다. 우리 농장 담당자는 밖에서 온 사람한테 아첨하고 술을 강제로 권하고 다른 사람을 헐뜯고 난리이다. 인생 저렇게 살아서 뭐하나. 그렇게 살 바에는 나처럼 낡은 배를 타고 마음 편히 노를 젓는 것이 훨씬 낫지. 사람이 뭐가 모자라다고 나쁜 생각하고 아부를 하면서 살까?" 하는 생각을 하면서 사라지는 차 뒷모습을 바라보았다.

오랜 세월이 흘렀지만 햄치그는 지금도 술을 하사하신 일을 생생하게 기억하고 있었다.

"여러분은 사람을 잘 모르고 있다. 여러분이 마을 책임자부터 시작하여 관리들을 먼저 덮어놓고 비판하려고 한다. 그렇게 해서는 안 된다. 예를 들면 저렇게 인자하신 세드 부장님을 무슨 말로 비판할 것인가? 높은 사람들은 겸손하시다. 지금도 해마다 명절 때면 술 한 병을 보내주신다."고 추켜세워 말한다.

세드 부장님이 보내준 술 한 병은 한 병 이상으로 너무 좋다. 그 술을 늦가을 밤배에 앉아 떨고 앉아 있을 때나 하얀 강굽이의 미루나무의 처진 가지 아래 앉아서 이런 저런 꿈을 꾸면서 먹는 것만큼 행복한 순간은 없다. 다 먹고 술병을 가슴 주머니에 넣고 집으로 향한다. 어머니는 아들이 들어오자마자 제일 먼저 술 냄새를 맡고서 발에서 머리끝까지 천천히 훑어보며 가엾게 여기는 눈빛으로 바라보면서, "우리 아들이 허구헌날 이렇게 산다니…… 불쌍한 것!" 라고 힘없는 목소리로 말한다.

"괜찮아요, 어머니. 술은 세드 부장님이 보내 주신 거야."

"모든 사람들이 네가 물에 생명을 걸었다고 술로 용기를 길러 주려 한다. 그러나 네게는 술이 아니더라도 남부럽지 않는 젊음과 신체 건강한 몸이 있다. 엄마는 누구보다도 건장한 아들을 낳았다고 생각한다."

어머니는 이렇게 말하면 햄치그는 마음을 금새 고쳐먹는다. '어머니를 마음 고생시키니 이제 이 술을 먹지 말아야지.' 그러나 그 다음날이나 다음다음날 강물을 건넌다고 사람들이 온다. 그들은 햄치그를 칭찬한다. 술을 권한다. 못 먹는다고 잠시 거절하지만 그러다가 결국은 받아 먹는다. 하루 종일 많은 일이 일어난다. 그 일상화된, 노젓는 일 한 가지에 생명을 건 순수한 인생은 강물 따라 습기 많은 바람 속에 슬픔도 기쁨도 함께 흘러간다.

학생들이 오기 시작하면서 가을산과 계곡이 깊은 잠에서 깨어났다. 할 일이 유독 많은 이 계절은 뻐꾸기 우는 여름보다 더 아름답다. 마음 편안하고 웃으면서 배에 태우는 아름다운 아가씨들의 노래를 들으며 함께 떠들다 보면 어느 새 낙엽이 지고, 어느 날 아침 일어나 보면 눈이 하얗게 쌓여 있다. 그 하얀 세상을 보고 햄치그는 '이제 그들이 돌아갈 때가 되었구나.' 하는 아쉬움을 마음속 깊이 숨겨 두고 강가에 있는 밧줄 따위를 정리하며 왔다 갔다 한다. 그러면 여지없이 몇 대의 하늘색 차가 와서 그 여학생들을 서둘러 태우고 앞 언덕을 넘어 노래와 즐거움을 함께 가져가 버린다. 이제는 내년 가을을 기다리는 긴 아픔이 다시 돌아온다.

그러나 지금은 드디어 학생들이 오는 시기여서 아쉬운 생각을 할 겨를이 없다.

지금 햄치그만큼 일이 많은 사람이 없다. 햄치그는 학생들을 아침 저녁으로, 어떤 때는 밤에도 피곤할 줄도 모르고 밤낮없이 학생들을 배에 태우고 다닌다. 이렇게 일하는 것이 즐겁다. 학생들이 들끓는 초원의 향기가 나는 음식과 차를 같이 나누어 먹으면서, '나도 그 대학교라는 높은 문턱을 넘을 수 있을까? 대학교에 들어가야 할 나이에 나룻배 사공이 된다고 잘난 체하다가 세월을 흘려보냈다. 그렇다고 후회한 건 없다.' 하는 생각이 들 때도 있다. 어떤 때는 '열심히 해서 한 번 도전해 볼까? 나한테는 물과 관련된 학과가 맞을 거야.' 하며 곰곰이 궁리한다. 그러나 어떤 노력도 하지 않는다.

오늘은 강물이 잔잔하다. 강 저편 탈곡장에서 일하는 여학생들이 쓴 하얀 머리 수건과 벼를 운반하는 차량들이 왔다 갔다 하는 모습, 거기서 일어나는 모든 일이 맑고 깨끗한 파란 하늘 아래 손바닥 안에 있는 것처럼 뚜렷하게 보인다. 어떤 가을엔 안개가 자욱해서 습기 찬 하늘 아래 아무것도 안 보인다. 올 가을은 안개도 안 끼고 맑다. 햄치그는 배 위에서 강 저편에서 학생들이 바쁘게 일하는 모습을 보고, '조금 있다가 그들한 테 차를 갖다 주어야겠다. 학생들이 목마르겠다.' 라고 생각했다.

야간작업할 학생들이 쉴 새 없이 재잘댄다.

"오늘 밤 날씨가 좋다. 오늘 밤에 조명등을 켜고 열심히 일해야지."

"너는 차만 올라 타면 조용해지더라. 넌 야간작업을 못할 놈이야."

"너랑 항상 같이 다니는 애가 어디 갔어?"

"결혼했대. 애가 아프다는 소식을 받고 갔어요."

"참 안됐네."

"햄치그야, 너 왜 물을 튕겨!"

"여학생들, 좀 조용해. 귀가 다 먹먹하네."

햄치그는 그들과 같이 떠들며 강 저편에 도착했다.

"저녁에 차 마실 건가?"

"저녁에 차를 안 가지고 오면 얼굴 붉힐 벌이 기다리고 있을 거야. 알아서 하라구."

그들은 탈곡장을 향해 '고요한 밤'에 대한 노래를 부르며 걸어갔다. 햄치그는 돌아가는 길에 '세상에 저렇게 아름다운 여자들이 있다니…. 의대 여학생들이 없었으면 오르항강의 강물이 이미 마르고, 나무들도 낙엽이 졌을 거다.'라는 생각이 들었다. 밤에 두 개의 물통에 들어 있는 차와 빵, 사탕을 가지고 어둠을 뚫고 노를 저어 도착하니 강가에서 소란한 말들이 들려왔다.

"애들아, 어떻게 하지?"

"강물에 흘러 내려갔을 것 같아."

"금은 무거워서 흐르지 않는다고 하던데." 하는 여학생들의 말소리가 들렸다.

그들 가운데 키가 작은 체르마는 눈물이 글썽 고인 눈으로 사람들한테서 구원의 손길을 바라듯 떨고 있었다. '아하! 이 애가 강물에 반지나 귀걸이를 빠뜨렸나 보다.' 하고 햄치그는 바로 짐작했다.

"무슨 일이 생겼기에 이렇게 시끄러워?"

"차는 무슨 차! 우리 체르마가 귀걸이를 강물에 빠뜨렸어요."

"저런, 안 됐네. 오르항강은 한번 가져 간 것은 돌려주지 않아요. 나는 이 강가에 자라서 잘 알지."

"그것 봐라. 강물이 저렇게 넘실대는데 어디 떨어졌다고 귀걸이를 찾을 거야?"

"조용히 해! 탈곡장 벼 속에 빠뜨린 것도 아니고 강물이니 괜찮을 거야. 지금은 캄캄해서 안 되겠어."

여학생들은 차를 마시고 떠들지만 귀걸이를 잃어버린 체르마만이 사람들한테서 멀리 떨어져 무릎을 안고 훌쩍이며 앉아 있다. 그녀의 친구인 자브장이 햄치그에게 다가와 말했다.

"시어머니는 체르마한테 귀걸이를 주면서 '있는 재산을 털어 며느리한테 귀걸이 하나 만들었다.'고 하셨대요. 그 집안에서 평생 모았던 것을 강물에 빠뜨렸다며 체르마가 마음 아파하고 있어요."

작은 체르마가 시집갔다는 말을 듣고 햄치그는 깜짝 놀랐다. 순하고 어린애 같은 그녀가 남자의 가슴에 안기기는커녕 엄마 품에서 나온 줄 알았던 것이다.

"좀 손해이긴 하겠지만 그렇게 아까워할 것 아니네." 하고 햄치그는 말했다.

"시부모님은 세심하고 엄격한 분들이에요. 우리는 같은 반에 다니면서도 그 집에 자주 못 가요. 이 층으로 깔아놓은 양탄자를 밟는 게 무서워서……." 하고 체르마의 친구 자브장이 말했다.

"대단한 집안이네."

"그렇다고 귀걸이 한 짝을 잃어버렸다고 해서 큰일 날 집안 아니에요."

이때 작은 체르마는 풀을 사뿐히 밟으며 그들에게 다가왔다. 기가 죽은 얼굴을 한 채 아무 말 없이 앉아 있었다.

"체르마야, 차 마시고 기운 내. 잃은 것이 생명도 아닌데 뭘."

체르마는 그릇 반 정도 되는 차를 마시는 척했다. 햄치그는, '체르마는 부잣집에 시집가서 재물에 대한 욕심 부리게 되었나 보다. 아니다. 내가 왜 이렇게 나쁜 쪽으로만 생각하지. 체르마는 재물에 대한 욕심 때문이 아니라 시어머니의 마음을 생각해서 그럴 거야.' 하고 생각했다.

"내가 아침 일찍 찾아볼게. 정확하게 어디 빠뜨렸어?"

"저는 저기서 세수하고 있었어요."

체르마가 나루터 아래 쪽을 가리켰다.

"저기? 그렇다면 물고기가 삼켰을지도 모르겠네. 저기는 가을에 물고기들이 모이는 자리야."

"찾아주시면 정말 아무것도 아끼지 않겠어요."

"나한테 아무것도 필요 없어."라고 햄치그는 말했다. 그때 그 옆에 서 있던 아가씨가 심술궂게 물었다.

"체르마 본인도 필요없어요?"

햄치그는 쓸쓸히 웃으면서 말했다.

"체르마가? 시집갔잖아! 그건 그렇고 체르마, 네 남편은 무슨 일하는

사람이야?” 그러자 말 많은 아가씨가 체르마가 말 할 틈을 주지 않고 나
서서 말했다.

“8번지 병원 의사라고 못 들었어요?”

“그래? 대단하다.”

“시아버님은 뭘 하시고?”

“기획부 부장 세드라는 분이라고 있어요.”

“세드 부장?”

“그래요. 사람들이 흰머리 세드라고도 부르지요.”

“나도 잘 알지. 우리 둘이 같이 오르항강을 건넌 적이 있어. 내 이 낡
은 배에 타신 적이 있다구.”

체르마는 기분이 좋아졌는지 웃으며 큰 눈에 고인 눈물을 닦아냈다.

“너의 시아버님께서는 명절 때마다 내게 많은 선물과 술을 보내주신
다. 한마디로 우리는 형제와 다름없어. 세드 형님께서 보내주신 술이 목
구멍 넘어갈 때면, 앗다 그 맛이란! 생각할수록 군침이 돌아.”

햄치그는 고인 침을 꿀꺽 삼키며 흡족해 했다.

이때 탈곡장에서 자동차 경적을 울리는 소리가 들렸다. 여학생들은 화
들짝 놀라며 말했다.

“자, 일합시다. 우리 보고 일 안 한다고 꾸지람 하겠어요.”

여학생들이 일제히 탈곡장을 향해 뛰어갔다. 햄치그가 그녀의 등 뒤에
대고 소리쳤다.

“체르마! 세드님은 귀걸이 한 짝뿐만 아니라 한 쌍을 잃어버려도 아까
워할 분이 아니야, 너를 야단칠 분이 아니니 걱정하지 말라구. 필요하다
면 내가 편지를 쓸게.”

이른 아침 오르항 강물이 솜처럼 하얀 안개 아래 조용히 흐르고 있었
다. 햄치그는 낮게 중얼거렸다. 오늘 저 강물이 체르마를 기쁘게 해 줄

수 있을지 모르겠네. 강물이 잔잔히 밤을 새웠네. 어떻게 되던 강물에 한 번 들어가 보아야지.

"동그란 내 몸을 키워주신 어머니의 은혜를……." 하는 노래를 큰 소리로 부르며 강 물살을 헤치고 노를 저어 저쪽 나루터를 향해 안개 속으로 사라졌다. 새벽 어둠이 나무들과 얽힌 듯 내리고, 새벽안개가 강물 위로 피어오르고 있었다. 햄치그가 정성들여 고친 배가 강물을 힘차게 헤쳐 나갔다. (1982)

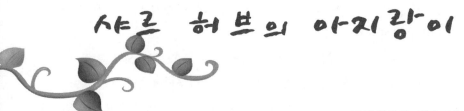

샤른 허브의 아지랑이

더르즈접드 엥흐벌드
난딩쩨쩨그와 정용환

노란 낙타는 땅이 꺼질 듯이 길게 한숨을 내쉬다가 떨리는 목소리로 울었다. 그 대신에 덩치 큰 하얀 숫낙타는 풀을 뜯어먹으면서 떨리는 목소리로 울자 가지드마의 마음은 왠지 외롭고 서러워서 흐느껴 울고 싶은 충동을 느꼈다. 아니다. 입술을 악물고 눈물 한 방울도 흘리고 싶지 않다는 독한 오기가 생기기도 했다. 답답하고 가슴에 응어리진 무거운 것이 풀리지 않았다. "괜히 이렇게 친한 척 하는 가족 같은 가축이 있잖아." 하고 위로하면서 노란 낙타의 살찐 엉덩이를 채찍으로 철썩 소리가 나도록 때렸다. 노란 낙타는 답례로 걸음을 재촉해서 낙타 떼 가까이 와서 마음이 가라앉은 듯 멈추어 오줌을 누기 시작했다. 그 사이에 덩치 큰 하얀 숫낙타와 작은 하얀 숫낙타, 높고 푸른이라는 숫낙타, 회색 무릎이라는 숫낙타, 젊은 갈색이라는 숫낙타 다섯 마리의 숫낙타가 낙타 떼에서 처져서 이쪽으로 와서 노란 낙타를 둘러싸고 서로 냄새를 맡았다. 가지드마는 노란 낙타의 백발이 성성한 것을 우연히 발견하고 깜짝 놀라 멍하니 쳐다보았다. 덩치 큰 하얀 숫낙타와 젊은 갈색이라는 숫낙타는 이들 중에서 나이가 제일 많다. 그러고 보면 이들의 나이가 이제 스물대여섯이나 된 셈이다. 그런데 가지드마는 낙타도 나이를 먹으면 사람처럼 백발이 성성하다는 것을 처음 알았다.

세월이 참 빠르다. 이들이 세 살인가 다섯 살일 때 아버지가 안장을 얹어 길들이고 짐을 싣고 다녔던 게 엊그제 같은데, 지금은 그 시절의 아버지도 어머니도 세상을 떠났다. 아들만 있다. 아들은 여덟 살이고 몇 달만 있으면 아홉 살이다. 그런데 가지드마한테 상대가 되어 줄 사람이 없어서 학교를 못 보냈다. 내년 가을부터가 어려울 것이다. 학교 교장이 그렇게 호락호락 넘어갈 분이 아니다.

"어쩔 수 없으니까 올해는 그냥 놓아 둘께. 대신 내년부터는 반드시 학교를 보내야 해." 하고 강력하게 말씀하셨다. 아들이 학교 들어가서 제 누나처럼 공부를 잘 할 수 있을지 의문이다. 어렸을 때부터 무엇이든 제 멋대로 해서 기숙사 생활을 못 하겠지." 하는 염려가 앞섰다.

"자, 이 총각 볼 일 다 봤냐?" 왠지 앙탈을 부리고 싶어서 가지드마는 노란 낙타한테 이렇게 말했다. 노란 낙타는 목을 길게 뻗고 친한 숫낙타들의 냄새를 맡으며 오줌을 계속 눈다. 숫낙타의 몸은 산과 같고, 육봉은 악기와 같다. 수도 예술단이 읍에 왔을 때 가지드마는 이상하게 생긴 악기를 본 적이 있다. 크고 뚱뚱한 남자처럼 생긴 그 악기는 제 생김새대로 굵은 소리를 낸다. 이름도 안 좋다. 콘트라베이스라고 했던가. 악기 이름을 듣고 같은 반 여학생들은 입을 소매로 막고 "세상에! 베이스-바아스(몽골어의 똥이라는 말과 발음이 비슷하다)가 뭐야?"라고 투덜댔다. 가지드마도 같이 투덜댔을 것이다. 말의 등과 엉덩이를 옷소매로 닦듯이 악기를 손바닥으로 쓰다듬고 있는 연주자는 그렇게 가식적으로 행동하는데도 화를 내지 않았을 뿐, 더러 다른 사람들의 눈을 속이고 가지드마를 향해 은밀히 눈을 깜박거렸다. 그리고 다른 사람들이 춤추는 사이에 둘은 같이 밖으로 나갔었다.

노란 낙타는 오줌을 다 누었다. 가지드마가 몇 번 크게 소리 지르자 몇 마리 낙타 떼는 한데 모여 앞장서서 걷는 늙은 암낙타의 뒤를 순순히 따르기 시작했다. 열을 지어 행진하는 낙타 떼 중에 몇 마리 뚱뚱한 숫낙타의 육봉은 사원의 지붕처럼 든든해 보인다. 몇 년 전 눈에 찬 이 육봉은 공기가 빠진 풍선처럼 된 적이 있다. 정말 그 해는 힘든 겨울이었다. 얼굴을 바늘로 찌르는 듯한 추위를 낙타 떼는 서로 몸을 기대며 견뎠고, 짐을 싣고 이 지방 저 지방을 유목하면서 겨우 살아남았다. 그래서인지 낙타 떼는 서로를 보면 울음으로 친근감을 나타낸다. 낙타 떼에서 처지고 혼자서 돌아다니는 일이 거의 없다. 혼자 돌아다녀도 결코 실종된 적이 없다. 이삼일 지나면 물먹는 데로 돌아온다.

그러나 여름이 되면 뿔뿔이 흩어진다. 그때는 먼 곳에 가 있는 사람이 안부를 묻는 편지를 보내듯이 지나가는 행인들이 소식을 들려준다.

"당신의 숫낙타들 몇 마리는 저기 저렇게 다니더라. 여기 이렇게 다니더라. 그 낙타는 그 쪽을 보고 서 있더라." 낙타는 그런 가축이다.

가지드마는 아들 생각이 나서 급히 노란 낙타의 걸음을 재촉했다. 낙타 떼는 노란 낙타의 빠른 걸음에 밀리듯 앞으로 급히 간다.

어두워지면 아들이 무서워할 것이다. 엄마 앞에서만 어른처럼 할아버지의 담뱃대를 물고 까불지만 아직 어리다. 지금쯤 말린 고기를 물에 불리고 밀가루 반죽을 방망이로 밀고서 얼른 낙타 떼가 보였으면 하고 집 밖을 내다보며 서성일 것이다. 가끔 새끼낙타와 암낙타를 몰고 오라고 보내면 낙타 타고 가며 졸다가 채찍을 잃어버리는 버릇이 있었다. 그래서 그 많던 채찍이 하나만 남았다. 그래서 아들은 집에 남게 되었다.

가지드마의 아버지는 살아계실 때 한번은 도시를 다녀오면서, "스키라는 게 있는데 이런 지팡이를 사용한다더라. 도시인들은 무슨 호기심이 그리 많은지. 우리 눈엔 이 동그란 것을 떼버리면 좋은 채찍이 될 것 같아서…"라고 하시면서 긴 막대기처럼 생긴 것을 잔뜩 내놓았는데 자기는 한두 개만 썼을 것이다. 아버지가 돌아가시고 나서 그것을 많이 쓰지 않는 물건과 같이 쌓아놓았는데 지금 와서는 소중한 것이 되었다. 아들은 낙타의 육봉을 안고 졸다가 할아버지와 할머니의 채찍을 잃어버리자 갑자기 그 지팡이가 생각나서 물건을 뒤져서 지팡이를 찾아 내주었다. 그러나 아들은 버릇처럼 계속 잃어버려 그 많았던 지팡이도 바닥이 났다.

차분히 되새김질하면서 행진하는 낙타 떼 중에서 바람둥이라는 이름의 암낙타가 바깥쪽으로 나가 도망가려 하자 가지드마는 크게 소리를 질러서 낙타 떼 안으로 다시 들어가게 했다. 놈은 정말 대단한 바람둥이다. 자기 새끼들을 돌보지 않는다. 늙은 숫낙타와 젊은 숫낙타, 거세한 숫낙타와 거세하지 않은 숫낙타 등 숫낙타만 보이면 따라가는 바람둥이 가축이다. 사람이 아닌 가축 중에도 이런 바람둥이 가축이 있다니…. 바람둥이라는 이름은 정말 잘 붙였다. 바람둥이는 어릴 때부터 그랬다. 젖을 짜다가도 눈을 마주치면 어느새 수컷을 눈 빠지게 쳐다보곤 했다. 그런 가축이니 할 말이 없다.

낙타 떼는 모래 골짜기를 지나 자갈을 밟는 소리가 들렸다. 이것은 이제 반쯤 왔다는 뜻이다.

가지드마가 이쪽 저쪽을 열심히 살펴보면서 노란 낙타를 가끔 채찍질하며 서둘러 움푹 꺼진 땅을 지나자 어둠 속에서 뒤집어놓은 밥그릇 같은 집이 희미하게 보였다. 집 밖에 뭔가 커다란 것이 있는 듯 없는 듯 하다. 눈에 힘을 주고 볼수록 눈물이 생겨 잘 구분이 되지 않았다. 집이 가까워질수록 어둠이 짙게 깔려 집마저 보이지 않게 되었다. 짙은 어둠이 주변을 덮어 오직 낙타 떼의 발소리만 들린다. 잠시 후 갑자기 옆에서 불빛이 나타났다. 아들이 집이 있는 방향을 알려주는 것이다. 집 밖에 있는 듯 없는 듯 했던 것은 짐을 높이 실은 자동차였다. 엔진이 얼까 봐 앞부분은 덮개로 공손히 씌워져 있었다. 가지드마는 그 사실을 모르고 어둠 속을 더듬어 가다가 어질러져 있는 덮개에 걸려 넘어졌다. 그러나 짜증 내지 않았다. 도리어 이런 저런 바깥 세상의 소식을 들려 줄 수 있는 손님이 와서 속으로는 기뻐했다. 아들이 마중 나와서 말했다.

"엄마, 우리 집에 손님이 왔어. 차를 끓여서 보온병에 담고 음식을 불에 올려놓았어요. 아직 안 익었어요. 엄마, 들어가서 몸을 녹이세요. 제가 낙타 다리를 묶고 새끼낙타를 잡아 묶어 놓고 뒤따라 들어갈게요."

손님이 오니까 아들도 기분 좋은 모양이다. 그리고 노란 낙타를 이끌고 뛰어갔다. 낙타 떼는 보금자리를 찾아 냄새를 맡고 다니다가 각자 자기 자리를 찾은 듯 아래로 눕기 시작했다. 묶이는데 길들여진 새끼낙타들은 밧줄 옆으로 나란히 모여 있다. 새끼를 밴 암낙타들은 누울 자리를 정리하느라 흙을 짓밟는다. 가지드마는 가슴이 두근거려서 "어떤 사람이 왔을까?" 궁금하기만 했다.

가지드마는 집을 향해 걸어가면서 머리카락을 급히 쓸어 넘기고 머리 수건을 벗어 다시 예쁘게 쓰고 낙타를 타느라 흘러내린 옷자락을 다듬고 허리띠를 조였다. 먼지가 묻었을지 모른다고 생각해서 몇 번 얼굴을 손으로 닦고 문 손잡이를 잡아당겼다.

난로 앞에 큰 사각형 무늬의 빨간색 셔츠를 입고 소매를 걷어붙인 젊은 남자가 밀가루 반죽을 칼로 썰고 앉아 있었다. 그는 원래 이 집 주인처럼 태평스럽다. 바로 이런 상황 때문에 가지드마는 몸을 움츠려 주인이 자리를 비운 집에 들어간 것 같이 부끄러워했다. 문 열리는 소리를 듣고 그는 이쪽을 보면서, "다녀오셨습니까? 날씨가 많이 춥지요? 몸을 좀 녹이세요. 제가 차 드릴께요."라고 말하며 급히 일어서서 서랍에서 찻잔을 꺼내 차를 따라주었다. 가지드마는 여전히 가슴에 뭔가가 응어리져 있었지만 "잘 다녀왔다"는 말밖에 아무 말도 못했다. "괜찮습니다. 제가 차를 따라서 먹을께요."라고 말하고 싶었지만 그러지 못했다. 말 한마디만 더 하면 괜스레 눈물이 나올 것 같았다.

남편이 한두 달 집을 비웠다가 돌아온 것 같이 따뜻하게 느껴지기도 했지만 한편으로는 누군가에게 영역을 침범 당한 것처럼 이 태연한 남자가 불쾌하기도 했다. 머리 수건을 풀어 침대 위에 올려놓고 찻잔을 들고 손을 따뜻하게 하기 위해서 양쪽 손바닥 위에 교대로 찻잔을 옮겨가며 찔끔찔끔 마셨다. 그는 그릇장 위에 놓여 있는 접시에 담은 과자를 가져다 주면서 계속 이야기했다.

"내 이름은 사르후입니다. 군(郡)의 상품 유통 지점에서 일하죠. 여기 읍에 밀가루와 쌀을 갖다 주러 왔는데, 뒤 언덕에서 갑자기 차가 고장 나서 같이 가던 차가 끌어당겨 가까스로 당신 집까지 왔습니다. 손님이니까 이 집 풍습을 따를 수밖에 없기에 음식을 만들고 있었습니다."라고 크게 웃으면서 말을 이었다.

"농담입니다. 하루 푹 쉬라고 난 사고라 생각했어요. 우리 운전기사들은 음식을 잘 만들죠. 초원을 다니면서 오랫동안 차와 음식을 만들다 보니 요리에 익숙합니다. 당신 아들 톨가는 어른처럼 밀가루 반죽을 정말 잘하는군요."라고 말하고 방망이로 민 밀가루를 칼로 가늘게 썰기 시작했다. 그는 제 말대로 진짜 요리사처럼 국수를 가늘게 잘 썬다. 가지드마는 그가 칼로 밀가루 써는 모습을 보고만 있고 싶었다. 집안이 그 전보다 더 환해진 것 같고 따뜻하고 좋다. 그래서 "아이고, 정말 편하구나." 하며 쓰러져 눕고 싶었다. 이때쯤이면 이렇게 앉아 있을 수 없다. 새끼낙타를 묶으러 더듬고 있을 것이다. 그리고 들어오자마자 아들과 이런 저런 이야기하면서 음식을 만들고 촛불의 희미한 불빛 아래 식사하고 잠자리에 든다. 그러나 오늘 밤은 아들이 무서워할까 봐 걱정하지 않아도 된다. 아들이 새끼낙타를 잘 묶고 들어오겠지 하고 편안하게 생각했다. 사람은 서로를 의지하면서 사는 모양이다. 왠지 집이 좋다는 생각이 들었다. 없는 게 없다. 오디오, 재봉틀, 여러 색으로 장식된 옷장, 옷장과 같은 색의 침대, 침대를 덮은 양탄자. 그전에는 왠지 이 모든 것을 자세히 들여다본 적이 없는 듯하다. 집이 더 넓어진 것 같고…. 그리고 긴 기둥과 환기창의 무늬를 보러 올려다보다가 "어머, 우리 집에 전등이 생겼네." 하면서 너무 기뻐서 양 손바닥을 서로 비볐다.

"전등이 있으니 좋지요?"

"네."

"당신 성함이 가지드마라고 했지요?"

"맞아요. 우리 아들이 다 이야기한 모양이지요?"

"그랬어요. 가끔 담뱃대를 물고 책상다리를 하고 앉는다고 하더군요. 그리고 제 집 이야기를 시작하더군요. 읍의 증기 보일러 회사에서 일하는 남지르라는 사람이 다섯 살짜리 검은 숫낙타를 자기한테 팔아달라고 했던 모양입니다. 그런데 그 사람한테 가격이 좀 셌나 봅니다. 또한 다스라는 사람의 아들이 다리마라는 아가씨한테 사랑 고백을 했는데 그 아가씨의 부모가 뭐라고 했는지 하여튼 안 된다고 해서 다스의 아들은 사랑 고백한 편지를 돌려받았나 봅니다."

"그거 아무것도 아니에요. 이제 쉬세요. 내가 끓일께요." 가지드마는 허리띠를 풀고 집 안에서 입는 옷을 찾았다.

"옷을 찾고 있어요? 저 침대에 놓았을 것 같아요. 청소는 우리 둘이 할 일이 아닌 것 같아요. 자동차 안을 쓸 만한 실력은 있지만…. 자, 아줌마 집 안 일을 맡으세요."라고 일어서서 북쪽에 가서 책상다리 하고 앉았다. 가지드마는 웃옷을 갈아입고 찻잔에 차를 따라주었다. 그리고 음식을 차리고 있을 때 아들이 들어와 오른쪽 침대 위 베개를 뒤지더니 자랑스럽게 말했다.

"엄마, 이거 보세요. 아저씨가 주셨어요." 가지드마는 아들을 보고, "어머, 사과잖아." 하고 아가씨 목소리로 소리쳤다. 아들이 금방 뛰어가서 누가 금방이라도 가로채 갈 것 같이 끌어안았다.

"이건 엄마 거고, 이건 내 거예요."

"엄마는 괜찮다. 우리 아들 혼자 다 먹어."

"또 많이 있어요. 내가 봉지에 담고 집 밧줄에 매달았어요. 얼리면 상하지 않는다고 사르후 아저씨가 말했어요. 맞지요, 아저씨?"

"응."

세 사람은 땀을 흘리면서 식사하고 나서 사가이[6] 놀이를 했다. 사르후는 일부러 그러는지 아니면 정말 못해서 그러는지 번번이 졌다. 손과 손가락이 크고 삽처럼 생겼지만 마음이 너무 급한 바람에 사가이를 예닐곱 개만 가로챈다. 그보다 더 많이 가로채지 못한다. 어떤 때는 가로채야 하는데 너무 늦어 손에 쥔 것까지 놓쳐 엄마와 아들을 웃기곤 했다. 가지드마는 이렇게 만족스럽게 웃지 못한 지 오래된 것 같았다. 어떤 때는 꿇어앉은 그녀의 무릎이 사르후의 무릎을 스치거나 그가 급하게 움직이다가 손이 닿으면 그녀의 온몸이 떨렸다. 가지드마는 한 번, 아들은 두 번 이겼다. 가지드마는 갑자기 고단해져서 몇 번 하품을 하다가

"아이고, 정말 피곤하다. 아들아, 이만 자자. 사르후 아저씨도 피곤하시겠다. 엄마가 이불 펴줄게." 라고 하자,

아들은 "엄마! 한 번만 더 하자? 응?" 하고 놀이에 재미를 붙인 듯 어머니를 졸라댔다. 그러자 사르후가 부드럽게 웃으면서, "내일, 모래, 그 다음날에도 같이 놀자. 아저씨도 정말 피곤하다, 톨가야." 라고 하자 아들

---

6) 양의 관절뼈로 하는 몽골의 전통 민속놀이

이 기뻐 펄쩍 뛰면서, "정말이에요? 그럼 꼭 같이 놀아주세요." 라고 말하고 나서 둘이 같이 일 보러 나갔다.

가지드마는 피곤하여 잠자리에 들었지만 고단하고 피곤한 기운이 어디론가 사라지고 머리가 맑아져 누워 있었다. 갑자기 사르후가 일어나서 이불 속에 들어오면 어떻게 하지? 하는 생각이 불쑥 들었다. 얼마 안 지나자 오른쪽 침대에 누운 아들의 코 고는 소리가 들렸다. '우리 아들이 많이 피곤했나 보다. 나 혼자 이 많은 가축을 어떻게 기르나.' 하는 생각에 이르자 얼굴이 봄의 추위와 흙먼지 바람을 맞은 것같이 긴장되었다. 갑자기 북쪽 침대 삐걱이는 소리가 나더니 사르후가 일어나서 오는 것 같이 느껴지자 그녀는 눈을 꼭 감았다. 침대 소리가 들리지 않자 한숨 쉬고 눈을 떠보니 환기창의 희미한 빛을 가리고 큰 그림자가 서있었다.

"가지드마, 벽 쪽으로 눕지 않을래요?" 사르후의 약간 떨리는 목소리가 들리고 그녀는 미처 대답할 틈 없이 돌아서 눕자 침을 삼키는 소리와 함께 약간의 땀 냄새와 자동차의 기분 좋은 기름 냄새를 풍기며 그는 이불 아래로 스며들었다. 두 사람은 서로 어떤 말도 하지 않았다. 사르후가 부드럽게 헛기침을 하고 한 손으로 가지드마의 허리를 안아 자기 쪽으로 돌렸다. 가지드마는 긴 한 숨을 쉬고 일어나서 속옷을 벗었다. 멀고 먼 별나라에 가서 너무 기쁘고 마음이 들 뜬 듯 가슴이 벅찼다. 온몸이 뜨겁게 달아오르고 정신이 희미해지고, 마악 걸음마를 배우는 아기처럼 기쁘기만 했다.

"사르후!"

"왜요?"

"아들이 깨면 어떻게 하지요?"

그러나 그렇게 말을 하면서도 자기도 사르후의 향기에 취하였다. 가지드마는 나무 숲 속에서 그와 같이 소꿉놀이하는 여자아이가 되어 있었다. 그리고 자기도 바람둥이 암낙타처럼 된 것을 깨닫고 부끄러워서 이불로 얼굴을 가리고 '어쩔 수 없구나. 누구한테 부끄러워 하겠어?' 하고 생각하고 겨우 가슴을 진정하고 가슴을 조금 내어 바람을 쐬었다.

집안이 마냥 고요하고 사르후의 심장 뛰는 소리만 들린다. 밖에서 낙타 떼는 다 같이 "어, 창피해" 하는 듯 되새김질 하는 소리가 들려왔다. 지금 이 시간에 무슨 일이 일어나고 있는지 궁금해 하는 듯 사막의 밝은 별들이 환기창으로 엿본다.

"사르후!"

그러나 그는 잠깐 사이에 잠이 들었던 모양이다. 갑자기 사르후가 놀라 잠에서 깨어 "왜요?" 하고 물었다.

"잠 들지 마세요."

"알았어요. 깜박 졸았나 봐요. 지금은 안 자요."

"우리 나갈까요?"

"일 보려고요?"

"아니에요." 하고 가지드마는 이불로 입을 가려서 웃으면서 사르후의 털 많은 겨드랑이에 손을 넣고 간지럼을 태웠다. "아니에요. 바람둥이와 갈색 낙타를 보여주고 싶어요."

"낙타에요?"

"그래요, 하나는 암낙타고 하나는 숫낙타에요."

"알았어요. 그들이 어디 갈 것도 아니니 우리 내일 봐요."

가지드마는 심드렁해져서 "그래, 맞아요. 사르후한테 그런 게 뭐가 재미있겠어요." 하고 의기소침해 있는데 사르후가 갑자기 잠이 다 달아났는지 그녀를 다시 꼭 껴안고 구부린 다리를 뻗어 펴고 머리카락을 만지면서 뺨에 오랫동안 냄새를 맡으며 뽀뽀하고 애무하며 뜨겁게 입을 맞추었다. 가지드마는 온몸이 다시 짜릿짜릿해서 눈을 감았다.

어느덧 날이 밝았다. 놀란 말들이 빠른 걸음으로 다가오듯이 환기창으로 밝은 새벽빛이 흘러 들어와 집안 가구들을 비추기 시작했다. 사르후는 한 번 기지개를 켜고 나서 다시 그녀를 따뜻하게 껴안아서 냄새를 맡고 일어났다. 가지드마는 잠깐 눈을 붙이고 일어나서 아침 차를 끓였다. 가끔 노래를 부르고 싶은 충동이 일어났고, 몸이 가벼워지고, 밤새도록 눈을 못 붙였지만 피곤하지도 않았다. 집으로 들어갔다 나갔다 하면서 열심히 일했다. 사르후는 북쪽 침대 위에 손을 뻗고 잠들어 있었다. 뛰어가서 그의 가슴에 차가운 손을 넣고 장난치고 싶어지는 심술을 혼자 비웃으며 암낙타의 젖을 짜러 나갔다. 노란 낙타는 다리가 묶인 채 절뚝거리며 덩치 큰 하얀 낙타의 옆에 가서 누워서 잔 모양이다. 바람둥이는 갈색 숫낙타의 온기 때문에 더운지 그에게 몸을 기대고 온몸을 쭉 펴고 누워서 되새김질한다. "그러면 어젯밤에 나도 이렇게 누워 있었을까?" 하는 생각이 들어 얼굴을 붉혔다.

갈색 낙타는 포식한 듯 누워 있다. 그 자세는 자세히 보면 북쪽 침대를 차지하고 잠든 사르후와 같았다. "불쌍하다, 뭐 때문에 이렇게 포식하지? 오늘부터 며칠 타고 다녀야겠다. 운동시켜서 살을 좀 빼고 육봉을 녹게 해주어야지. 그렇지 않으면 포식해서 새로 나온 풀을 뜯지 못할 거야." 거세하지 않은 숫낙타는 며칠 전부터 미친 듯 뛰어다녔던 것을 후회하는 것처럼 졸리는 눈빛으로 뽀드득뽀드득 이를 갈면서 낙타 떼에서 조금 떨어져 혼자서 벌벌 떨며 누워 있다. 마치 술 취한 사람 같다. 그에게 지금은 바람둥이도 그 누구도 별 관심이 없는 것 같다. 수태한 암낙타들이 떠미는 것을 보니 첫 새끼가 머지 않아 나올 것 같다. 가지드마는 갑자기 이들처럼 임신하고 싶다는 생각이 들었다. 조산원 간호사들의 관리 아래 양고기 국을 먹고 어머니들과 함께 세상의 이런 저런 이야기를 하면서 며칠 누워 있고 싶었다. 간호사가 들어와서, "자 자, 어머님들 젖 줄 시간에요. 아기를 너무 사랑하다가 시간을 지나지 않게 꼭 지키세요. 다들 마스크를 쓰세요. 마스크를 벗지 마세요. 아기들 감기 옮겨요." 하고 마치 자기가 낳은 애처럼 위풍당당게 간섭을 했었다. 그것도 좋아. 엄마들이 여기저기서 아기들의 기저귀를(요람을) 벗기면 그 조그만 집 가득히 아기들의 향긋한 냄새가 퍼진다. 아기의 냄새를 다시 한 번 맡고 싶다.

나는 해마다 아기낙타의 털만 맡는다고 생각하면서 암낙타의 젖을 짰다. 귀찮다는 생각이 들었다. 새끼낙타가 많은 암낙타는 젖이 거의 다 말랐다. 두세 번 차를 끓일 때 넣을 수 있을 만큼의 젖만 나온다.

차를 끓여서 주전자에 넣고 마시려 했지만 왠지 목에 넘어가지 않았다. 갑자기 자기가 외로운 집을 침입한 것 같기도 했다. '그래, 두 사람이 일어나면 같이 아침 차를 마셔야겠다.'고 생각하고 이불을 정리했다.

사르후가 잠자리의 가장자리를 잡았구나 싶어서 어쩌면 어젯밤의 행복이 충분하지 못했던 것 같아 그를 바라보며 웃었다.

낙타들이 일어나 돌아다니기 시작했기 때문에 그녀는 밖으로 나가서 낙타 떼를 풀밭으로 보내주고 돌아오는 길에 나무 뿌리 두 개를 들고 돌아왔다. 두 사람은 잠에서 깨어 이런 저런 이야기를 하면서 누워 있었다. 각자 찻잔에 노란 기름[7]을 넣고 차를 따라 침대 머리에 놓았다. 아들은 습관대로 침대 위에 엎드려 이불을 덮고 차를 마시면서, "엄마, 나 사과." 라고 했다.

"지금은 차를 마시고 이따가 먹어." 사르후는 일어나 침대 위에 앉아서 옷을 찾는다.

"차를 마시고 천천히 일어나지 않고요."

"습관이 안 되어서 이상해요. 일어나야겠어요."

---

7) 보관과 소독을 위해 젖을 끓일 때 맨 윗부분에 생기는 기름덩이. 곧 버터.

"차를 마시고 조금 더 누워 있다가 일어나지 않고요…. 군에서 사는 사람들은 아침에 일이 있으니까 급하게 일어나서 아침도 제대로 못 먹고 직장 나가는 게 습관이 되었을 거예요."

"진짜, 내가 급하게 일어날 이유가 없는데. 천천히 차를 마시고 일어나야겠어요." 하면서 사르후는 가지드마를 음흉한 눈빛으로 쳐다보며 웃었다. 그 눈빛이 옷깃과 앞섶 사이로 들어오는 것 같아 가지드마는 옷깃을 얼른 만져 정리했다.

해가 뜨고 추위가 풀리자 사르후는 언 쇳덩어리를 두들겨 차를 들추기 시작했다. "톨가야, 스패너 좀 가지고 와. 아이고, 그건 렌치이다. 너는 운전기사 되기는 틀렸네." 하며 웃었다.

가지드마는 노래를 흥얼거리며 집 안과 밖을 들락날락 하면서 가마솥 가득히 말린 고기와 기장 차를 끓이고, 창고에 가서 가죽 주머니에 있는 하얀 기름을 꺼내 한쪽을 크게 잘랐다. 암낙타들은 새끼를 낳을 무렵이면 몸이 무거워져서 낙타 떼에서 빠지거나 뒤처진다. 그런 암낙타를 찾으러 며칠씩 낙타 등에 타고 돌아다니다가 아기 낙타를 태우고 집에 돌아오면 피곤에 지쳐 있기 마련이다. 이때 집에 와서 차에 하얀 기름을 넣고 마시면 피로가 저절로 풀린다. 그래서 해마다 읍의 담당자들의 사인으로 하얀 기름 하나를 얻어가지고 돌아와 피곤할 때 먹으려고 아껴둔다. 그러나 가지드마는 이번에는 망설이지 않고 내놓았다. 후회하지도 않았다. 또 집에 들어가 동쪽에 있는 상자를 열어 낙타 젖으로 만든 술을 꺼내 노란 기름을 넣고 난로에 올려놓고 나가서, "이보세요, 운전기사들. 점심시간이요." 하고 옷장에서 겨울옷을 꺼내 햇빛을 쪼이는 사람처럼 마음속 깊이 우러나온 목소리로 불렀다. 크고 작은 두 남자는 서로 다른 목소리로 "알았어. 지금 갈게요." 하는 대답이 되돌아왔다.

아침에 낙타 떼에서 잡아 묶은 갈색 낙타는 갑자기 바람둥이가 보고 싫었는지 아니면 주인여자의 부드러운 목소리에 감동했는지 슬프게 울면서 고삐의 끝을 당기며 돌았다.

사르후는 허겁지겁 식사 마치고 데워 준 술을 급히 마시고 밖으로 나갔다. 그는 다시 쇳덩어리를 들추기 시작했다. 시간이 얼마나 지났는지 모른다. 가지드마는 '저 사람은 남의 남자이다. 우리 집에 잠시 머물다 떠나는 나그네이다. 그러니까 빨리 가고 싶어 하는 게 당연한 일이지.' 하는 생각이 들어 갑자기 슬퍼져서 목이 메어 눈물이 글썽 괴었다. '이제 어린애처럼 울려고 하는구나.' 하고 스스로를 꾸짖고 떨어지는 눈물을 소매로 닦으며 '낙타 떼를 몰고 와야지.' 작정하고 집을 나섰다.

해가 서쪽으로 많이 기울어 있었다. 사르후와 톨가는 덩치가 커다란 쇳덩어리를 차 옆에 꺼내놓고 안에 뭔가를 들춘다. 그것은 다시 쓸 수 없게 된 물건들인데 쓸 만한 작은 부품들을 고르는 것 같았다.

햇살이 따뜻하고 좋은 하루였다. 가지드마는 '오늘은 낙타를 몰러 아들을 보내야겠다. 바람 쐬고 오면 좋겠지. 항상 집에만 있어서 많이 심심할 것이다. 초원에 나가서 마음대로 노래도 부르고 소리도 지르고 오면 좋겠지.' 하는 생각에 아들을 불렀다.

"우리 아들, 갈색 낙타를 타고 낙타 떼를 몰아오렴."

"엄마가 가면 안 돼? 나는 지금 할 일이 많은데."

"엄마? 나는 몸이 안 좋고, 열나는데도 너는 신경도 안 쓰는구나. 그래, 좋다. 내가 아무도 없는 초원에 가서 열나고 떨다가 낙타에서 떨어져 죽었으면 좋겠어? 그렇다면 안장을 얹어주라."

아들은 엄마의 얼굴을 쳐다보고, "엄마는 헐떡거리고 있잖아." 라고 하자 "그래서 날더러 어떻게 하라고? 빨리 들어가 안장을 가지고 와." 하고 화가 나서 나무랐다.

아들은 집 안으로 뛰어 들어갔다. 가지드마는 자동차 아래 들어가서 뭔가를 만지고 있는 사르후를 한 번 보고 슬픔에 젖은 한숨을 쉬고 갈색 낙타의 고삐를 풀고 집밖에 이끌고 와서 앉혔다. 아들은 털 있는 겨울옷을 따뜻하게 입고 안장을 안고 머뭇거리며 집에서 나왔다.

"엄마, 내가 낙타 떼를 몰고 올게요. 사과 하나 가지고 갈게요." 라고 말했다. 가지드마는 '불쌍한 우리 아들.' 하고 마음속으로 자기 자신만을 생각하는 스스로를 나무라고 나서 말했다.

"아니다. 엄마는 괜찮다. 음식 만들고 집에 있어. 새끼낙타 똥 좀 치워라."

"엄마, 나 오늘 만두 먹고 싶어요. 엄마가 야생 파를 넣고 맛있는 만두를 만들어 주세요. 둘이만 먹지 말고 나를 기다리고 있어야 해요. 내가 우유과자도 가슴주머니에 챙겼어요. 이거 보세요."

"그래, 알았어. 가고 싶으면 빨리 갔다 와라. 엄마가 맛있는 만두를 만들고 기다리고 있을께. 너무 늦지 마라. 낙타 떼를 빨리 몰고 와."

아들이 낙타를 타고 '이랴!' 하고 달려가는 것을 보니 손에 채찍이 없었다.

"아들아, 조금 기다려." 급히 말하고 가지드마는 집 안으로 뛰어 들어가서 남은 채찍 한 개를 가지고 나왔다.

"엄마, 그냥 줄 좀 주세요."

"가져 가. 풀밭에서 혹시 사람 만나면 보기도 안 좋아." 아들은 아무 말 없이 채찍을 받아서 때리자 갈색 낙타는 어디로 가야 하는지를 잘 아는 듯 저 앞에 희미하게 보이는 크고 작은 바위를 향해 달렸다.

"아들아, 조심해서 다녀와라. 낙타가 갑자기 말을 안 들을 수 있어."

"알았어요, 엄마."

가지드마는 삽으로 배설물을 치우고 창고에서 고기를 꺼내고 밀가루를 반죽했다. 얼마 지나지 않아서 사르후가 들어왔다.

"차를 다 고치셨나 봐요."

"다 고치기는…. 부품을 새로 갈아야지 안 되겠어요."

가지드마는 난로에 올려놓은 따뜻한 물을 사르후 손에 부어주고 큼직한 나무뿌리를 가지러 나갔다. 그런데 난로에 들어갈 만한 나무뿌리가 안 보였다. 땔나무 준비하러 또 가야겠네 하고 입 속으로 중얼거리며 뿌리 중에서 제일 작은 것을 돌에 대고 때리려 했지만 힘이 부족해서 치지 못 했다. 몇 번 해 보다가 어쩔 수 없이 낙타 똥을 옷자락에 넣고 들어갔다. 사르후가 그것을 보고는 바로 눈치 채고 아무 말 없이 나갔다. 이내 밖에서 나무 뿌리를 패는 소리가 들렸다. 가지드마가 밖으로 나가보니 통통하고 큰 나무 뿌리를 그는 머리 위에 들고 '후후' 숨을 내쉬고 나서 돌 위에 던지고 있었다. 던질 때마다 나무뿌리가 소리를 내며 몇 조각으로 나누어진다. 가지드마는 기분이 좋았다.

"그래 잘 되었어. 아까 두 사람은 내가 힘이 부족하다고 놀렸지?"

사르후는 순식간에 집안 밖에 있던 나무뿌리를 다 패고 손을 털면서 쪼그려 앉아 구경하고 있는 가지드마를 향해 웃으면서 말했다.

"내일 온순한 숫낙타를 잡고 우리 셋이 같이 장작 준비하러 갑시다."

가지드마는 아직도 태어나지 않은 아기 낙타의 머리털과 부드러운 발바닥을 상상하면서 흑백 두 가지 색의 타래로 새끼를 꼬고 앉아 있는데 책을 읽으며 누워 있던 사르후는 가끔 그녀를 곁눈질로 보다가 그만 참지 못해 일어서 그녀의 등 뒤로 가서 안아 눕혔다.

"어머, 사람 들어오면 어떻게 해요?" 가지드마가 웃으면서 일어나려고 했다.

"당신은 참 아름다운 여자야. 보면 볼수록 더욱 더 아름다워."

"그래, 또 뭐라고 비행기 태우고 싶어요? 이런 시골에서 사는 여자보다 군에서 사는 여자들이 더 아름답지 않을까요?"

"나한테는 그 예쁜 여자들 필요없어요. 더러 예쁜 여자들이 있긴 있겠지요. 하지만 내 차가 당신의 집 근처에 와서 고장난 것은 엄청난 행운이라 생각해요. 그러나 나한테는 책임져야 할 일이 있고, 당신 또한 나라의 많은 가축을 가지고 관리하니 이것이 우리 두 사람의 운명이고, 갈림길이오."

이 말에 가지드마는 "우리 집으로 와요. 아들하고 나는 당신을 모시고 살고 싶어요."라고 말하고 싶었지만 입술을 깨물고 아무 말도 하지 않았다. 그 연주자한테서도 이런 말을 들은 적이 있었다. 가끔씩 다녀가던 통계가도 또한 이곳을 드나들다가 결국 견디지 못해 결국 군으로 돌아갔다. 이번에 사르후 또한 그럴 것이다. 그러니까 그 갈림길이라는 것이, 그 팔자라는 것이 바로 내 자신의 처지를 말하는 것이다. 어쩔 수 없다. 나는 구근초처럼 쓰디 쓴 팔자로 한 인생을 살다가 죽을 것이다.

사르후는 그녀를 안아서 침대 위에 눕히고 아까부터 느슨해진 허리띠를 풀기 시작했다.

"사람 들어오면 어떻게 해요?"

"아무도 없는 사막에 누가 오겠어요? 아니면 당신을 찾아오는 남자가 있어요? 말해 봐요?"

"질투하는 거예요? 나를 누가 찾아오겠어요? 가축을 찾아다니는 행인이라도 올지 누가 알겠어요? 갑자기 들어와 두 사람이 침대 위에 누워 있으면 민망할 거 아니에요?"

"여기는 너무 좋아요. 조용하고……. 이 세상에 우리 둘만 있는 것 같아요."

"하지만 당신은 도시 사람이라 시간이 좀 지나면 도로 심심해질 거에요. 당신은 이곳이 좋지 않나요?"

사르후는 아무 말도 않고 단추를 풀고 웃옷을 벗기기 시작하자 가지드마가 말했다.

"잠깐만요."

가지드마는 옷을 걸친 채 일어나 북쪽 침대에 이불을 폈다.

둘은 잠깐 깊은 잠에 빠졌다. 가지드마는 꿈에서 놀라 깨어보니 불은 꺼지고 집안이 추웠다. 환기창을 보고 "어머, 우리 아들이 올 때가 되었네." 하고 소리 지르며 옷옷을 잡아당기자 가슴에 땀을 흘리면서 자고 있던 사르후도 놀라 일어났다.

둘이 급하게 침대를 정리하고 나서 같이 만두를 만들었다.

아들이 돌아오자 또 세 사람은 무릎과 무릎을 맞대고 앉아서 밤늦게까지 사가이 놀이했다. 아들이 이번에도 채찍을 잃어버리고 돌아왔지만 가지드마는 나무라지 않았다. 아들은 엄마가 건강하게 웃고 있는 것을 기뻤다. 아들은 채찍에 대한 아쉬움도 잊고 사가이 놀이에 열중하다가 졸았다.

가지드마는 아들에게 이불을 펴주었다.

어느새 닷새 엿새가 물 흐르듯 지나 군에서 부른 자동차 정비사들이 도착했다. 며칠 동안 가지드마의 뻣뻣하게 굳었던 몸이 풀렸으니 비유하자면 늦은 가을비에 넓은 초원에 초록빛의 가냘픈 풀이 자라듯 몸이 활기를 되찾았다. 왠지 자꾸 웃음이 터져 나오고, 가끔 누군가가 간지럼을 태우기라도 하는 듯 혼자서 호호 웃음을 터트렸다. 이런 가지드마의 모습을 보고 정비사들이 농담으로 비웃자 가지드마가 대꾸했다.

"그래, 맞아요. 제가 사르후의 발을 묶고 있었어요. 당신들이 돌아가면 윗사람한테 말을 잘해서 이쪽으로 자주 보내도록 노력해 주세요."라고 말하면서 큰 소리로 웃었다.

저녁 무렵 그들은 차를 다 고치고 군으로 돌아갔다. 사르후는 내일 읍으로 뒤따라 가기로 하고 하루 더 묵기로 했다. 그날 밤은 너무나 짧았다. 가지드마는 군에서 사는 사르후의 부인이 얼굴과 몸매가 자기보다 못하다지만 끝없는 행복을 누리고 사는 삶이 한없이 부러웠다.

이제 끝이라는 생각을 하기도 전에 새벽이 다가와 있었다.

"당신 부인이 정말 그렇게 못 생겼어요?"

"당신과는 비교도 안 돼요."

"그런데 왜 결혼을 했어요? 이혼하면 안 되나요? 나는 당신한테 정들었어요. 나를 인제 어떻게 할 거에요? 나를 계속 사랑해 주세요."

"너무 급하게 결혼했지요. 당신이 여기 이렇게 있을 줄을 누가 알았겠어요? 부인한테서 이혼을 할 수는 있지만 나는 내 자식들을 버리지 못합니다. 그들이 지금 도로를 바라보면서 나를 애타게 기다리고 있을 것입니다. 우리 막내는 정말 예쁘죠. 나밖에 모르는 애입니다."

가지드마는 이불 가장자리에다 얼굴을 박고 흐느껴 울었다.

사르후는 그녀를 자기 가슴으로 끌어당겨 안으려 했지만 가슴을 손으로 밀었다. 사르후는 더 이상 가지드마를 달래주지 않았다. 가지드마가 가라는 신호로 사르후를 밀자 바로 일어나서 북쪽 침대로 갔다. 그렇게 쉽게 갈 거라고는 생각도 못했던 그녀는 몹시 후회하여 눈물을 닦고 일어나서 사르후에게 다가갔다.

해가 뜨기 시작했다. 가지드마는 난생 처음으로 따뜻한 해에 대한 혐오로 가득 찼다. 세상을 비추는 해는 '내가 너한테 무엇을 잘못했는데?' 하고 묻듯이 당당히 동쪽 산에 둥실 떠서 비단실처럼 가는 빛줄기가 환기창으로 들어와 있었다.

사르후는 차에 올라 타서 문을 쾅 닫았다. 그리고 열쇠를 꽂기 전에 집 앞에 서 있는 두 사람을 보았다. 아들은 엄마 배에 얼굴을 대고 눈물이 가득 고인 눈으로 이쪽을 바라보고 있다. 고이는 눈물 뒤에 숨어 있는 씩씩한 아이의 눈이 무엇을 말하는가? 어디론가 가버리고 싶다는 건가 아니면 이놈의 자동차가 없었으면 사르후 아저씨는 우리와 같이 살 건데 하는 부질없는 생각을 하고 있을까.

사르후는 톨가의 거칠어진 작은 손이 엄마의 옷자락을 쥐고 있는 것을 주시했다. 그 작은 손으로 사가이를 많이 쥐곤 했었다. 불쌍한 것. 그러나 이 아이는 지금 보채지 않았다. 사르후의 자식들은 어디를 간다고 길을 나서면 우유과자나 아니면 사탕을 사오라고 보챈다. 가지드마는 눈에 눈물이 글썽 고였지만 흘리지 않으려고 애를 쓰는 듯 억지로 웃음을 지으며 아들의 머리를 손바닥으로 쓸고 서 있었다. 몇 시간 전에는 저 따뜻한 손바닥으로 사르후의 가슴을 뜨겁게 만지고 있었다. 이런 생각을 하자 하루 더 묵고 싶어졌다. 정말 괜찮은 여자다. 아내가 더블리그 집에 갖다 주라고 한 사과를 몽땅 이들에게 주었다. 아내가 나중에 이를 알면 뭐라고 할 텐데. 그럴싸한 이유를 찾아야 할 텐데. 군으로 가는 길에 뭔가 좋은 방법을 찾아야지 생각하고 있는 동안 잠이 부족한 탓에 자기도 모르게 하품이 나왔다. 하품하자 눈에 눈물이 고였다. 눈물이 홍수처럼 어머니와 아들을 쓸고 가는 듯 안 보이자 눈을 비비고 보면 둘은 집 앞에 그대로 서있다. 사르후는 담배에 불을 붙이고 열쇠를 꽂아 몇 번 부릉부릉 엔진 소리 내고 나서 천천히 출발했다.

차가 떠났다. 덩치가 큰 자동차가 서 있던 자리는 그녀의 타버린 가슴 속처럼 까맣게 보였다.

자동차 소리가 차츰 멀어져 샤르 허브를 타오르는 아지랑이에 섞여 아른거리다가 그나마 흔적없이 사라졌다.

묶어 놓은 덩치 큰 하얀 숫낙타가 갑자기 큰 소리로 울었다. 같이 다니던 숫낙타들이 보고 싶은가 보다. 숫낙타들이 서로를 그리워하다니 이상한 가축이다.

"엄마는 낙타 떼를 몰고 와야겠다. 아들아, 말린 고기와 밀가루로 음식을 만들고 있어라. 엄마가 늦으면 불을 내주라."

아들은 아무 말도 못하고 엄마의 옷자락을 쥐고 눈물을 감추듯 얼굴을 묻어버렸다.

연인의 나무 칼

다쉬도오롭

멘 드 역(몽골교육대학)

사란과 나는 양떼가 밤을 보내는 풀밭 뒤쪽의 바위 언덕에서 소꿉놀이를 하고 있었다. 오랜만이었다. 새로운 곳으로 이사를 온 뒤에 한동안 바빠서 우리는 한가하게 놀 만한 시간이 없었기 때문이었다. 우리는 말 낙타 양 염소 소 같은 다섯 가지 가축을 초원 가득히 기르고, 요구르트와 아이락이 게르에 넘치는 부잣집의 주인이 되어 있었다. 사란은 우리 지역에서 제일 부자라고 할 수 있는 남닥 부인의 흉내를 내었고, 나는 솜(郡)의 국영점포 사장의 흉내를 냈다. 우리는 그들의 행동을 흉내내는 것을 좋아했다. 그 당시에 그 두 사람은 우리에게 아주 훌륭한 사람처럼 보였기 때문이다.

사란은 나와 동갑내기이며 이웃집에 살았다. 어릴 때부터 함께 놀며 자란 사이였다. 부모님들은 우리가 자라면 두 사람이 살 게르8)를 마련해

---

8) 전통 가옥이며 게르를 마련해 준다는 말은 결혼시켜 준다는 뜻이다.

주겠다고 농담 삼아 말하곤 했다. 그러나 사란은 어른이 되면 나와 결혼하지 않고 부자 고오의 아들 이데르와 결혼하고 싶다고 했다. 나도 사란과 결혼하지 않고 이모가 이야기 해 주었던 '산에서 사는 재주꾼 바아다이'라는 전설의 주인공처럼 지혜로운 여자와 결혼하겠다고 말했다. 그러면서도 우리는 다정하게 놀며 대부분의 시간을 보냈다.

우리 두 사람이 소꿉놀이에 빠져 있을 때, 사란의 할머니가 뭐라 외치는 소리가 들렸다. 고개를 들어 바라보니 할머니가 게르 앞에 서서 이마에 손을 얹은 채 먼 곳을 바라보며 "저게 뭐지? 이사 오는 집인가? 음식을 갖다 줘야겠네……. 예의에 어긋나면 안 되지. 사람들에게 욕먹을 수는 없으니까." 하고 혼잣말을 했다. 멀리 떨어져 놀고 있던 우리에게도 들리는 것을 보면 사란의 할머니가 두 집 사람들이 모두 듣도록 일부러 크게 말하는 것 같았다. 그 말을 들은 사란의 어머니와 우리 어머니가 집에서 뛰쳐나와 그쪽을 바라보았다. 우리도 소꿉놀이를 멈추고 그쪽을 바라보았다.

오른쪽 골짜기에 있는 역참(驛站)9) 길을 따라 낙타 무리가 오고 있었다. 10여 마리에는 사람이 탔고, 나머지 대여섯 마리는 짐을 가득 실은 채 줄줄이 이동하고 있었다. 맨 앞에 가는 사람이 들고 있는 빨간 깃발이 바람에 휘날리고 있었다. 이 역참길을 따라 짐을 싣고 가는 낙타 행렬은 우리 눈에 익숙했지만, 이렇게 빨간 깃발을 휘날리며 가는 사람을 본 것은 처음이었다. 우리에게 소꿉놀이는 이미 관심 밖의 것이 되었다. 우리는 어른들의 말을 듣기 위해 맨발로 집에 뛰어들었다.

―빨간 깃발을 휘날리는 걸 보면 이사 오는 집이 아닌 것 같은데.

―그래, 높은 사람들인 것 같은데. 저 빨간 깃발 들고 가는 사람이 책

---

9) 칭기즈칸 제국 시절 수도인 하라호롬에서부터 세계 곳곳으로 연결한 도로 중간에 위치한 일종의 휴게소. 오가는 외교관과 상인, 여행가 등의 쉼터가 되었다.

임자겠지.

　－오늘은 군수가 많은 손님을 맞아야겠군.

　－수도(首道)가 아니면 아이막(道)에서 오는 게 분명 해.

　집 앞에 서서 어머니와 아버지가 그렇게 큰 소리로 대화하고 있었다.

　사란과 나는 그 낙타 행렬이 눈에 보이지 않을 때까지 바라보았다. 그리고 그 깃발을 든 사람은 어떻게 생겼을까 궁금했다. 아마 그 사람은 우리 솜의 솜장처럼 두꺼운 갈색 가방을 매고 있거나, 국립 점포의 사장처럼 캐시미어를 정돈하는 빗을 허리띠에 끼고 손저울을 총처럼 매고 다닐 것이라고 생각했다. 내가 본 높은 사람은 이 두 사람밖에 없었기 때문이었다. 그런데 오늘 깃발 들고 가는 높은 사람은 처음 보게 된 것이었다.

　그날 저녁에 말을 방목했다가 돌아온 이웃집 아저씨와 바깥 일을 마친 아버지가 그들에 대한 소식을 듣고 돌아왔다. 아버지가 소식 보따리를 먼저 풀어 놓았다.

　"아이막 예술단(도립극단)에서 배우들이 왔다는데, 전 군 사람들이 연극과 '활동사진'을 본다고 난리야……."

　그렇지만 나로서는 '예술단'이니 '활동사진'이니 하는 말은 생전 처음 들어본 말이었다. 어머니께 물어봤지만 소용이 없었다. '배우'니 '활동사진'이라는 이상한 말들이 나에게 묘한 흥미를 불러일으켰다.

　저녁이 되어 양떼가 돌아왔다. 이제 방목에서 돌아온 양의 젖을 짜야 하는 시간이다. 그리고 낮 동안 떨어져 있던 어린 양들을 어미 양에게 보내 젖을 먹여야 했다. 바쁜 저녁시간 내내 어린 머리로 이해하기 힘든 '예술단'이니 '활동사진'이니 하는 흥미로운 말들을 잠시 잊고 있었다. 나는 요구르트를 마시고 잠자리에 들어서도 이불을 발로 차며 뒤척였다. 양젖을 짤 때 우리 어머니가 사란의 어머니에게 "내일 그 '예술단'의 노래와 '활동사진'을 보러 가요."라고 말하는 것을 들었기 때문이다. 어머니가 그 '활동사진'을 보러 갈 때 나를 데리고 갈 것인지, 버리고 갈 것인지 생각할수록 마음이 초조해져 잠을 이룰 수 없었다.

한 번은 이모인 첸데가(본이름은 첸겐인데 내가 이름을 정확히 부르지 못해서 이렇게 불리게 되었다.) 회의에 참석하러 도시에 간 적이 있었다. 회의를 마치고 돌아온 이모가 우리에게 나누어주었던 그림엽서와 사탕이 생각났다. 이모가 줬던 사탕은 아주 달고 맛있었지만, 나는 맛을 제대로 느끼지도 못하고 꿀꺽 삼켜 버렸다. 그러나 나에게 준 그림엽서에 그려져 있던 건물의 그림만은 잘 보관했다. 굴뚝에서 연기가 나오고, 더구나 바퀴까지 달려 있는 이상한 건물이었다. 나는 우리 집에 온 손님들에게 그 그림을 보여주며 그들의 이야기를 듣는 것을 좋아했다. 그림을 본 사람들은 바퀴 달린 건물이 검은 연기를 뿜으며, 엄청나게 큰 소리를 내며 철도 위를 달린다고 이야기했다. 나는 그런 이야기를 들을 때마다 도시라는 곳은 긴 철로를 깔아두고 그 위를 바퀴 달린 건물들이 달리는 곳이라고 생각했었다. 그래서 '소리 내는 활동사진'이라는 것도 아마도 첸데 이모가 주었던 그림에 그려져 있었던 바퀴 달린 건물 같은 것이라고 확신했다. 나는 이런 저런 생각으로 밤이 늦도록 잠을 이루지 못 했고, 잠이 든 후에는 시꺼먼 연기를 뿜는 바퀴 달린 건물이 철로를 덜컹덜컹 달리며 우리 군까지 달려오는 꿈을 꾸었다.

다음날 아침, 나는 어머니가 깨우기도 전에 일어났다. 그리고는 아침도 거른 채 어린 양들을 방목하기 위해 집을 나섰다. 오늘은 사란과 놀지 않고, 하루 종일 방목된 양들을 돌보겠다는 결심을 했다. 점심 때 어머니가 몇 번이나 '밥 먹어'라고 부른 후에야 집으로 돌아와서 급히 밥을 먹었다. 점심을 먹은 뒤 바로 어머니가 지고 다니는 아락[10]을 지고 땔감을

---

10) 마른 소똥을 아르갈이라고 부르며 유목민들이 땔감으로 사용한다. 아르갈을 모으는 통을 아락이라 부른다.

모으러 갔다. 내가 갑자기 부지런해지자 이웃집 사람들은 의아해하면서
도 칭찬해 주었다. 그런데 우리 어머니는 "이 교활한 녀석, 뭔가 잘못한
일이 있는 게 틀림없어. 아니면 뭔가 부탁할 일이 있는 거야." 하고 사람
들 앞에서 말했다. 나는 참지 못하고 속마음을 털어 놓았다.

－실은 어머니와 같이 소리 나는 활동사진을 보고 싶어요.

－이것 보세요. 내가 뭔가 이상하다고 했죠.

어른들 모두 껄껄대고 웃었다.

저녁 일찍 양떼를 몰고 와서 젖을 짜고 양과 양 새끼를 따로 분리하는
일을 했다. 우리 어머니와 사란의 어머니는 서로 머리를 빗겨 주고 나서
외출할 때 입는 새 옷을 꺼내 갈아입었다. 나는 사란의 아버지와 같이 말
등에 안장을 올리고 나서 옷을 갈아입었다. 나는 활동사진을 본다는 생
각에 마음이 들떠 있었지만, 사란은 별로 기분이 좋지 않아 보였다. 사란
은 아무 말 없이 어스름이 짙은 곳에 앉아 있었다. 머리를 숙이고 손가락
으로 땅에 뭔가를 그리며 가끔씩 나를 곁눈질했다. 나는 사란에게 '활동
사진'을 보고 와서 자세히 이야기해 주겠다고 약속을 했다.

내가 여덟 살 삶을 살아오면서 우리 마을을 벗어난 일은 단지 세 번
뿐이었다. 내가 가봤던 곳이라고는 설날 아버지를 따라 친척집에 갔던
일과, 봄에 어머니와 같이 양털 갖다 주러 군에 가서 학교로 사용하는 게
르를 방문한 일, 그리고 얼마 전에 사란의 친척집에서 있었던 올해 첫 마
유주를 만드는 잔치에 다녀온 게 전부였다.

우리 집은 군청에서 그리 멀지 않은 곳에서 여름을 나고 있었다.[11] 하
지만, 어른들이 너무 느긋하게 준비를 하는 것 같아서 나는 마음이 답답
했다. 우리는 게르와 가축의 그늘이 길어진 후에 말을 타고 군청을 향했

---

11) 몽골인들은 사계절에 따라 일정하게 생활하는 곳을 두고 있다.

다. 사란은 좀 전에 앉아 있었던 자리에서 꼼짝도 않고 뺨을 따라 흐르는 눈물을 닦고 있었다. 우리 아버지는 며칠 후 활동사진을 보러갈 때에는 반드시 사란을 데리고 가겠다는 약속을 했다. 그리고 오늘 저녁에는 육포 칼국수를 해먹자며 사란을 달랬다. 그렇지만 나는 남겨 놓은 사란이 내내 마음에 걸렸다.

나는 어머니와 같이 말을 탔다. 어머니는 사란의 부모님과 이런저런 이야기를 하면서 아주 즐겁게 군으로 향했다. 모두 얼굴이 환해 보였다. 그 모습을 보면서 나는 활동사진이 사람들을 기쁘게 하는 신비스러운 힘을 가진 것이 틀림없다고 생각했다. 나는 우리 군과 이웃한 네 개의 군에서 활동하는 배우들과 운동선수들이 모여서 경연을 한다는 것과 또한 그들에게 본보기가 되기 위해 도에서 배우들이 왔다는 사실을 어른들의 말을 통해서 알게 되었다. 그리고 그들이 공연할 무대가 너무 작아서 나담 축제 때만 사용하는 커다란 천막 두 개를 군의 공연장에 연결해서 지었다는 사실도 알게 되었다.

우리는 말을 타고 군청에 도착했다. 군의 국가 점포 근처에 있는 아는 사람의 집에 말고삐를 묶어 놓고 바로 공연장으로 향했다. 군청은 사람들로 붐비고 있었다. 이웃 군에서 온 배우들과 운동선수들의 숙소인 천막들이 줄지어 서 있었고, 지붕에는 빨간 깃발들이 휘날리고 있었다.

해가 서쪽 산을 넘어가며 놀빛을 붉게 뿌리고 있었다. 나는 신기한 것을 본다는 기대감에 마음이 들뜨기만 했다. 군청에 도착하자마자 나는 그 '활동사진'을 찾아보려고 사방을 두리번거리며 다녔다. 어디서도 활동사진은 보이지 않았다. 그러나 사람들이 모인 곳에서 어제 '차파옙'이라는 '활동사진'을 보았는데 너무나 재미있었다는 말을 들었다. 그리고 오늘은 활동사진이 아니라, 연극을 하기로 되어 있다는 것과 오늘 할 연극도 활동사진 못지않게 재미있다고들 했다. 어떤 사람은 이 연극이 어찌나 재미가 있었던지 처음부터 끝까지 울면서 봤다고 했다. 그리고 그 연극에서 공연하는 키 큰 여배우의 노래와 연기가 뛰어나더라고 말했다. 이런 말을 어머니와 만난 몇 사람들이 자랑하듯 늘어놓았다. 그러자 옆에 있던 어떤 사람이 그 노래도 잘 부르고, 실제로 우는 것처럼 연기를 했던 여배우를 가르쳐 줬다. 그 누나는 둥글고 하얀 모자를 쓰고, 긴 갈색 비단 델12)을 입었으며 연두색 허리띠를 두르고 있었다. 또 그 누나가 미소 짓는 듯한 눈으로 주위를 바라보며 이야기를 할 때면 금으로 덧씌운 치아가 반짝였다. 그리고 누나 옆에는 검은색의 장교 복장을 한 뚱뚱한 아저씨가 담배를 피우며 서 있었다. 뚱뚱한 아저씨는 그 누나가 어디를 가든 따라다녔고, 어떨 때는 팔짱을 끼고 웃으면서 뭔가 다정하게 말을 나누기도 했다. 그 두 사람이 늘어서 있는 천막 뒤로 가버리자 아까 우리 어머니에게 그 누나를 가르쳐 줬던 사람이 와서 이렇게 알려주었다.

　－국가 1등배우인 난살과 풍착이에요. 둘이 부부죠. 노래와 연기하는 것에 있어서는 설명이 필요 없는 최고의 배우들이에요.

　나는 어머니의 손을 꼭 잡고 다녔다. 고급 비단으로 만든 통바지에다 소매와 깃이 없는 윗도리를 입고 한껏 멋을 부린 젊은이들과 짧은 구두나 부츠를 신고 천이나 비단으로 만든 전통 의상인 델을 입은 여자들을 보고 놀라지 않을 수 없었다. 나는 눈에 띄는 모든 것을 어머니에게 말했고, 또 처음 보아 모르는 것들을 물어보기 위해 어머니 곁에서 잠시도 떨어지지 않았다. 우리는 천막 밖에 전시된 포스터를 보다가 어떤 천막에 들어가서는 노래가 나오는 상자를 구경했다. 이때 연극을 볼 사람들은 입장하라는 안내방송이 나왔다. 가장 신기한 것을 보지 못하고 놓칠까봐 나는 갑자기 마음이 급해졌다. 안내 방송을 듣자마자 어머니를 채근하여

---

12) 몽골의 전통 의복

공연장으로 달려간 덕분에 공연장의 맨 앞줄에 자리를 잡아 앉을 수 있었다. 두 개의 천막이 이어진 자리에는 커튼이 쳐졌고, 바닥에는 펠트가 깔려 있었다. 커튼 앞에는 수많은 촛불이 올려져 있는 긴 탁자가 있어서 무대와 관객이 앉은 자리를 나누고 있었다.

얼마 지나지 않아 천막 안은 관객들로 가득 찼다. 나방이 촛불 위를 어지럽게 날아다니고, 펠트에서 일어나는 미세한 먼지가 코를 가렵게 해서 여기 저기에서 사람들의 재채기 소리가 그치지 않았다. 나처럼 맨 앞줄에 앉아 있는 운 좋은 아이가 있는지를 확인하고 싶어져서 나는 여기저기를 두리번거렸다. 연극을 보러 온 아이들은 몇몇 눈에 띄었지만 맨 앞줄에 앉은 운이 좋은 아이는 나밖에 없었다. 천막 안은 마치 하루 종일 떨어져 있던 어미 양과 새끼 양이 만난 것 같은 분위기여서 너무 소란스러웠다. 어떤 사람들은 일행을 찾기 위해 큰 소리로 이름을 부르기도 하고, 어떤 사람들은 서로 좋은 자리를 차지하기 위해서 말다툼을 벌이기도 했다.

그런데 갑자기 천둥이 치는 것 같은 큰 소리가 울렸다. 나는 깜짝 놀랐다. 너무 놀란 사람들 중에는 '부처님'과 '텡그리(하나님)'를 찾는 사람도 있었다. 나는 어머니에게 바짝 다가앉으며 '활동사진이라는 것이 이렇게 큰소리를 내는 것이구나.' 하는 생각했다. 내가 어머니께 무슨 소리냐고 물었더니 어머니는 "조용히 해라. 시작할 신호를 주는 거야. 저기 보이는 것을 '바라'라고 하는데, 방금 큰소리는 바로 저것을 친 거란다." 하고 설명해 주었다. 사란의 부모님은 내가 당황해하는 모습을 보더니 "점잖게 앉아 있지 않으면 쫓겨난다." 하고 웃었다. 그런데 뒤에서 한 사람이 이렇게 말했다.

─여러분, 주의하실 것이 있습니다. 연극 중에는 큰 소리로 이야기하거나, 담배 피우거나, 자리를 옮겨 다니는 것을 삼가 주십시오.

내가 말하는 사람을 보기 위해 일어서려고 했더니, 어머니는 "가만히 앉아라. 혁명당 의장이 말하는 거야. 이렇게 함부로 일어서면 큰일난다." 며 나를 앉혔다.

잠시 후, 그 바라를 다시 치자 탁자 위를 밝히고 있던 촛불을 흔들며 얼룩무늬의 커튼이 양쪽으로 문처럼 열렸다.

무대에는 난로와 밥솥, 그리고 부처상을 올려 두는 아브다르[13]가 보였다. 난로 양쪽에는 분장을 한 할머니와 할아버지가 앉아 있었다. 어디선가 음악이 흘러나오자 그 음악을 배경으로 두 사람이 오늘 하루의 힘들었던 일에 대한 말을 한다. 악독한 주인집 마나님에게 매 맞은 이야기, 먹을 것이 없어서 힘들었던 이야기, 사냥하러 간 아들이 뭔가 사냥감을 가지고 돌아왔으면 하는 말을 노래로 부르면서 연극이 시작되었다. 내용이 흥미진진해서인지 관객들이 앉은 자리는 금세 조용해졌다.

나는 노래를 통해 연극의 줄거리를 잘 이해할 수 있었다. 한 부잣집의 가축을 방목하는 가난뱅이 할머니와 할아버지가 나랑게렐이라는 사냥꾼 아들과 같이 살고 있었다. 나랑게렐은 사냥을 해서 먹을 것이 없는 가난한 이웃들에게 고기를 나누어 주는 마음씨 착하고 잘 생긴 청년이었다. 주인은 이런 나랑게렐이 못마땅했고, 나랑게렐이 열여덟 살이 되자 군대에 보내기로 결심했다. 주인은 나랑게렐의 집으로 사람을 보냈다. 사람들이 나랑게렐의 집에 왔을 때, 나랑게렐은 이미 사냥을 떠나 집에 없었다. 그래서 사람들은 나랑게렐이 떠난 길을 찾아 나섰다. 그때 나랑게렐은 산과 강이 아름다운 곳에서 많은 사냥감을 얻어서 기뻐하고 있었다. 또한 나랑게렐은 그곳에서 만난 사란졸이라는 가난하지만 아름다운 아가씨와 영원히 변치 않는 사랑을 맹세했다. 둘은 서로 사랑을 확인하며 행

---

13) 나무함의 일종, 항상 게르 안 북쪽 존귀한 곳에 위치하며 각종 신성한 것을 올려놓기도 한다.

복한 시간을 보내고 있었다. 그런데 주인이 보낸 사람들이 와서 나랑게렐을 붙잡아갔다. 사란졸은 나랑게렐을 붙잡아가는 이유가 무엇인지 사람들에게 물었지만 아무런 대답도 들을 수 없었다. 나랑게렐을 잡으러 온 사람들은 이 아름다운 아가씨를 주인에게 알려 주면 큰 상을 받을 수 있다는 생각이 머리를 스쳤다. 그래서 사람들은 주인에게 사란졸에 대해 알려 주었다. 그러자 나랑게렐을 영원히 돌아오지 못하게 만들기 위해서 음모를 꾸몄다. 나랑게렐에게는 3년 동안만 다녀오면 된다는 거짓말을 하지만, 사실은 영원히 돌아오지 못할 먼 곳으로 보냈다. 나랑게렐은 친구들에게 자신이 군대에 가게 된 것을 알렸고, 사란졸에게는 군대에 갔다 올 때까지 기다려 달라는 말을 전해달라고 했다. 이렇게 해서 나랑게렐은 강제로 군대에 끌려 가게 되었다.

나는 이런 장면을 눈도 깜빡이지 않고 귀를 기울였다. 그렇지만 나는 좀 놀라고 있었다. 왜냐하면 키 큰 난살 누나는 아름다운 사란졸의 역할을 하고 있었는데, 그 마음씨 나쁜 주인 역할을 난살 누나의 남편인 뚱뚱한 아저씨가 하고 있었기 때문이다. 몇 분 전만 해도 다정한 한 쌍이었는데 지금은 서로 원수 같은 적이 되어 있는 것을 보고 있자니 너무 놀라웠다. 그리고 앞으로 사건이 어떻게 전개될 것인지를 생각하며 닫힌 막을 바라보고 있는데, 바라 소리가 다시 울렸다. 연극의 2부가 시작된 것이다. 막이 아까처럼 서서히 열리기 시작했다. 그런데 누군가 살금살금 서둘러 나와서 말의 땀을 제거할 때 사용하는 도구 같은 것을 내 발 옆에 있는 펠트 밑에 넣고는 무대 뒤로 사라졌다. 이것을 본 사람은 오직 나밖에 없었다.

연극은 계속되었다. 사냥꾼인 나랑게렐이 사랑한 연인 사란졸은 사람들에게 잡혀 왔고, 눈물을 흘리며 우울한 모습으로 앉아 있었다. 사란졸은 눈물을 흘리며 자신의 운명을 한탄하는 노래를 불렀는데, 그 모습이 너무 불쌍해 보였다. 공연장 안은 사란졸의 슬픈 운명에 한숨 짓는 사람들과 눈물을 참지 못하고 흐느끼는 사람들로 가득찼다.

어머니와 사란의 부모님도 다른 사람들과 마찬가지로 눈가가 젖은 채 연극을 보고 있었다. 나도 불쌍한 사람을 불쌍히 여기고 미워할 사람을 미워하며 연극에 빠져 있었다. 그렇지만 다리가 저려서 한 번 뻗거나 몸을 한 번 일으키고 싶었다. 그렇지만 연극이 계속되는 동안은 참을 수밖에 없었다. 바로 내 눈 앞에서 타는 초의 짙은 냄새보다 사란졸 누나가 뿌린 짙은 향수의 향기를 맡고 있었다. 나는 눈물을 흘리며 집에 홀로 남은 친구 사란을 생각했다. 사란도 이 키 크고 예쁜 얼굴의 난살 누나 같은 여자가 될 수 있을까? 사란은 어른이 되어서 고거의 아들인 이데르와 결혼할 수 있을까? 혹시 어떤 마음씨 나쁜 부자가 나타나서 사란을 이렇게 고생시키면 어떻게 할까? 나는 이런 생각에 빠져 엉뚱하게도 사란을 걱정하고 있었다.

무대에서는 마음씨 나쁜 부잣집 아들이 부하들을 데리고 사란졸이 있는 게르에 들어왔다. 그는 들판을 덮을 만큼 많은 가축을 가지고 있으며, 무엇하나 부족함 없는 화려한 게르에서 많은 하인들을 거느리고 행복을 누리며 살 수 있다는 달콤한 말로 사란졸을 유혹했다.

"당신과 같이 가난한 집에서 태어난 여자가 우리 주인집 도련님처럼 부유하고 신분이 높은 사람을 만나 결혼하는 것은 이 세상에서 보기 드문 행운입니다." 하고 한 부하가 부잣집 아들을 거들었다. 그러나 사란졸은 "우리 부모님의 마음에 상처를 주고, 남의 집 물건을 함부로 부수는 짐승 같은 행동을 한 사람은 그가 제 아무리 부자라 해도 사랑할 수 없어요. 그리고 나는 무엇보다 지금은 멀리 군대에 가서 소식도 알 수 없고 가난하지만, 마음씨 착한 나랑게렐이라는 사람을 사랑합니다." 하고 말했다. 사란졸의 말에 부잣집 아들은 "나는 세상에서 갖고 싶은 것은 다가질 것이다. 내 말은 이 지역에서 곧 법이라는 사실을 알아야 돼. 결혼할 시간은 이미 정해졌고, 결혼식에 올 하객들까지도 모두 초청했어."라고 말하고는 하인들을 데리고 나가 버렸다.

나는 부잣집 아들과 하인들의 건방진 행동을 보면서 조금씩 화가 나기 시작했다. 그리고 연극에 나온 아름다운 사란졸 누나가 불쌍하다는 생각을 했다. 그런데 내가 왜 그런 행동을 하게 됐는지 모르겠지만, 막을 열 때 누군가가 나와서 펠트 밑에 숨겨두고 갔던 것이 무엇인지 궁금해서 견딜 수가 없었다. 나는 궁금한 것이 있으면 참지 못한다. 나는 촛불을 놓은 탁자 밑으로 기어가서 펠트를 들추고 그 밑에 숨겨진 것을 꺼냈다. 어머니 옆에 돌아와서 주위를 살펴봤다. 모두들 무대 위에서 일어나는 일에 집중하고 있었기 때문에 내가 하는 행동을 눈여겨보는 사람은 아무도 없었다. 나는 힘들게 찾아 온 것을 불빛에 비춰보니 반 발 길이의 얼룩무늬 손잡이의 나무칼이었다. 그 칼은 한 쪽은 잿빛이고 다른 한 쪽은 붉게 칠해져 있었다. '왜 칼을 나무로 만들었을까?' '도대체 어디에 쓰는 물건일까?' 그리고 '왜 여기다 숨겼을까?' 나는 칼을 이리 저리 돌려 보며 살펴보았지만 어떤 답도 짐작해 낼 수 없었다.

마음씨가 나쁜 부자와 하인들이 다시 찾아왔다. 그들은 사란졸 누나를 억지로 데리고 가려했다. 그들은 소매를 걷으며 사란졸 누나에게 다가왔다. 사란졸 누나는 마시다 남은 차를 그들의 얼굴에 뿌리며 달아나려고 했다. 나는 '됐다, 됐다!' 하고 마음속으로 외치며 뛸 듯이 기뻐했다. 얼굴에 뜨거운 차 세례를 받은 부하들이 얼굴을 닦으며 위협적인 몸짓으로 사란졸에게 다시 다가섰다. 부하들 중에는 이를 가는 소리가 들릴 것 같은 험악한 표정을 짓는 사람도 있었다. 매에 쫓긴 참새처럼 사란졸 누나는 어쩔 줄 몰라 했다. 궁지에 몰린 사란졸은 무대 끝자리에 있는 펠트를 뒤집어서 뭔가를 찾기 위해 손을 더듬거렸다. 그러나 아무것도 찾을 수 없었다. 어쩔 줄 몰라 하던 사란졸은 또 다시 난로 주위를 돌아서 침대에 있는 요와 베게를 뒤집어 봤다. 뭔가를 찾고 있는 것이 분명했다. 사란졸은 자신을 잡으려는 하인들을 피해 게르 안에 뛰어다니면서 다시 펠트를 뒤집어 봤다. 나는 왜 이런 행동을 하고 있는지 이해할 수 없었다. 그러다 사란졸 누나가 우리가 앉아 있었던 쪽을 봤을 때, 순간 그녀와 나는 눈이 마주쳤다. 촛불에 사란졸의 눈빛이 반짝였다. 화가 났는지 아니면 무서워서 그랬는지 모르겠지만 확실히 좀 전에 보인 슬픈 눈과는 전혀 달라 보였다. 사란졸 누나는 탁자 위에 있는 많은 촛불 중에서 한두 개를 끄면서 나에게 다가와서 나무칼을 빼앗아갔다. 그리고는 마음이 좀 편안해졌는지 밝은 얼굴색으로 침대 앞에 섰다. 그리고 나무칼을 소매에서 꺼내 오른 손에 높이 쳐들었다. '하인들을 위협해서 쫓아내려고 하는구나.' 하는 생각에 나는 너무나 기뻤다. 약한 여자를 힘으로 잡으려던 하인들이 그 칼을 보고 눈을 크게 뜨고 놀라 입을 벌린 채 뒤로 물러섰다. 사란졸 누나는 "마음씨 나쁜 부잣집 아들과 결혼하는 것보다 나랑게렐과의 사랑의 약속을 지키기 위해 차가운 칼로 내 뜨거운 목숨을 끊는 것이 낫다." 하며 칼의 잿빛 부분을 우리들에게 보여주었다. 칼날이 점점 심장에 가까이 다가간다고 느끼는 순간, 눈 깜짝할 사이에 자신의 몸을 찔렀다. 그리고는 재빨리 칼날의 빨간색 부분을 관객들에게 보여주며 침대 위로 쓰러졌다. 부하들은 당황해서 어쩔 줄 몰라 했다. 나는 기뻐서 양 무릎이 아프도록 손으로 치며 웃었다. 나는 사란졸 누나가 나무칼로 자기 목숨을 끊은 것처럼 보여 나쁜 사람들을 속이려는 줄 알았기 때문이었다. 정말 똑똑한 누나구나.

그런데 천막 안의 분위기는 탄식하는 사람들의 목소리로 가득했다. 어떤 사람들은 무서운 장면을 보지 않으려고 두 손으로 눈을 가리고, 어떤 사람은 눈물을 흘리고 있었다. 이런 상태에서 몇 초가 지난 후, 무대 쪽에서 갑자기 총소리가 들렸다. 뭔가 해서 봤더니 사냥꾼 나랑게렐이 총을 든 친구들과 같이 들어왔다. 그 사람들 중 한 사람이 큰 빨간 깃발을 들고 있었다. 나랑게렐이 쓰러진 사란졸 누나의 가슴에 귀를 대어보고 머리를 흔들며 슬퍼했다. 따라온 친구들은 모자를 벗었다. 그 나쁜 부잣집 아들과 부하들이 빨간 깃발을 들고 있던 사람의 발밑에 쓰러지고, 어떤 사람들은 용서를 빌며 엉금엉금 기어가고 있었다. 관객들 중에서 "다행이야. 인민혁명을 일으킨 인민혁명당 사람들이 왔구만." "딱 걸렸다. 악덕 부자들은 이렇게 없애 버려야 돼!" "옛날엔 살기가 이렇게 힘들었어요." 하는 말소리가 여기저기서 들려왔다.

이윽고 막이 내려졌다. 나는 사란졸 누나가 이 세상을 떠난 사실을 진심으로 슬퍼했다.

이때 관객들이 자리에서 일어나고 서로 일행을 찾느라 소리쳤다. 갑자기 공연장 안이 소란스러웠다. 그때, 막이 다시 열리고 연극에 출연했던 모든 배우들이 무대 위에 나와 있었다. 어떤 배우는 모자를 들고 서 있었다. 그 배우들 중 가장 중요한 자리에 좀 전에 세상을 떠났던 사란졸 누나가 건강한 모습으로 서 있었다. 나는 너무 놀라웠고, 또 진심으로 기뻐했다. 왜 그랬는지 모르지만 사란졸 누나는 나를 바라보며 웃고 있었다.

사람들은 박수를 치며 즐거워 소리쳤다. 배우들도 몇 번이나 답례 인사를 했다. 그리고 천천히 다시 막이 닫혔다.

우리는 천막에서 나와 별이 가득한 밝은 하늘 아래에 섰다. 저녁의 서늘한 바람이 불고 사람들 발밑에서 부딪히는 돌 소리까지 경쾌하게 들렸다. 타아나[14]의 매운 풀의 향기가 내 마음까지 상쾌하게 했다. 사란의 아버지가 나를 업었다. 우리는 말을 묶어 둔 집으로 향했다. 어느 순간 아

---

14) 야생 파의 일종인데, 고비 사막 지역에서 자란다.

연인의 나무 칼 **87**

주 낯익은 목소리가 들렸다. 뭔가 아주 중요한 말을 하는 것 같아서 나는 눈을 떴다.

－너희 아들 때문에 큰일 날 뻔했어. 다음부터 어린 아이들은 공연장에 데리고 오면 안 될 것 같아. 좋은 연극의 가장 중요한 대목에서 떠들고 남의 칼까지 훔쳐서 앉아 있다는 게 말이나 돼? 큰 실수를 할 뻔했어. 그러나 난살이라는 그 배우가 슬기롭게 처신해서 모든 게 다행히 잘 끝났어.

그 사람은 연극이 시작되기 전에 무대에 나와서 관객들에게 주의를 당부했던 사람이었다. 그 칼에 손을 댄 나 때문에 우리 어머니가 야단맞는 게 미안했지만, 그래도 그 칼이 진짜 칼이 아니라는 사실을 혼자 알고 있다는 사실에 가슴이 뿌듯했다. 집에 가서 친구 사란에게 전해줄 가장 재미있는 것 중의 하나라고 생각하니 마음속으로는 기쁨이 넘쳤다. 그러나 그 연극이 끝날 때 빨간 깃발을 들고 무대에 나온 사람이 그 낙타 행렬 가장 앞에 섰던 사람이 맞는지는 확인할 길이 없었다.

며칠 뒤에는 우리 아버지가 약속한 대로 사란을 데리고 활동사진을 보여줬다. 사란의 말로는 내가 봤던 연극과는 달리 하얀 천 위에서 우리 편이 적과 싸운다고 했다. 나는 그 말을 도저히 믿을 수가 없었다. 어떻게 그 많은 전차(戰車)와 무기들, 그리고 군인들이 하얀 천 위에서 싸울 수 있다는 말인가? 그들이 어떻게 벽에 붙어 있는 하얀 천 위에서 떨어지지 않고 버텼는지 나는 너무나 궁금했다. (1980)

걸림돌

페 . 바야르사이항
게를초롱 역

계곡 물이 예전보다 일찍 얼어서 강을 건너는 사람들은 낡은 나무다리를 이용하기 위해 비틀어진 먼 길로 돌아갈 필요가 없어졌다. 가게에서부터 군청까지 모든 건물들이 모두 강 이쪽 편에 있고, 모든 가정집들이 다 강 건너 편에 있기 때문에 강이 예전보다 일찍 언 것이 오히려 잘된 일이다. 별로 큰 강은 아니지만 바위와 돌이 많고, 흐름이 빨라서 사람은커녕 웬만한 동물들도 감히 건너는 일이 별로 없었다.

예전에 우체부로 일하다가 월급이 적다는 이유로 갑자기 임업협동조합의 목수로 직업을 바꾼 고처라는 남자가 몇 해 전에 오토바이 타고 가다가 강물에 빠져 죽은 사건이 있었다. 목수 일을 하면서 돈 좀 번다고 "돈은 있을 땐 써 줘야지. 바람에 그냥 날릴 수 없는 거야."라고 하면서 술독에 거의 빠져 지내다가 그렇게 조금 벌어놓은 돈을 '다 쓰지도, 다 날리지도 못하고' 그렇게 '강의 정령'에게 목숨을 바치고 말았다. 그 사건 말고는 강에 사람이 빠져 죽었다는 말을 들은 적이 없었다.

고처가 강물에 빠진 것을 본 사람이 없었기 때문에 그 사건은 금방 알려지지 못했다. 다리를 건너는 사람들은 '어떤 녀석이 난간을 부러뜨렸나.' 하면서 무심코 지나다녔다. 고처 가족들은 밤늦게까지 들어오지 않은 그를 기다리면서 '또 술 처먹고 뻗었나 보다'고 생각했다.

아내와 아이들이 벌써 잠이 든 시간, 고처의 어머니는 바람 소리에 귀를 기울이고 대문 앞에서 서성거리며 '날씨도 풀렸는데 밖에서 잔다고 별일이야 있겠어. 지나다니는 똥개가 얼굴에 오줌 싸는 일 말고는. 낳아서 그 정도 키워줬으면 되었지.' 하고 혼자 중얼거리다가 새벽녘에야 겨우 잠이 들었다.

다음 날 바리드는 임업협동조합의 길쭉하고 허연 건물 여기 저기를 확인하고 다니다가 고처가 보이자 않자 그의 빈자리를 가리키면서 "이 사람 어디 갔나?" 하니 동료들은 머리를 긁적거리면서 "글쎄요. 그야 귀신만이 알겠지요." 하고 대답했다.

"요놈 나타나기만 해 봐라! 보자보자 하니까 이젠 이놈이 아주 내 머리 위에 올라 앉겠네."

그날 오후에 급작스럽게 고처의 죽음 소식이 전해졌다. 실을 꼬아 만든 낚싯줄에 흰 대바늘을 단 낚싯대로 낚시를 하던 아이들이 강바닥에 자전거처럼 생긴 것이 떨어져 있는 것을 보고 웅성대고 있었다. 아이들의 소란에 곧 어른들이 달려와서 집집마다 아이들을 보내 가죽 끈, 밧줄을 가져오게 해서 강물 속에서 간신히 끌어올린 것은 오토바이였다. 우리 마을에는 오토바이를 가진 사람이 고처뿐이었다. 그는 늘 오토바이를 귀청이 떨어지게 울리면서 타고 다녔다. 그렇게 그의 소식을 알아보니, 가족들은 그가 어젯밤에는 집에 안 왔다고 하고, 동료들은 어제 저녁에 고처가 가게 앞에서 취한 채 지나가는 것을 봤다고 했다. 그리고 그날 그가 출근하지 않았고, 다리 난간이 부서져 있었던 일이 사람들을 더욱 당황하게 했다. 강에 빠져 죽은 것이 틀림없었다. 마을 사람들이 모두 나서서 강물을 수색했지만 고처의 시체를 찾지 못했다.

저녁 해질 무렵이 다 되어서야 고처 시신을 찾았다. 계곡 물이 그의 시신을 한때는 강물에 띄우고, 한때는 강바닥에 가라앉히면서 바위에 부딪치게 하여 옷을 다 벗겨 버렸고 강굽이 한 구석 커다란 바위 밑에 머리가 박혀 있게 한 것이다. 시신은 쳐다보지도 못할 지경으로 처참하게 일그러져 있었다.

고처의 장례식에는 생각보다 많은 사람들이 왔다. 친척인지 아닌지 분간이 안 갈 정도로 많은 사람들이 북적거렸고, 우체국 동료들도 몇 명 보였고, 임업협동조합 직원들도 거의 다 참석했다. 부하 직원의 장례식이었기 때문에 임업조합장 바리드도 빠질 수 없었다. 바리드는 시신 옆에서 머리 숙이고 서서 조사를 낭독하였다.

"오늘 우리는 위대한 한 동료를 떠나보내게 되었습니다. 우리는 좋은 동료이자, 자상한 남편, 좋은 직원을 잃은 것입니다."

고처 아내가 곧 쓰러질 것처럼 비틀거리는 것을 옆에서 사람들이 부축하자 얼굴을 가리고 서럽게 울기 시작했다. 고처 어머니는 며느리처럼 소리 내어 울지는 않았지만, 움푹 꺼진 눈에는 눈물이 고이다 이내 얼굴 주름을 따라 흘러내려 입술을 적시는 것을 삼키면서 아들 시신을 조용히 쳐다보고 있었다. 하기야 자식을 잃은 어머니의 눈물보다 진한 아픔이 더 있으랴.

바리드는 고처의 아내가 우는 소리에 목소리를 낮추고, 슬픈 표정으로 "뭐라고 위로해 드려야 할지 모르겠습니다. 그는 재주도 있고, 착하고, 영리하고, 괜찮은 사람이었는데. 서른다섯이라는 나이는 남자에게 있어서는 진정한 인생의 시작이자, 깨달음의 시기인데, 그놈의 술 때문에 결국은 이렇게 되었습니다. 그가 살아 있을 때 이 사실을 깨닫게 해 주지 못한 우리의 잘못이 큽니다."

바리드는 이러한 말을 늘어놓으면서 고뇌에 찬 표정을 지으며 진심으로 슬퍼하는 척 하려고 노력했다. 조합장으로서 한 말이기도 하지만, 또 한편으로는 여기 온 술고래들도 반성 좀 하라는 뜻에서 한 말이었다. 임업협동조합에는 여자들이 별로 없고, 직원 10명 중 9명은 한번 술을 마셨다 하면 떡이 되도록 마시는 남자들이어서 어쩌면 이런 말을 하는 게 오히려 잘한 일인지도 모른다. 그러나 사실은 바리드가 진심으로 슬퍼한 것도 아니었다. 술에 대해서라면, 전에 자신의 집 가구를 만들어준 고처에게 돈을 좀 깎아보려고 술 한 병 주고 때운 적도 있었지만, 다행히 이 자리에서는 그 사실을 아무도 알지 못했다. 혹시라도 고처가 살아 있을 때 가족들에게 이 사실을 말했더라면 마누라나 아이들, 늙은 어머니가 빚을 받으러 왔겠지만, 그의 가족들은 아무런 말이 없었다. 바리드는 장례식 때 그의 아내에게 그 돈을 줄까 하다가 뒤로 미룬 것이 잘한 일이었다.

가끔씩 집안 나무 가구들을 볼 때면 고처 생각이 났다. 고처가 귀신이 되어 돌아와서 '짠돌이 조합장님, 계산을 마저 하시지요? 더 이상 끌지는 않으시겠지요? 당신 집을 꾸며준 대가를 받아야겠습니다. 남들은 몸은 떠나도 자식 생각에 마음이 놓이지 않는다고들 하던데, 그러나 나는 죽어도 돈이 아깝네요.' 하면서 들어올 것 같아 소름이 끼치고 불안했지만 몇 년 동안 아무 일이 없어서 마음이 놓이고, 최근에는 아예 그 사실마저 잊어버렸다. 주인마저 잊어버린 일을 누가 기억하겠는가.

바리드의 아내는 새벽에 일어나 소 젖을 짜고, 밤 사이에 얼어붙은 울타리 문에 붙은 것을 치우고 떨어뜨려 문을 열어 놓았다. 바리드는 서류를 가득 넣은 서류 봉투를 겨드랑이에 끼고, 집에서 나오면서 문 앞에서 쌓인 눈을 쓸고 있는 아내 옆을 말없이 지나갔다. 울타리 문 위에서 늘어져 얼어붙은 얼음을 떨어뜨리고 거리에 나오면, 울타리 밑에 되새김질을 하면서 누워 있던 배가 불룩 튀어나온 젖소 세 마리가 콧소리를 내면서 일어나 거리 한가운데로 천천히 걸어가기 시작했다. 송아지 때부터 막내아들에게 주기로 점찍어 둔 얼룩 젖소가 바리드 바로 앞에서 다리를 벌리고 서서 오줌을 누었다. 따뜻한 소변 때문에 언 땅이 금세 녹고 흙이 섞인 거품에서 하얀 김이 피어올랐다. 바리드는 '요즘 젖이 줄어들어서 안 되겠어요.' 하던 아내의 말이 생각나서 얼룩 젖소 젖을 뒤에서 보니까 아직은 젖이 다 마르지는 않았지만, 그래도 젖이 줄어든 줄을 알았다.

'세상이 온통 눈으로 덮여서 먹이가 귀하니 풀 뜯는 동물이 그렇게 될 수밖에. 아침저녁으로 풀 좀 많이 놓아주라고 아내에게 잔소리를 해야겠다. 울타리에 풀이 가득한데 뭐 하고 있는지 몰라! 설마 날더러 하라는 건 아닐 테고, 젖이 안 나오면 큰일인데……'

전에 한번 '민방위' 라는 눈코 뜰 새 없이 바쁘고 힘든 일에 동원된 적이 있었다. 낮에는 구덩이를 파고 흙을 나르고, 밤에는 경계를 서고, 며칠 안에 못 알아볼 정도로 살이 쏘옥 빠진 적이 있었다. 맹물을 먹고, 가끔씩 바짝 쫀 하르 짜이(har tsai)를 마시면 땀뿐이 아니라 눈물까지 났다. 그렇게 하르 짜이의 힘을 '경험한' 사람이 이제는 하르 짜이를 마시기는커녕 하르 짜이라는 단어조차 못 들어본지도 오래이다. 그놈의 '민방위'에 어쩔 수 없이 가게 되면 지금은 조합장이 된 사람에게 그래도 사무실에 자리 정도는 비워 두었겠지?

밤새 눈이 내렸지만 울타리를 친 집들에서 나온 가축의 발자국이 또렷하게 새겨졌다. 젖소 세 마리가 좁은 길로 들어서자 서로 말이라도 맞춘 듯 다른 집 소들을 쫓아간다. 얼룩 젖소가 여전히 앞에 가고 그 뒤에 붉은 소가 가고, 아직 어린 것으로서 검정 젖소가 마지막에 가고 있다. 저녁에도 이 순서 그대로 집으로 돌아온다. 바리드는 소들을 보면서 고개를 절레절레 저었다. 임업조합 직원들이 생각이 나서였다. '짐승보다도 못한 인간들이 있을까?' 이는 늘 직원에게 하는 잔소리였다.

바리드는 아침 일찍 트렉터가 지나간 길을 따라 출근길에 나섰다. 판자촌 집들 대문 앞에 걸려 있는 풍경은 여러 가지의 소리를 연주한다. 가방을 맨 아이들, 아줌마들, 담배를 피면서 출근하는 남자들이 나와서 강가에서 불어오는 차가운 바람을 거슬러 북쪽으로 향한다. 바리드의 뒤를 쫓아 넓은 길로 다리 쪽으로 향하는 미련한 사람은 없다. 얼음이 꽝꽝 얼어붙어서 강을 건너기 위해 굳이 멀리 굽어진 길로 갈 필요가 없었기 때문이다. 그러나 바리드는 봄 여름 가을 겨울 사계절 내내 이 다리로 출퇴근했다. 얼음이 깨질까 봐서거나 미끄러져서 넘어질까 봐 걱정이 되어서도 아니었다. 그런 걱정을 했더라면 벌써 아내와 아이들에게 '위험해. 다리로 건너.' 하고 미리 경고를 해 주었겠지. 그런데 별 다른 말이 없는 걸 보면 분명히 다른 이유가 있어서일 것이다.

다리는 승강장이 휘어져 빗나가고, 나무 난간도 망가지고, 오래 돼서 낡고, 머지않아 무너져 내릴 것만 같다. 다리 주축을 통나무로 만들고, 두꺼운 판자로 받침을 하고, 다리 판 판자의 낡고 빠진 부분에 새로 판자를 끼워 보충했다. 이런 식으로는 낡은 나무다리가 얼마 못 버틸 것이 뻔하다. 군청에 불량 운전사라고 해 봐야 몇 명 안 되지만, 나무다리는 불량 운전사 한 명도 치명적이다. 트렉터 한 대가 한 번만 왔다 갔다 해도 낡은 다리가 떨리고, 흔들거리고 어디 판자가 뜯어지거나, 찢어지고 벌어져서 아프다는 듯이 신음을 쏟아 낸다. 군수가 '다리로 중장비 차량 통행 금지, 어쩌다 트럭 한 대 정도는 공적인 일로 특별허가로 통행 가능' 하게 명령을 내렸지만, 통행금지명령이 나중에는 사무용 표지 속에 묻힌 채로 잊혀졌고, 다리 옆에 세워놓은 '중장비 차량 통행금지 표지판'을 누가 부서뜨려 강물에 던졌다고 한다. 도청에서 다리 전문가가 와서 살펴보고 "수리할 사람들을 즉시 보내드리도록 하겠습니다." 하고 돌아간 지가 2, 3년도 더 지났다. 그리고 봄이면 어김없이 홍수가 몰려와 낡은 나무다리를 더욱더 위태롭게 했다. 그래도 다리가 지금까지 버틸 수 있었던 것은 그나마 가운데 기둥 밑에 돌을 쌓아 놓고 고정시켰기 때문이었다.

겨울밤 추위에 다리가 꽁꽁 얼어붙어서 아직 녹지 않았다. 바리드는 얼어붙은 나무다리 위로 미끄러지지 않게 조심스럽게 한 걸음 한 걸음을 옮기면서 다리 난간을 꽉 잡고 발걸음을 옮겼다. 구두코에는 새로운 눈이 쌓이고, 썰매를 탄 사람이 지나간 것처럼 흔적이 남았다. 다리 한가운데 중간에 난간이 부러진 부분이 보인다. 바리드는 그쪽으로 다가가서는 난간에서부터 멀어지고, 다리 한가운데로 조심스럽게 걸어가면서 난간이 끊어진 부분을 지나다닐 때는 겁이 덜컥 났다. 바리드는 가죽 표지를 겨드랑에 더욱 꽉 끼우고 족쇄를 찬 사람처럼 힘겹게 걷는다. 서두를 것 없어. 바리드가 그렇게 중앙 길을 따라 다리로 돌아가는 동안 바리드보다 늦게 나온 사람들은 얼음 위로 강을 벌써 건너서 군청에 도착했다. 저기 멀리 얼음 위에서 모자 가방을 던지면서 놀던 아이들에게 "학교 종소리가 울리잖아! 그만 놀고 수업 안 들어가?" 하고 큰 소리로 말하는 것을 보면 틀림없는 아릴디이다. 아이들이 깜짝 놀라 "아릴디, 아릴디다! 도망가자!" 하면서 얼음 위에 미끄러져 넘어져가면서 학교 쪽으로 뛰기 시작했다. 아릴디는 아이들 뒤를 큰 걸음으로 몇 걸음만 쫓아가는 시늉을 해 보인다.

"수업 빼먹어 봐라! 내가 꼭 확인할 거야!" 하면서 소리를 지르면 아이들은 뒤도 안 돌아보고 재빨리 뛰어간다. 아릴디는 가는 길에 꼭 학교에 들러서 아이들이 수업 들어갔는지 확인하고 가기 때문에 아이들이 그를 무척이나 무서워했다. 전에 어떤 남학생이 수업 빼먹고 썰매 타고 놀다가 아릴디한테 걸려서 다리 위에서 거꾸로 매달려 있었다는 소문을 들은 아이들이 무서워할 수밖에. 실제로 그 사실을 본 사람은 없었지만, 어떤 아이들은 직접 봤다고, 같이 있었던 것처럼 말하는 경우도 있었지만, 다 과장된 이야기일 뿐이다. 왜냐하면 만일 사실이라면 본인도 같이 걸렸을 것 아니겠는가. 아릴디가 한번은 아이들을 모아 놓고 "공부를 해야 한다. 안 그러면 아저씨처럼 평생 고철만 나르는 사람이 된다. 아저씨 봐. 편지 한 통도 제대로 쓰지 못하고, 글씨체가 엉망이어서 알아보기도 힘들 정도야. 서류 한 장을 써도 다른 사람한테 부탁해야 한다고. 그러니까 너희는 공부 열심히 해야 한다. 열심히 공부를 해야만 고향뿐 아니라 조국의 이름을 세계에 나오게 할 수 있을 거야. 멘들레예브처럼 말이야."라고 하면서 눈에는 눈물이 글썽였다고 한다. 라디오에서인가? 멘들레예브의 이야기를 들어서 정말로 대단한 사람이라고 존경하고 자랑하다가, 그 다음부터는 무슨 말만 하면 '멘들레예브처럼'이라고 하게 되었다.

아릴디가 학교에 들어간 아이들 뒤에 대고 "멘들레예브를 본 받아서!" 하면서 무슨 말을 이었다.

바리드는 이를 멀리서 듣고, '쳇 잘난 척은. 그런데 정말 가서 확인하긴 할까? 괜히 아이들을 겁주려고 하는 소리겠지. 아릴드는 학교를 못 다녀서 그렇지, 머리만큼은 나쁘지 않을 것 같던데.'라고 혼잣말로 중얼거렸다.

아릴드는 강을 건너고 강기슭 위로 뛰어 올라 마을 사람들이 '비상 건초저장지'라고 부르는 건초장 울타리 뒤로 들어갔다. 군청 내에서 이 건초장보다 높고 큰 것이 없다. 군청으로 가는 길에 버트경 더럴지를 넘을 때까지는 다른 건물들은 멀리서 잘 안 보이지만 이 건초장만은 선명하게 보인다. 봄이 되면 냄새가 심해져서, 바리드는 썩은 건초장 냄새를 멀리 피해 다니게 된다. 여름 가을 내내 마을 사람들이 다 움직여야만 준비하는 건초지인데, 겨울에는 가축을 잠깐 주고, 봄에는 강물에 버리는 그런

'비상 건초저장'이다. 그러면서 경비가 어찌나 심한지 웬만한 사람은 그 앞으로 지나다니지 못하게 한다.

5년 전이었던가. 아주 추운 겨울이 와 폭설이 내려 방목지에도 온통 두꺼운 눈이 쌓이고 굳어져서, 가축이 방목지에 나가기는커녕 마을 사람들조차 집에서 나가기 힘든 겨울이었다. 학교가 한 달씩이나 문을 닫고, 보일러가 다 얼어붙어 마을 사람들을 더욱 고통스럽게 했다. 협동조합의 공동 소유인 가축들뿐만 아니라 집에서 키우는 가축들도 먹이가 모자라 힘들 때, 그나마 그 '비상 건초저장지' 덕분에 그 겨울을 무사히 넘길 수 있었다. 바리드는 그때 군청에서 간신히 허가를 받아서 건초를 차 두 대씩이나 받아놓았던 것이다. 이번 겨울에도 폭설이 내린다고 해도 끄떡없다. 그나저나 이번 겨울에도 또 폭설이 내릴 것 같다. 가을부터 혹한이 닥친 것을 보면!

바리드는 발전소 옆을 지나, 임업협동조합 건물 쪽으로 갔다. 발전소라고는 디젤 모터 2대만 번갈아 가면서 움직이는 곳이다. 몇 십 년 전에 올란바타르에서 포장을 뜯지도 않은 채로 가지고 온 디젤 모터 두 대가 지금은 오랜 세월에 낡아서, 나사, 볼트, 뚜껑이 닳고 거의 부서지기 직전이다. 그래도 아쉬운 소리를 하는 사람은 거의 없고, 평소에는 마을 사람들에게 발전소가 어딘지 물어보면 안내해 줄 사람도 몇 명이 안 되지만, 연료가 떨어지거나, 모터가 갑자기 고장 나서 군청에 불빛 하나 안 보일 때면 욕하는 사람이 대부분이다.

방금 구운 구수한 빵 냄새가 나서 바리드가 고개를 들고 보면 틀림없이 빵집 옆에 온 것이다. 납작하고 비뚤어진 건물 굴뚝에서 시커먼 연기가 나오고 있는 것이 빵집이 아니라 마치 증기 난방소처럼 보인다. 문틈으로 뜨거운 김이 새 나오고, 문턱 사이에는 온통 하얗게 서리가 내려 있으며, 다 쓴 물을 문 앞에 버리고 버린 것이 쌓여 큰 덩어리로 얼어붙어서 무심한 사람이 거기 들어가려다가 미끄러져 넘어져 다칠 정도다. 창문 밖에서 막아 놓은 두꺼운 판자들을 왠지 다 안 뜯고 그대로 남겨 두었다. 판자를 다 뜯을 정신이 없었나 보다. 오랫동안 비워두고, 쓰지 않았던 건물이었는데, 여기서 언제 빵을 만드나. 그리고 그 빵을 누가 사 먹겠냐면서 비워 놓았다. 새로 오는 의사가 와서 고쳐주기를 기다렸던 것일까. 그 문을 열면 전염병을 옮기는 병균이라도 터져 나올 것 같았다. 그런데 지금은 다들 빵을 사 먹는다. 빵집이 생기를 되찾은 것이다. 새로 온 여의사가 대단한 사람이었다. 전에는 정말 잊혀지고, 얼음 동굴처럼 버려졌었지만, 의사 덕분에 다시 생기를 되찾은 것이다. 빵집 앞에 석탄 찌꺼기, 땔감들이 보인다.

새로 온 의사 때문에 바리드도 빵 사 먹게 되었다. 바리드는 빵집에서 나오는 영양 기사 바다르치의 얼굴을 보기도 전에 그의 손에 있는 커다란 가죽 가방을 쳐다보았다. 바리드를 본 바다르치는 도망치듯 다시 빵집으로 들어가 버렸다.

"그 가방에는 빵이 가득 들어 있는 게 분명해! 몰래 집으로 갖고 가는 거겠지. 마누라를 괜히 빵집에 취직시킨 게 아니었구나!"

바리드가 빵집에 들어가서 바다르치를 혼내 줄까 하다가 그냥 지나갔다. 5명을 먹이고 입히는 우리 집도 힘든데, 10명이나 되는 아이들을 키우고 있는 바다르치는 오죽 힘들겠는가 말이다.

바리드가 멀어질 때까지 바다르치는 빵집에서 다시 나오지 않았다.

임업협동조합의 길다란 허연 건물 가운데 문이 열려 있는 것을 바리드는 멀리서 바라보았다.

"또 경첩을 없애버렸나 보네! 아주 벽까지 다 뜯어 부시지 그래!" 하고 혼잣말을 했다. 동쪽에서 직원 세 명이 추위에 떨면서 열려 있는 문으로 들어갔다.

"저것들이 아주! 건물이 무너지면 오히려 며칠 자동 휴무라고 좋아할 인간들이야. 너희들이 그냥 쉰다고 해서 월급을 올려 주나? 그렇게는 안 되지! 여기가 아이들의 놀이터인 줄 아나!"

그때, 근처에는 '호텔'이라는 표지판이 걸려 있는 통나무 건물 문이 활짝 열리는 소리에 바리드는 뒤를 돌아보았다. 빨간 목도리를 두른 젊은 여자가 호텔의 높은 계단에서 조심스럽게 내려오다가 바리드를 보자 미소 지었다. 바리드도 웃음을 지으며, 지나가면서 토야한테 인사를 하려는 순간! 갑자기 발끝에 무언가가 걸려서 중심을 잃었다. 안 넘어지려고 괜히 손을 뻗었지만 도움이 안 되고 넘어질 때 겨드랑이에 끼고 있던 가죽 표지가 휙 내동댕이쳐져 버렸다. 바리드 자신이 넘어졌다는 것을 믿을 수 없었다. 길바닥에서 넘어져 누워 있는 것을 깨닫는 순간 눈앞이 깜깜해졌다. 의사, 그녀가 갑자기 넘어진 바리드를 보고 당황해서 목도리 자락으로 입을 가리고 놀란 표정이었다. 바리드가 아무 일도 없었던 것처럼 다시 미소를 지어 보였다. 그러나 바리드에게는 그녀가 비웃는 것처럼 보였다. 바리드는 일어서서 옷에 묻은 눈을 대충 털고 떨어뜨린 표지를 집어들고, 다가오고 있는 의사 쪽을 보고 웃어 보이려고 애썼지만, 오히려 얼굴을 찡그려 버린 것 같았다. 바리드는 얼굴이 붉어지고 한마디도 못하고 "안 다치셨어요?" 하는 의사 말도 못들은 체 돌아서 얼른 가버렸다.

하필이면 이런 일이! 눈물이 날 뻔했다. 하필이면 새로 온 여자 의사가 보는 앞에서 넘어지냐고! 분명히 무언가가 발에 걸려서 넘어졌는데, 무엇에 걸려서 넘어졌는지 살펴보지도 못했다. 의사는 지금 바리드가 무엇에 걸려서 넘어졌는지 궁금해 하고 있을 것이다. 바리드는 뒤돌아보고 싶었지만 자신이 비참하게 넘어진 것을 생각하면 할수록 더욱 비참해져 다시 의사의 얼굴을 보는 것이 창피했다. 표정이 조금 전보다 다르고, 오히려 창피하고 비참해진 표정이다.

임업협동조합 건물 가운데 문짝이 떨어져서 복도가 춥다. 바리드는 문 안쪽 문고리를 몇 번 세게 당겨 닫아 보려고 했지만 닫히기는커녕 도로 열렸다.

"이놈들 중 하나겠지!"

길고 어두운 북도에서 바리드는 아릴디랑 마주쳤다.

"자네, 날 좀 보세!"

아릴드는 바리드의 뒤에서 아버지에게 혼난 아이처럼 따라와서 문을 열쇠로 여는 동안 뒤에서 기다리고 서 있다가 뒤따라 들어왔다.

무얼 물어보려고 불렀더라. 갑자기 생각이 막혔는데 오직 방금 자신이 넘어진 생각만이 눈앞에서 어슬렁거릴 뿐이었다.

불상 앞에서 기도한 것처럼 넘어지고, 그것도 누워서, 아예 기어가서 무릎 꿇고 앉아서 치마자락을 잡고 매달려 볼 걸 그랬나?

바리드 자기 자신에게 화가 나고 창피해서 마치 그 원인이 두꺼운 가죽 표지 때문이기라도 한 것처럼 책상 위에 팽개쳤다. 큰 소리가 나고 책상 위에 있었던 서류가 바람에 날려서 아릴디 발밑으로 떨어졌다. 아릴디가 얼른 종이를 주우려 하는 순간 빽 소리쳤다.

"자네 뭐야?"

"……?"

그 순간 기적적으로 할 말이 생각났다.

"문은 왜 고장 냈냐고? 그 문이 자네한테 무슨 잘못이라도 했단 말인가?"

당황한 아릴디는 대답도 잊고 멍청히 서 있었다. 작업복에 묻은 누런 톱밥, 주머니에 꽂힌 접는 차, 색연필 몇 개가 꽂힌 걸로 봐서 문을 고칠 사람일지언정 고장 낼 사람이 아니다. 아릴디가 문을 뒤돌아보자 바리드 가 내처 소리쳤다.

"아냐! 바깥 문! 자네가 매일 왔다 갔다 하는 가운데 문 말이야!"

아릴디는 내가 언제 바깥문을 고장 냈더라 하는 난처한 얼굴로 바리드의 얼굴을 멍청히 쳐다보고 서 있었다. 바리드에게는 그가 정말 멍청한 사람처럼 보였다.

아까 새로 온 여의사도 바리드를 그렇게 멍청하다고 생각했을까. 마치 호텔 앞에서 넘어질 사람이 바리드가 아니라 아릴디였어야 했다고 생각하며 아릴디에게 화가 치밀었다.

"가서 그 문을 봐! 경첩 달아 놓으라구! 알았어?"

아릴디가 아무 말 없이 나가서 문을 닫을 때까지 바리드는 뒤에서 굳은 얼굴로 쳐다보고 서 있었다.

"제 갈 길도 제대로 가지 못하면서, 아이들을 혼낼 생각을 해? 흥!"

바리드가 분을 삭이지 못하고 중얼댔다.

이때 슬그머니 문이 열리고 낯선 젊은 남자가 머리를 디밀고 말했다.

"들어가도 돼요?"

"기다려!"

바리드가 겉옷을 벗어 걸어놓고 앉기도 전에 문 쪽에서 큰 소리가 났다. '저건 또 뭐야' 하는 표정으로 문 쪽을 본다. 아까 젊은 남자가 들어오자마자 모자를 벗어 손에 들고 문 앞에 서 있다. 자동차 기름, 찌든 때가 묻은 두꺼운 코트, 가죽 밑창이 하얀 털 신발 차림이다. 신발 한 짝은 바닥이 뜯겨나갔고 다른 한 쪽은 뒤꿈치 부분이 뜯겨나갔다.

'이 사람도 넘어졌나 보군. 가만 있는데 그렇게 되겠어?'

바리드는 자신의 구두를 몰래 슬쩍 보았는데, 저 자의 신발처럼 뜯기고 끊어진 것도 없는 대신 한 쪽 끈이 풀어져 있었다.

'도대체 무엇에 걸려서 넘어진 거지? 뭐가 나를 넘어지게 한 걸까?' 눈 앞에 선 사내를 보자 깊은 생각에 사로잡힌 바리드를 일깨웠다.

"뭐 싣고 갈 만한 게 좀 없나요?"

"뭐?"

사내가 결심했다는 듯한 표정으로 앞으로 한 걸음 다가와 책상 앞에 이르더니 바리드의 얼굴을 바로 쳐다보고 말했다.

"밀가루를 싣고 왔습니다. 가게 창고에 들어가고도 남던데요. 지금은 도청으로 돌아갈 건데, 빈손으로 돌아가는 것보다 실을 거라도 좀 있으면 가지고 가려고 들렀습니다."

"차를 갖고 왔다구?"

"차를 가지고 오지 않으면, 그 많은 밀가루를 등에 업고 왔겠습니까? 헤헤."

바리드는 새로 들어온 밀가루에만 관심이 쏠렸다.

"좋은 밀가루야?"

"예. 계원께서 그렇게 말씀 하시던데요."

바리드는 얼른 가서 몇 포대 사 놓아야겠다고 생각했다.

운전사 남자가 털이 다 빠지고 낡은 모자를 들고 선 채 바리드가 결정 내리기를 기다리고 있었다. 바리드는 의자 받침대에 기대며 말했다.

"미안하네만 자네한테 줄 만한 짐이 없네. 빈손으로 돌아가야겠다."

운전사는 여기에서만큼은 실을 짐이 있을 거라 믿고 왔던 것이다. 하다못해 창문틀, 마루바닥부터 해서 실을 만한 것이 좀 있을 것이라고 믿고 왔다. 하지만 지금은 그 기대조차 없어졌다. 시골이라 싣고 갈 물건을 찾기 힘들다. 겨울 별장에 생소금을 실어주면 몰라도.

"그럼, 할 수 없지 뭐."

도청에서 온 운전사는 돌아서서 문 앞에서 모자를 눌러 쓰고 나갔다.

밖에서 차 시동이 걸리고 움직이는 소리가 들려왔다. 최신 Zil-130 트럭이 창문 앞으로 지나가는 걸 보면서 바리드는 '차 하나는 좋구면. 판자

몇 개 줄 걸 그랬나.' 하고 후회했다.

창문 밖으로 호텔 건물이 눈에 들어오자 또 새로 온 여의사가 생각이 났다. 바리드는 풀린 신발 끈을 단단히 묶으면서 새로이 분한 생각이 치밀었다. 어떻게 넘어져도 그렇게 창피당하도록 넘어질 수 있단 말인가. 대체 무엇에 걸려서 넘어진 것일까? 거기에 뭐가 있었는지 보고 올 걸 그랬나 봐. 오늘 따라 왜 이렇게 재수 없지? 바리드는 갑자기 '거기 가서 다시 봐야겠다.'고 생각했다. '거기에서 병원까지는 멀고, 새로 온 의사는 사무실에 있을 테고, 마침 다행히도 창문도 반대쪽에 있으니 나를 보지 못할 거야.' 바리드가 겉옷을 입고 있을 때 다시 문이 열리고 유치원 경비를 서는 늙은이가 들어왔다.

"아이구! 밖에 나가시게요? 제가 좀 일찍 올 걸 그랬나 봐요."

할아버지가 아쉬운 표정으로 혼잣말처럼 중얼댔다.

"무슨 일이지요?"

눈치를 보아 할아버지는 또 전의 그 일을 부탁하려는 것이 틀림없었다.

"제발 자네 허락 좀 해 주게. 아들이 올 때가 다 됐어. 공부가 다 끝났대. 방금 전화국 담지가 이걸 갖다 주었네."

할아버지가 전보 쪽지를 내밀어 보였다.

"나를 모르는 것도 아니잖나. 아들 하나만 남은 늙은이. 아들 결혼식을 준비하려고, 이 늙은이가 여러 번 왔잖아. 나무 옷장 하나쯤은 금방 금방 만들어 줄 수 있잖아. 돈은 선불이라고 해서 현금을 지금 가지고 왔어."

할아버지가 바리드가 못 믿을까봐 주머니를 뒤져 돈 봉투를 꺼냈다.

"그러면 그 돈 들고 가게 가 보소, 할아버지! 거긴 옷장이 얼마든지 있어요. 골라 보시면 되잖소. 다 똑같은 물건인데요."

"가게에서 사려 해도 살 만한 게 없다니까. 고장 나고, 부러지고, 또 안에 공간이 넓지 못하고. 주문을 하면 괜찮을 것 같아서 말이야. 게르 가운에 놓을 거라서 좋은 걸로 해 줬으면 해서…" 하고 말하면서 할아버지는 바리드의 대답을 기다리고 있다. 외아들의 결혼식을 잘 준비하고 싶은 마음에서일 것이다.

"남의 사적인 부탁을 다 들어주다가 나라 일은 언제 하지요? 내가 해 줄 수 있는 것이라면 얼마든지 해 드리고 싶은데, 그게 마음대로 안 되잖아요." 하면서 바리드는 열쇠를 들고 문으로 향했고 할아버지도 따라 나갔다. 그래도 할아버지는 여전히 미련이 남았던지 계속 졸라댔다.

"한번만 봐 줘. 집은 다 마련했는데…… 나는 아들이 하나뿐이라는 사실을 자네도 잘 알잖나. 그리고 임업협동조합 직원들이 조합장이 허락하면 도와준다고 했거든."

"그 사람들이 할 것 같으면 바로 지금 가서 해 달라고 그러세요. 나한테 아쉬운 소리할 필요 없잖아요. 아예 이 방에 들어와서 이 자리에 앉으라고 그래요! 공식으로 임무를 인계할께요. 내가 여기서 허수아비 노릇 할 필요가 없잖아요."

바리드는 할아버지를 어두운 북도에 혼자 남겨두고 들어와 문을 잠가 버렸다. 그러나 다음 순간 바리드는 곧 난처한 지경에 처하고 말았다.

바리드가 다시 바깥문을 몇 번씩이나 세게 밀어 봤는데 어떻게 잠겼는지 열리지 않았다. 갑자기 당황스러운 꼴을 당하게 된 셈이었다. 자동차 바퀴로 밀어 버릴까 보다. 화가 머리끝까지 치밀어 오른 바리드는 금방 문을 고치라고 호령하여 화를 낸 아릴디를 부르고 싶었으나 꾹 참았다.

"이런 무식한 사람! 학교 공부가 이 사람을 비켜 갔나? 이게 마지막 경고다. 아릴디 하나 없다고 큰일이야 날려구."

바리드는 문에 몸을 바짝 밀착시키고 어깨로 세게 밀었더니 조금 틈이 나서 얼른 빠져나왔다. 화가 머리끝까지 치밀어 올랐다. 아릴디에게, 할아버지에게, 자신에게, 새로 온 여의사에게까지 화가 났다. 그 중에서도 새로 온 여의사가 주된 잘못을 한 듯하다. 그 여자가 와서 "나를 용서해요. 내가 당신을 넘어지게 했어요. 내가 무얼 도와 드릴까요? 당신이 다니는 이 길을 다 치워 드릴까요? 돌 하나도 남지 않도록 다 치워서, 눈감고 가도 걸릴 것 없게 해 드릴까요?" 하고 말을 해야 속이 시원할 것 같았다. 그러나 스스로 생각해도 여의사 토야는 그럴 이유가 없다. 그녀는 결코 다루기 쉬운 상대가 아니다. 전 의사인 거터브였다면 그녀 앞에서 넘어지기는커녕 기어다녀도 창피할 줄을 몰랐을 것이다. 새로 온 여의사 토야는 다르다. 그나저나 거터브는 지금쯤 어디서 뭘 하고 있을까?

십 년 넘게 군청 의사 일을 한 거터브는 이 마을을 지나다니는 개나 소도 다 알 정도다. 응급 치료에 술 취한 채로 진료 가는 것을 밥 먹듯이 하고, 바리드가 알기로는 최근 3년 간 최신 차 2대를 망가뜨려서 수리하러 보냈다. 그 덕분에 군청 병원이 지금까지 구급차가 없고, 협동조합의 여러 차를 빌리고 빌려서 하루하루를 간신히 버티고 있다. 결국 사람들의 불만이 끊이질 않아, 지난 여름에야 겨우 거터브를 해고했다. 거터브 자신도 '대수리'를 받아야 때가 된 것이었다. 마을 사람들도 참을 대로 참았던 것이다. 그러자 거터브는 아내와 아이들을 데리고 "몽골 땅은 넓고 갈 데가 많다."면서 훌쩍 이사를 가 버렸다. 정말이지 몽골 땅이 넓긴 넓다. 평생 이사를 다니고 또 다녀도 끊임없이 돌아다녀도 다 못 다닐 정도로 넓다.

거터브가 떠나고, 일주일도 채 안 돼서 새로운 의사 토야가 왔다. 갓 학교를 졸업하고, 시집도 안 간 젊은 아가씨였다. 아는 사람도 별로 없고, 집도 없이 혼자인 젊은 여자에게 군청 호텔에 안 열어 본 지 꽤나 오래 된 복도 끝 방에 숙소를 잡아 줬다. 모든 일이 이렇게 순조롭게 시작되었다. 새로 온 의사가 곧바로 호텔 매니저를 불러 쓰레기가 너저분하고 지저분하기 짝이 없는 끝 방을 가리키면서, 먼지가 쌓이고 지저분한 다른 방들을 같이 다니면서 모조리 보여줬다. 갑자기 호텔이 분주해졌다. 며칠씩이나 대청소를 하고, 매니저 팍마도 직접 걸레와 비누, 빗자루를 들고 헉헉대면서 바쁘게 뛰어다닌 덕에 벌금을 안 물고 간신히 넘어갔다. 군청에 까다로운 의사가 새로 왔다는 소문이 이렇게 알려지게 된 것이다. 토야는 곧 학교, 유치원, 사우나를 검사하고, 거기 담당자들에게 벌금을 물렸다.

"여기가 사우나입니까? 아니면 가축 외양간입니까?"라고 반문하면서 딱지를 붙여버렸다고 한다. 이 사실을 들은 사람들이 "잘 됐다! 해도 해도 너무 지저분해도 그냥 지나쳤었는데…!" 하고 좋아하는 사람도 있었다.

군청 병원도 변했다. 공사를 하고, 페인트칠도 하고, 다녀가는 사람들 눈에 편하고 따뜻한 분위기로 모습이 바뀌었다. 새로 온 여의사는 빵집도 빼놓지 않았다. 나무 조각, 고철로 채우고, 다 막아놓고 잊어버린 그 건물을 마을 이장, 협동조합장을 데리고 가서 보여 줬다고 한다. 이장이 사람들을 불러 명령 내리고 잊혀져 버렸던 빵집을 복구했다.

토야는 참으로 쉽지 않은 상대다. 이런 사람 앞에서, 발밑에서 오늘 바리드는 넘어진 것이다.

해가 뜨고, 추위가 약간 풀리고, 밤에 얼었던 눈이 조금 녹을 기미를 보이고, 저 멀리 아스라하게 보이는 건초지에서는 김이 무럭무럭 피어오른다. 군청에서는 모든 것이 한눈에 보인다. 빵집, 사우나, 가게, 창고 등 어디를 보아도 보이지 않는 게 없다. 그렇지만 바리드에게는 새로 온 의사가 머리에서 떠나지를 않는다. 군청에는 그 의사와 관련이 없는 사람이 없을 정도다. 임업협동조합의 기다랗고 하얀 건물, 그녀는 사무실에 언제쯤 들리려나? 또 무어라고 흠 잡을지? 오늘 온다면 문을 열지 못하고 하루 종일 문 앞에서 서성대다가 돌아가게 될 걸. 그렇게 되면 망할 놈의 아릴디 때문에 망신당하게 생겼네.

바리드는 호텔 앞을 지나, 아까 넘어진 그곳에 당도했다. 안 보는 척하면서 지나가면서 무엇에 걸려 넘어졌는지 몰래 훔쳐보려고 생각했다. 마침내 그곳에 당도했다. 바리드가 넘어진 흔적이 아직 눈 위에 선명하게 찍혀 있었다. 가죽 표지를 여기에서 주웠으니까, 그러면 이쯤에 걸려서 넘어졌다는 말인데, 그러나 그곳에 발에 걸릴 만한 걸림돌이 보이지 않아 바리드는 당황스럽기도 하고 놀랐다. 다시 잘 들여다보아도 발에 걸려 넘어뜨릴 만한 것이 없었고, 지극히 평평한 땅이었다.

이상하다. 바리드는 여기에 걸림돌이 있을 줄 알았다. 발에 걸린 돌을 사람들 몰래 길에서 치워 버려야겠다고 생각을 하고 왔던 것이다. 안 그러면 의사 아가씨가 여기를 지나다닐 때마다 그 돌을 보고 자신이 넘어진 것이 생각이 나서 웃을 것이라는 생각에서였다.

평평한 땅에 넘어진 걸 생각하면 생각할수록 더욱 창피스럽고 비참해졌다. 새로 온 의사가 뭐라고 생각할까?

바리드는 자신을 넘어지게 한 무서운 곳을 지나 앞으로 갔다. 조금 가다가 다시 돌아보면 참새 몇 마리가 거기에 즐겁게 놀고 있다. 아아, 나도 저 새들처럼 자유로울 수 있다면······.

바리드는 가게를 향해 걸어 갔다. 가게에 들렀다 돌아오는 길에 다시 한번 보려고 마음 먹었던 것이다. '거기에 그 돌이 분명히 있을 것 같은데, 기어이 찾아내서 걸려 넘어지지 않도록 멀리 갖다 버려야지.' 생각하는 바리드였다. (1985)

욕심이 지나치면

베.더그밋

뭉크 자르   역

해가 질 무렵이었다. 며칠 동안 따뜻한 피 냄새를 맡지 못한, 뒷산의 비쩍 마른 늑대 세 마리가 숲의 가장자리로 걸어 나와 날이 어둡기 전에 관목 숲 덤불 사이로 차례차례 지나간다. 그들의 맨 앞에는 머리가 큰 늑대가 굶주린 눈으로 하늘을 우러러 보며 여기저기를 두리번거리며 다닌다. 가슴 쪽에 하얀 털이 있는, 덩치가 크고 목이 굵으면서 짧아 보이는 우두머리 늑대가 무슨 작은 소리를 듣기라도 한 것처럼 갑자기 걸음을 멈추고 땅의 냄새를 맡아보고 그 자리를 맴돌다 뒷다리로 흰 눈을 파헤쳤다.

길게 뻗은 산맥 아래로는 눈이 사람 무릎에 이를 정도로 두껍게 덮여 있었으며, 그 눈 가운데로 멀리 걸어간 사람의 발자국이 저 멀리 검게 보이는 숲을 향해 찍혀 있었다. 혼자 가는 발자국을 우연히 발견한 세 마리 늑대가 서로의 코를 핥고, 이를 갈며 쉰 울음을 냈다. 그 우는 소리가 온 산으로 울려 퍼질 때 어린 소나무가 놀라고, 산에서는 까마귀가 얼어 죽을 만큼 차갑고 매서운 바람이 산기슭으로 흘러내렸다.

산 구릉에 있는 짙은 숲속은 인적도 동물도 없는 곳인데 말도 타지 않고 가는 덩치가 큰 남자가 급하게 걷고 있었다. 뒤에서 사람들이 추격하고 있는지 가끔씩 뒤를 돌아보며 발걸음을 재게 놀렸다. 유뎅[15] 모자와 솜으로 만든 델을 가죽혁대로 둘러 매었으며, 털목도리로 눈과 얼굴을 다 감싸 묶었다. 거기에서 나온 입김으로 머리와 수염이 다 얼어버렸다. 그 사람을 더욱 무섭게 할 정도로 큰 붉은 달이 삐져 나와 있었다.

거세게 불던 바람이 가라앉고 땅이 무섭게 조용해지고 발 아래에서는 딱딱한 얼음이 삐걱거리는 소리를 냈다. 달빛에 여린 빛이 반사하고, 어디선가 꽁꽁 얼어붙은 강물이 깨지는 소리가 들려왔다. 땀이 날 정도로 급히 뛰던 그 남자가 잠깐 쉬면서 발싸개를 풀어 다시 감싸고, 주머니에 묶어 매달았던 담배쌈지를 꺼내 구겨진 신문에다가 꼼꼼히 말았다. 그리고 덩치만큼이나 큼직한 손으로 바람을 가리며 담배에 불을 붙이고 막 일어서려 할 때였다. 그의 곁눈질에 무슨 짐승인지 빨간 눈이 보인 것 같아 등줄기로 오싹한 찬 기운이 느껴졌다. 사내가 뒤돌아보았을 때, 눈 앞에는 열 발짝 정도의 거리에 두살배기 송아지만큼 덩치가 큰 수컷 늑대가 가로막고 서 있었다. 그것이 늑대인 것을 알아차리자 남자의 머리카락이 쭈뼛 서며 심장 박동이 빨라지고, 가위가 눌려서 감히 목소리가 입 밖으로 새어나오지 않았다. 게다가 손에 아무런 무기도 없이 길을 나선 자신을 원망하며, 장화에서 숨겨둔 칼을 뽑았다. 칼날이 날카로운 작은 칼이었다. 이런 칼을 가졌는데 늑대를 무서워할 것인가? 절대로 겁을 먹어서는 안 돼. 사람이 겁을 먹는지는 늑대가 더 먼저 안다. 내가 교도소에서 마음과 행동이 맞아서 함께 덤벼든 세 도둑놈을 눈 깜짝할 사이에

---

15) 몽골 전통 모자의 이름

맨손으로 단숨에 때려눕혔다. 그리고 놈들의 피로 손을 씻어 놈들을 굴복시켰던 이름난 죄수가 아니었던가. 늑대가 사람을 공격할 때는 한밤중이나 새벽이라고 들었는데, 지금은 너무 이른 시간이다. 아직은 때가 아니라서 아마 공격하지 않을지도 모르지. 지금은 어떻게든 숲으로 들어가야 해. 숲에 도착하면 문제가 풀린다고 생각하고 저 멀리 보이는 숲을 향해 발걸음을 재촉했다. 늑대들은 그의 뒤를 따라 한두 걸음 가다가 달을 우러러보고 무서운 울음을 하늘의 별빛도 가릴 정도로 울었다. 무릎까지 쌓인 흰 눈 속에서 손에 쥘 나무나 돌을 찾는다고 해도 그것으로 대항하기는 불가능하다. 지치고 조급한 사람에게는 숲이 그리 가깝지 않았다. 뒤를 돌아볼 때마다 거의 날이 더욱 어두워지고 늑대들이 한 걸음 한 걸음 더 가까워지고, 앞에 보이는 숲이 점점 뒤로 물러가는 것 같았다. 이렇게 생각하니 숨이 차고 공포가 몰려왔다. 그런데 이때 어디서 나왔는지 탈옥수의 왼쪽에서 그리 멀지 않은 곳에 두 마리의 잿빛 짐승이 짐을 따라 가는 개[16]처럼 땅의 냄새를 맡으며 따라오는 모습이 희미하게 보였다. 세 마리의 늑대가 따라 오는 것을 보면 어두운 밤중이 되면 얼마나 많은 초원의 짐승들이 앞에 나타날까는 짐작이 되었다. 탈옥수의 옆쪽 가까이 짧은 꼬리를 올리고 굶주린 늑대의 차가운 눈빛이 들어왔다. 늑대 두 마리가 경험도 많고 온갖 고생을 겪어본 수컷 늑대 대장의 신호를 기다리며 코로 눈을 파면서 뛰어 노는 것을 보면 먹을거리가 생겨서 좋아서 어쩔 줄 몰라 하는 꼬락서니 같았다. 또한 맨손의 인간이 지금 어디로 도망칠 수 있겠는가 하는 태도가 눈에도 선명했다.

　　교도소 침대에서 어떤 방법으로든 감옥을 탈출하고, 어떻게 하면 돈을 감춰 둔 바위까지 도착할까 하는 궁리만 했을 뿐, 이렇게 사나운 늑대를

---

16) 몽골은 시골에서 집을 옮길 때 짐을 싸서 낙타나 말을 이용한다. 따라서 개도 그 짐을 따라 간다.

만나리라고는 상상도 하지 못했다. 돈을 감춰둔 곳에 도착하기만 하면 남자로서의 모든 소원이 이루어지고 이 험한 세상의 고생을 행복과 기쁨으로 바꾸고, 심지어 과거에 죄까지도 한꺼번에 보상 받을 수 있을 것만 같았다. 이렇게 몇 달 동안 밤낮없이 치밀하게 계획을 하고 나와서 결국 사나운 짐승에게 잡혀 죽을 줄 어찌 알았으랴. 사람의 목숨이란 한 움큼의 금으로도 바꿀 수 없는 소중한 것임을 깨달았다. 갑자기 30 평생에 한 번도 해보지 않았던 회개를 하면서 온 산이 울릴 만큼 큰 소리로 엉엉 울음을 터트리고 싶었다.

불을 놓으면 목숨을 구할 수 있을 것도 같았다. 내가 이렇게 허망하게 늑대의 밥이 되고 말면 바위에 감춰둔 그 많은 돈은 오랜 세월이 흐르면 곰팡이와 습기 때문에 썩어서 한 줌의 먼지가 되고 말 거라는 생각에 이르자 어린 아이를 남기고 숨을 거두는 어미의 심정만큼이나 괴로웠다. 사람에게 저승의 삶이 있다면 내 영혼은 바위 돌을 통과할 수 있는 검고 얼룩덜룩한 뱀이 되어서 용왕님의 재산처럼 많은 그 돈을 세상이 무너질 때까지 지키고 그 문 앞에 동글게 또아리를 틀고 누울 것이다.

이때 뒤따라 오던 대장 늑대가 앞을 가로막고 눈을 파헤치기 시작했다. 이제 나를 공격한다는 신호라는 생각에 가엾은 남자는 성냥을 켜서 앞으로 던졌고, 문득 불빛을 보고 놀란 늑대가 뛰어 달아났다가 좀 멀리 떨어진 곳에 서서 '이건 또 무슨 일이냐?'고 무심하게 탈옥수를 쏘아보았다. 이렇게 늑대들에게 쫓기는 이 남자를 멀리서 본 사람이라면 세 마리 사냥개를 데리고 사냥하는 사냥꾼으로 보일 것이다. 겁에 질린 남자는 숲으로 들어오자마자 굵은 소나무의 아래로 가서 쌓인 눈을 발로 치우고 나뭇가지와 개미집 등을 모아 모닥불을 지폈다. 크고 작은 늑대들이 불빛을 피해 불빛과 어둠의 경계에 앉아서 탈옥자의 행동을 빛나는 눈으로 바라보고 있었다. 총이 있었으면 길고 하얀 이를 드러내며 큰 입을 벌리며 하품을 하는, 심장 쪽에 손바닥만한 하얀 털이 있는 대장 늑대를 향해 바로 쏘아 버리고 싶었다. 그러나 손에 총이 없는 그는 괜스레 억울한 생각이 들어서 활활 타오르는 나뭇가지를 뽑아서 사람 무서운 줄 모르고 언 발을 핥고 있는 대장 늑대 놈을 향해 던졌다. 연기를 내며 날아온 나무 가지를 보고 놀란 대장이 '네가 나를 이런 것으로 겁을 주지만 모두 헛된 짓이다.' 하고 비웃는 것처럼 눈 속에서 연기를 내며 꺼져가는 나뭇가지를 물끄러미 바라보고 앉아 있었다. 켰던 불이 꺼지기 시작할 때 세 마리가 일어나서 여기 저기 어슬렁거리며 하늘을 향해 목청을 높여 울었다. 늑대 울음이 수많은 바위들을 부딪쳐 메아리로 되돌아왔다. 이런 늑대의 무서운 울음은 멀리 있는 온 산의 늑대 떼를 불러들이는 소리 같았다. 불이 꺼지기 전에 탈옥수는 늙은 소나무의 가지를 조심스럽게 잡고 나무 위로 올라갔다. 크고 우람한 소나무의 중간 부분까지 올라갔다. 그리고 바람막이가 될 만한 굵은 나뭇가지 가운데 앉아서 피곤하고 지친 다리를 뻗어 쉬게 되자 비로소 마음이 놓여서 담배를 꺼냈다. 그의 발이 움직일 때마다 소나무 가지 위에 쌓였던 눈이 꺼져가는 불 위로 떨어지고 하얀 김과 연기가 솟아올랐다. 굶주린 늑대 세 마리가 나무 위에 몸을 웅크리고 앉아서 담배를 피우고 있는 사람을 올려다보며 졸리고 굶주린 울음을 내었다. 마치 나무에 올라가기 전에 공격하지 못한 것을 후회하는 것처럼 보였다. 재수가 없는 사람을 가치 없는 늑대 놈들조차 조롱하는 것만 같았다. 난 하루라도 햇빛을 보며 자유롭게 숨을 쉴 수 없는 놈이로구나. 노루와 멧돼지의 발자취밖에 없는 이 숲 속에는 찾아오는 사람도 없겠지. 새벽이 되면 이놈들이 떠날까 아니면 끝까지 지켜보게 될까. 여기서 이 정도의 추위에 먹을거리도 없이 오래 앉아 있으면 곧 얼어죽을 것이 확실해. 때 묻은 그 놈의 돈 때문에 이렇게 나무 위에서 얼어죽게 되는군. 꿈이 완전히 무너져 버린 나 같은 놈에게 이런 비극적인 운명이 기다리고 있었단 말인가. 사람들에게 해를 끼친 사람에게 신이 이런 식으로 단죄하는군. 이런 저런 생각이 복잡하게 오고갔다.

그리고 더워서 땀이 났던 몸이 점점 차가워지고 땀에 젖었던 옷이 얼어붙기 시작했다. 가끔씩 바람이 솔솔 불고 나무에 추운 기운이 느껴질 때 온 몸이 차가워지고 죽음에 대한 공포가 머릿속에 바람처럼 불어가고 있었다. 등을 나무에 기대고 두 개의 굵은 가지 가운데로 몸을 웅크리고 누워 잠시 눈을 붙여 보려고 시도해 보았다. 지금 당장은 늑대보다 얼어 죽는 것이 더 두려웠다. 세 마리 늑대가 몸을 풀고 여기 저기 있는 풀에 오줌 싸고 나무 아래를 벗기고, 가랑니를 드러내며 울부짖었다. 너무 추운 날씨에 참새가 나뭇가지에 꼼짝 없이 앉아 있다가 얼어서 빙과처럼 뚝 떨어진다는 말이 있다. 나도 역시 참새와 마찬가지로 얼어서 손과 발이 마비되어서 떨어지고 결국은 저 짐승들에게 잡혀 먹히지 않을까. 만약 그렇게 된다면 힘이 없어지기 전에 내려가서 이놈들과 싸우고 한두 놈이라도 찌르고 정 안되면 목숨을 일 대 일로 바꾸고 싶은 생각이 들기도 했다. 찬 바람이 더 불지 않고 얼어 죽기 전에 새벽을 맞이하면 어떤 방법이라도 생기겠지, 운이 좋아서 사람이 올 수도 있다는 생각이 들기도 하고, 마치 물에 빠진 사람이 지푸라기라도 잡는 격이라는 터무니 없는 생각이 들기도 했다.

날이 밝기를 기다리는 사람에게 겨울밤이란 길고 긴 것이었다. 끈이라도 있었더라면 나무로 올라붙을 이놈들을 위에서 목을 걸어 당겨서 쉽게 목매달아 죽일 수 있을 것 같았다. 그러나 멍청한 생각을 하는 자신에게 화가 났다. 바람은 없어도 초원의 추위가 한결 싸늘하고 두 겹의 옷과 솜으로 만든 델과 손으로 만든 펠트로 신발하고, 30대의 뜨거운 피가 아직은 아침을 기다릴 수 있다고 굳게 믿었다. 그러나 이런 추운 겨울 날씨에 나무 위에서 꼼짝 없이 앉아 있다는 것이 바로 죽으려는 것과 같았다. 이렇게 늑대에 둘러싸여서 어디로도 도망치지 못하고 죽음을 기다리며 앉아 있는 내 꼴을 보면 쓰레기 같은 교도소 놈들이 남의 불행에 고소해하고 웃음이 날 거야. 그게 아니라 해도 불쌍히 여겨 목숨을 구해 주려고 서둘 사람도 없을 것이다. 명예를 좋아하는 어떤 놈은 사람 목숨을 구해 주고, 또한 탈옥수를 잡아 영웅적인 일을 해냈다는 명성을 얻기 위해서 내 뒤를 충분히 쫓아올 수 있는 놈들이다. 그런데 그 도망친 사나운 도둑 놈은 늑대들에게 자신을 보호할 수 없을 만큼 지쳤고, 게다가 춥고 배고파 기운이 떨어지고 손에 든 무기 하나 없는 가련한 죄수일 뿐이다. 세상 사람들이란 사소한 일을 과장해서 행동하는 것을 자랑으로 여기는 우스운 놈들이다. 죽을 사람에게는 친구가 필요 없다는 말이 있다. 쓸데없는 생각으로 자신을 괴롭게 만들지 말자고 다짐을 해도 사람이란 어쩔 수 없이 생각을 할 수밖에 없는 동물이다. 의사소통이 된다면 늑대와 도둑 놈은 어떤 식으로든 협상할 수 있을 것이다. 그러나 이 세상에 각기 사람과 동물로 태어났기 때문에 어찌 할까……. 이 사나운 짐승들에게 제 아무리 많은 돈을 주고 고단한 삶을 하소연해도 아무 소용이 없을 것이다. 결국은 도둑에게 돈, 늑대에게 고기가 필요하니 둘 다 같은 처지일 뿐이다. 소 한 마리 잡아 주어도 이놈들은 마음이 부르지 않고 나를 먹어야만 욕망이 채워질 것이다. 본능이니 어쩔 수 없다.

배고픔과 피로가 극한에 다다른 탈옥수가 꾸벅꾸벅 졸기 시작했다. 작년 봄에 태어난 새끼처럼 털도 미처 나지 않은 늑대 두 마리가 사람이 나무에서 내려오기를 기다리 듯 다리를 뻗고 누워 있었다. 크고 검은 입이 늘어나고 이가 길어진 대장 늑대 놈이 뒤로 늘어앉아서 쉰 목소리로 몇 번 짖고 가슴을 물고 코를 핥는 것을 보면 이제는 더 참을 수 없다는 뜻 같았다. 이를 보면 자기 목숨을 구해 준 사람에게 바위에 감춘 돈을 몽땅 주어도 아까울 것이 없을 것 같았다. 돈이야 살아 있으면 얼마든지 찾을 수 있는 물건일 뿐, 어떤 멍청한 인간이라도 돈으로 자기 목숨을 바꾸지 않기 때문에 이렇게 죽기보다는 가난하더라도 살아있으면 더 행복할 수도 있을 것이다. 결국 죽은 사람만 손해가 되고 마는 세상이다. 이렇게 눈이 오지 않았더라면 길게 자란 풀에다가 불을 지르면 이놈들이 정신을 잃고 달아나는 것을 볼 수 있었을 것이다.

새벽이 되자 살아 있는 동물도 견딜 수 없는 추운 바람이 불고 얼굴이 다 얼었다. 어떤 방법으로라도 날이 밝을 때까지 견딜 수만 있다면 늑대들에게서 쉽게 헤어날 수 있다는 순진한 생각이 떠오른다. 늑대에게만 잡히지 않고 경찰에 잡혀서 교도소에 다시 들어가도 상관없다고 생각했다. 남자가 세상 살다 보면 실수를 할 수도 있지, 놀랄 일이란 전혀 없다. 이렇게 얼어 죽을 만큼 떨고 있는 것보다 교도소 침대에서 담요를 뒷발로 차낼 만큼 따뜻하게 잤던 날들이 오히려 더 행복한 시간이었던 것 같다. 실수와 회개라는 것은 벌써 지난 후에 깨닫는 것인가 보다. 어려움이 닥치면 사람의 목숨은 가늘고 약한 것이 마치 수컷 소의 가죽으로 만든 끈보다 튼튼하다.

조는 둥 꿈을 꾸는 둥 하고 있을 때 어느새 달이 지고 동쪽에서 희미하게 날이 밝아오고 밤과 아침 사이에서 나무 꼭대기가 흔들리고 있었다. 새벽의 어두움을 비추고 있는 빛이 많은 사냥개를 데리고 가는 사냥꾼을 만나기라도 한 것처럼 공포가 달아나고 물 마실 몫과 살아날 수 있다는 믿음을 주었다. 수염과 속눈썹, 가슴 털이 김 때문에 하얗게 된 세 마리 늑대가 일어나서, 굳어진 몸을 펴며 기지개를 켜고 나무와 나무 사이로 서로를 좇으며 놀기 시작했다. 눈의 안개 속에서 늑대들의 흔적을 보고 먹을거리를 찾아 날아온 까마귀가 나무 위로 날개를 펴고 날아오더니 머리 위에서 울며 몇 번 돌다가 옆 나무에 앉아서 솜털을 고치며 자기 몸에 터무니없이 커 보이는 큰 부리를 나무에다 비볐다. 탈옥수도 약간 일어서서 뻣뻣해진 몸을 펴고 기지개를 켰다. 이 세상에서 좀 더 산 까마귀가 저를 쏠까 봐 총알이 닿지 못할 만큼 멀리 날아가 앉아 혀를 차며 울었다. 늑대와 까마귀 둘 다 세상에 악을 끼치는 나쁜 짐승들인 것 같았다. 까마귀 새끼 중에는 하얀 솜털로 만든 모자를 쓴 것처럼 귀여운 놈이 있는데, 솜털과 날개가 자라지 않은 새끼 때 악한 생각을 하얀 솜털 속에 감추고 있다는 생각이 들었다. 살아 있는 동물의 온기가 남은 저 까마귀도 추위에 떨면서 졸고 있는 불쌍한 죄수를 조롱하며 울고 있는 것이었다. 언제 까마귀나 경찰들이 모인 곳에서 좋은 일이 일어나는 법이 있냐는 말이 있듯이, 네놈들은 나의 냄새밖에 다른 것을 못 맡는 미련한 놈들이라고 욕을 해 보았다.

나무 위에 햇빛이 닿을 때쯤 놀고 있던 늑대들이 나무 위의 사람을 올려다보며 하품했다. 이놈의 늑대들이 만약에 사람 말을 할 줄 안다면 나무 위에 앉은 탈옥수에게 속임수를 써서라도 나무에서 내려오게 할 것처럼 보였다.

이때였다. 200미터 쯤 멀리 떨어진 나무 위에서 졸고 있던 까마귀가 갑자기 날개를 펴고 날아가고, 거의 동시에 총소리가 울려 퍼졌다. 총소리가 아침의 추운 기운을 깨며 차가운 바람이 불었다. 이때까지 떠날 생각도 느긋하게 편안하게 누워 있던 늑대들이 당황하여 어디로 달아나야 할지 모르고 정신없이 우왕좌왕 하더니 대장 놈이 몇 걸음 가다가 피를 토하며 쓰러졌다. 이제 살았다! 마침내 목숨을 건지게 되어 탈옥수가 온 숲을 향해 소리치고 싶어서 입을 벌렸지만 숨이 차고 목이 이상해져서 외치지 못했다. 탈옥수가 눈에 고인 눈물을 닦고 총소리가 난 쪽을 바라보니 한 사람이 나무 사이로 보일 듯 말 듯 하며 그를 향해 천천히 다가오고 있었다. 군인복을 입고 발에 스키를 신은 그 사람이 가까이 다가온 뒤에야 교도소의 교도관임을 겨우 알아보았다. 눈과 속눈썹까지 하얗게 얼었고 숨이 찬 그 교도관이 나무 아래까지 와서 스키를 발에서 빼고 나서 눈을 찡그리며 나무 위를 올려다보고 말했다.

 —안녕하십니까? 탈옥한 소감이 어떻습니까? 그렇게 앉아 있지 말고, 어서 내려오세요. 우리 빨리 돌아갑시다.

 —난 안 내려가! 어떻게 돌아가. 그 대신에 늑대의 먹이가 되는 것이 훨씬 깨끗해.

 —말도 안 되는 소리 하지 말고, 또한 바보 같은 짓도 하지 마시오. 교도소에서 석방시켜주라는 명령을 가지고 왔다는 사실을 똑똑히 아세요.

 나무 위에 앉은 탈옥수가 믿음과 진실이라고는 하나도 없는 작은 눈으로 비웃듯 올려다 보고 있었다.

 —난 그런 거짓말에 쉽게 넘어갈 사람이 아니다. 소용없는 짓 하지 말고, 나에게 총하고 총알, 먹을 것을 조금 남겨 주고 돌아가! 우리 서로 좋은 자기 갈 길로 가자.

 —여기서 당신이랑 장난할 사람 없어. 서로 피곤하게 하지말고 순순히 내려 오시오. 말 안 듣고 바보 같은 짓을 하면 즉시 쏘아 버릴 거요!

 그러자 나무 위의 탈옥수가 비웃으면서 말했다.

 —차라리 마지막 말이 맘에 드네. 제발 나를 좀 죽여줄래? 이렇게 고생하면서 살기보다 총알을 맞고 죽는 게 나아! 얼른 쏘아 줘. 진심으로 부탁한다. 짐승에게 잡혀 먹히는 것보다 좋은 친구의 손에 죽는 게 더 나아. 내려갈 필요도 없잖아. 늑대들에게 길이 막혀서 나무 위에 오래 앉아 있었더니 두 다리가 얼어서 나무 토막이 됐어. 어차피 내려갈 수도 없어!

 젊은 교도관이 여기 저기 흩어진 나뭇가지들을 모아서 불을 지피고 배낭에서 삶은 말고기를 꺼냈다.

 —내가 너를 업고 갈 테니 당장 내려와.

 —난 내려가지 않는다고 아까 분명히 말했어. 총알과 총을 거기에 남

기고 빨리 가지 않으면 나는 차라리 나무에서 목매달아 죽을 거야. 난 그렇게 할 수 있는 사람이야. 허리띠로 목을 매달고 뛰어내리면 눈 깜짝할 사이에 목이 졸려서 죽고 말 거야. 그렇게 되면 결국 너도 살인범이 되어 교도소로 가게 된다는 걸 알고 있지? 모든 일에는 이유가 있다고 하지 않았는가?

—네가 나를 겁주려고 하는가 본데 뜻대로 안 될 걸. 그 대신 나무에서 내려와서 음식도 먹고 따뜻하게 몸을 녹이면 더 좋을 걸! 설령 네가 또 도망치려고 해도 멀리 갈 순 없어. 지금 수색 팀이 너를 쫓고 있거든. 죄를 더하고 싶지 않다면 순순히 돌아가는 게 났다고.

—어린 애같이 순진한 소리 좀 하지 마! 탈출한 사람이 돌아가면 절대 풀어 주지 않다는 걸 나도 잘 알고 있어.

—당신이 탈출한 것을 우리 직원들이 모르고 있어. 그냥 산에서 땔감 사역을 나갔다가 돌아오는 길에 눈바람을 만나서 길을 잃은 걸로 다들 알고 있어. 너는 탈옥한 게 아니고 길을 잃어서 늑대들에게 쫓기다 길을 잃은 사람일 뿐이야. 사람이 같은 사람을 믿고 사랑하는 거야. 나를 믿어. 나는 고생한 너에게 풀어주라는 명령을 가지고 왔다고. 나는 불쌍한 사람에게 거짓말을 할 만큼 치사한 놈이 아니야. 너는 내가 늑대가 아닌 사람이라는 사실을 알아야 해.

—순진한 네가 나를 속여서 데려가려고 유혹하는 모양인데. 일곱 번 상처를 입은 늑대처럼 된 내가 어찌 그런 말을 믿겠어? 나라는 놈은 이래뵈도 배운 것이 많은 놈이야.

그러다 문득 교도관의 말이 진짜일지도 모른다는 생각이 들었다. 갑자기 나무에서 내려가서 손과 발을 움직이고 먹을 것도 먹어야겠다는 생각이 굴뚝 같았다.

—알았어. 내려가야겠어. 너를 더 이상 괴롭히지 말아야겠어. 배도 고

프거든.

탈옥수는 나뭇가지 사이로 살살 기어 내려왔다.

두 사람은 늑대의 어깨뼈로 만든 썰매 위에 같이 앉아서 불을 쬐고, 군인용 냄비에 눈을 녹여 차를 끓여 마시고, 말고기를 먹었다. 언 입이 풀린 탈옥수가 갑자기 비명을 지르며 아픈 표정을 지으며 두 신발을 벗었다. 얼어서 반죽처럼 허예진 발을 꺼내어 눈 속에 넣었다. 탈옥수의 얼어서 감각을 잃은 발을 젊은 교도관이 달려들어 눈으로 비벼주고 따뜻하게 감싸 주었다. 그리고 갈 시간이 되자 둘이서 일어나려고 하는 순간에 발과 다리에 감각을 잃은 탈옥수가 땅을 제대로 밟지 못하고 악! 비명을 지르며 눈 위로 엎어져서는 벌렁 누워 버렸다.

산 쪽에서 바람이 불어와 한결 부드러워진 눈길을 걷고 있었다. 젊은 교도관의 등에는 뼈대가 큰 탈옥수를 들쳐 업고 있었다. 젊은 교도관이 극도로 지치고 피곤하여 온몸이 땀에 흠뻑 젖었다.

아픈 척하며 젊은 교도관의 등에 업힌 채 언 몸을 녹였을 뿐만 아니라 몸을 풀어놓고 휴식을 취하며 가는 탈옥수는 졸음이 밀려와 가끔씩 눈이 감겼다. 그 덕분인지 뼛속까지 얼고 추위와 싸워 지친 몸이 신기하리만치 빨리 회복되었다. 탈옥수를 업고 가는 교도관의 옷에서는 땀 냄새가 나고 눈 덩어리에 발이 끌리는 것으로 보아 너무 지친 모양이었다. 이렇게 지치거나 술 취한 사람의 머리를 좀 부드럽게 때리면 한 순간에 딱 넘어진다는 사실을 탈옥수는 어느 누구보다 잘 안다.

사람의 발이 얼었는지 안 얼었는지도 모르는 순진한 바보. 사람 죽이는 것을 양 잡는 듯 쉽게 생각하며, 죽음을 마치 깊은 잠을 재우는 것쯤으로 생각하는, 무엇을 어떻게 해도 아무렇지 않게 여기는 범죄자를 등에 업고 태연히 가다니. 목숨을 잃고 싶어서 이놈은 제 발로 사지(死地)로 들어온 것이나 다름없다. 그래, 내가 죽여 주지. 그렇지만 아직은 때가 아니지.

아주 피곤한 때에 '어이 형님이 단 한 번에 푹 쉬게 해 주지!' 하는 악한 생각을 하면서 탈옥수는 슬그머니 의미심장한 미소를 지었다.

마침내 지친 젊은 교도관이 업고 가던 탈옥수를 옆으로 부드럽게 눕히고 점퍼 단추를 풀어 땀을 닦아내는 순간, 뒷머리에 어떤 딱딱하고 묵직한 것이 부딪쳐 쓰러졌다. 젊은 교도관이 이내 일어나려고 안간힘을 쓰다가 미처 일어나지 못하고 두 손으로 머리를 감싼 채 눈밭으로 쓰러졌다. 검은 세상이 빙글빙글 어지럽게 돌았다.

탈옥수는 귀 안에서 피를 흘리며 정신을 잃고 쓰러진 젊은 교도관의 총을 벗기고 총알이 든 작은 보따리를 풀어서 제 등에 매고 마치 아무 일이 없었던 것처럼 태연하게 담배를 빼물고 멀리 아스라이 보이는 겨울 숲을 향해 걸었다. 차가운 햇살이 눈부신 초원 너머 겨울 숲은 무거운 제 몸 그늘을 드리우고 서 있었다.

발을 끌며 급하게 걷던 탈옥수는 저절로 힘이 빠져서 갑자기 불안감에 휩싸여 뒤를 돌아보았다. 조금 전에 그를 업고 눈 위를 걷던 젊은 교도관은 여전히 눈 속에 검은 덩어리로 처박힌 채 꼼짝없이 있었다. 밤이 되면 저 젊은 교도관에게 숲 속의 굶주린 늑대 놈들이 다가와서 먹어버리겠지. 총을 가진 탈옥수는 오직 바위 속에 감춰둔 많은 돈만을 생각하면서 걸었다. 마침내 사나운 늑대를 피해 올라가 고통스러운 밤을 보냈던 늙은 소나무에 닿았다. 많은 가지들을 하늘을 향해 뻗쳐 올린 가지들 위에 따뜻한 아침 햇살이 노닐고 있는 나무의 거룩한 모습에서 갑자기 숭배하고 싶은 충동이 일었다. 그 나무 옆에서 그리 멀지 않은 곳에는 총알을 맞고 죽은 대장 늑대 놈이 탈옥수를 향해 금방이라도 뛰어 올라 공격할 것처럼 하얗고 뾰족한 이를 드러내며 누워 있었다. 불어가는 바람에 등의 긴 검은 털이 흔들려서 마치 아직까지 살아 있는 것처럼 느껴졌다. 어젯밤에 손에 아무것도 없이 지쳐 있을 때 겁을 주었던 소행을 생각하니 화가 치밀었다. 저 무서운 짐승이 만약에 살아 있다면 뒷다리를 나무에 매달아서 가죽을 코까지 벗겨 내리고 싶은 적의가 느껴졌다.

이때 문득 탈옥수는 이런 눈 덮인 추운 겨울 숲에서 목숨을 보호하고 도망치는 자신에게 정작 필요한 것이 총 같은 무기가 아니라 따뜻한 옷 이라는 사실을 알아차렸다. 어젯밤에 나무 위에서 얼듯이 앉아 있었을 때 세상에서 가장 절실한 것이 털옷이었다. 피까지 얼어버릴 것 같은 추 위에서 살아남을 방법은 바로 젊은 교도관의 가죽 잠바(델)[17]였다. 그 옷 을 벗겨 오지 않은 것이 후회되었다. 어차피 죽은 놈에게는 옷 따위가 필 요없다. 옷이란 다만 산 사람에게만 필요한 것이다. 죽은 뒤에 금으로 만 든 모자를 쓴들 무슨 소용이랴. 탈옥수는 걸어오던 길을 되짚어 교도관 이 있는 곳으로 향했다.

사방에 눈안개가 끼어 있는 아침나절의 언 눈 가운데로 걸어가던 탈옥 수는 어떤 소리를 듣기라도 한 것처럼 갑자기 걸음을 멈추었다. 하얀 눈 위에 태평스럽게 손을 뻗은 채 하늘을 보고 누워 있는 그 젊은 교도관 곁에 까마귀가 내려서 자기 솜털을 고치고 신이 나서 여기 저기 날아들 며 뛰어다니고 있었다. 마치 먹이를 놓고 엄숙한 제의(祭儀) 행사를 치르 는 것 같았다. '저런, 괘씸한 놈! 인간을 저렇게 우습게 알다니!'

가까이 다가가니 아침까지만 해도 나무 위를 맴돌면서 탈옥수의 죽음 을 기다리며 울던 까마귀의 탐욕스러운 뾰족한 부리가 정신을 잃고 누워 있는 젊은이의 속눈썹이 하얗게 된 눈을 향해 다가가고 있었다. 겨우 지 친 걸음을 옮기던 탈옥수가 '저런 놈! 감히 인간의 눈을!' 하고 중얼거리 다 등에 메고 있던 총을 내렸다. 탈옥수는 피 냄새를 흠향하며 즐기듯 목

---

17) 몽골 전통 옷 존칭

을 길게 늘이며 우는 검은 까마귀를 향해 방아쇠를 당겨 버렸다. 온 산으로 울려 퍼지는 총소리에 놀란 까마귀가 우유처럼 하얀 눈밭을 배경으로 검은 솜털을 날리며 허공으로 날아오르다가 눈 속으로 처박혔다. 탈옥수가 눈을 헤치며 다가갔더니 아뿔싸! 젊은 교도관은 아직 살아 숨을 헐떡이고 있었다. 겨우 숨을 내몰아 쉬며 입을 벌리고 누워 있는 교도관의 머리에서 뜨거운 김이 오르고 뺨을 따라 빨간 피가 흐르는 모습은 차마 눈을 뜨고 볼 수가 없었다. 탈옥수는 눈을 마주칠 용기가 없어서 얼굴을 돌리고 총알을 넣었다. 마지막 고통을 겪고 있는 젊은 교도관의 머리를 향해 쏘아 버렸다. 뭔가에 쫓기듯 방아쇠를 연신 당겨댔다. 어지러운 총 소리와 함께 푸른 화약 연기가 자욱하고, 눈 속의 흙이 튀어 올랐다. 총알이 머리에 쏟아지자 젊은 교도관이 마치 제 정신으로 돌아오게 했던 것처럼 윗몸을 벌떡 일으키더니 벌렁 넘어져 버렸다. 그리고 다시는 움직이지 않았다. 탈옥수는 저 교도관이 금방이라도 다시 일어나 덤벼들 것 같은 무서운 생각이 들어서 가죽 잠바를 벗길 정신도 없었다. 갑자기 머릿속으로 세찬 바람 같은 것이 불고 지나갔다.

한 손에 든 총을 아래로 끌고 완전히 술 취한 사람처럼 비틀거리며 숲의 그늘을 향해 걸었다. 이상하게 그곳이 편안한 죽음의 세계 같았다.

얼마 뒤, 숲 속에서 온 산이 올려 퍼지는 총소리에 늙은 소나무의 가지 위에 있던 눈이 떨어졌다. 늙은 까마귀가 소나무 위에서 죽어가는 탈옥수를 내려다보고 있었다. 이 세상은 깊은 정적에 빠져들었고, 움직이는 것이라고는 오직 늙은 까마귀뿐이었다.

아직 해가 지지 않았다

페 . 롭상체렝

멘 드 역

나는 <상후긴 테크닉콤>이라는 회계학 전문대학을 졸업한 뒤, 어느 도(道)의 교육청 회계 담당자로 취직했다. 근무를 시작한 지 얼마 아니 되어 인생의 동반자가 생겼다. 드디어 어른들이 말하는 한 가정의 '우르흐'[18]를 꾸리게 되었다.

처음에 우리는 시댁 부모님과 같이 살다가 나중에 분가(分家)를 했다. 나는 얼마 뒤에 첫 아들을 낳았다. 지금은 31개월이다. 가족이 생기고 나서야 나도 점차 철이 들었던 것 같다. 젊을 시절의 미숙하던 것들이 그 나이가 되어서야 익숙해졌다.

중학교 때부터 나는 틈만 나면 친구들과 어울려 춤추러 가고, 수업시

---

18) 몽골 전통 가옥(家屋)인 '게르' 중앙에 환풍구 역할을 하는 큰 구멍(터너)이 있고 방한을 위해 천을 덮어둔다. 이 천을 '우르흐'라고 한다. 몽골에서 '우르흐를 연다'는 말은 여자가 시집간다는 뜻이다. 또한 아침에 우르흐가 열려 있으면 그 집안 사람이 잠에서 깨어 있다는 신호다. 우르흐를 여는 일은 언제나 여성의 몫이다.

간에 떠들어서 선생님께 야단맞고, 남들의 시선을 끌기 위해 화려한 옷에 심지어 화장까지 하고 다녔다. 지금 생각해도 그 시절은 너무나 자유로웠다. 그래도 그때는 지금까지 이어졌던 짙은 안개 속 같은 내 삶에 햇빛 한 줄기가 쏟아졌던 아름다운 시절이라는 생각이 들었다.

가정을 꾸리고 새로운 삶을 시작한 뒤 한동안은 마음의 평온을 느꼈다. 아침에 일어나자마자 출근 준비를 한다. 낮에는 직장에서 일을 하고 퇴근하면 집으로 돌아와 집안 일을 한다. 아들을 돌보느라 정신없이 뛰어다녀야 하고, 그러다 보면 잠 잘 시간이 된다.

나의 삶은 매일 같은 일이 이렇게 변함없이 반복되고 세상의 시간은 무심하게 흘러가고 있었다. 순식간에 한 달, 한 철, 한 해가 훌쩍 지나가 버렸다. 우리 집에는 찾아오는 친구들이 별로 없었기 때문에 오직 우리 가족 세 사람만이 서로 대화를 하게 된다. 어디를 나가도 항상 셋이 함께 움직인다. 별로 놀러갈 곳도 없고 놀러갈 만한 친구 집도 몇에 지나지 않는데다 그들마저 차츰 멀어져 갔다.

우리 두 사람의 월급은 살아가기에 별로 부족한 것 없이 넉넉했다. 게다가 우리가 사는 집은 난방 시설이 잘 되어 있고, 뜨거운 물이 항상 나오며, 큰 도시의 편안한 아파트와는 비교가 되지 않지만 시골 치고는 말할 수 없이 깨끗하고 따뜻하며 전등까지 달린 좋은 집이었다. 우리는 이렇게 살았다. 학교 시절에 비해 변한 것이 있다면 집안 일을 남 못지않게 잘 할 수 있게 된 것이었다. 남편은 꼼꼼하고 부지런한 사람이어서 나에게 항상 잔소리를 해 대는 통에 나는 '주부 학원'을 졸업한 것 이상으로 철저하게 경험을 쌓았다. 그러나 남편은 질투가 심하고 여러 사람들이 모여서 즐기는 걸 싫어할 뿐만 아니라 춤도 못 춘다. 모처럼 영화를 보러 가려면 몇 번을 졸라서야 겨우 한번 가게 된다. 처음엔 파티에 가거나 여러 사람과 어울리고 싶은 마음이 굴뚝 같았다. 그러나 남편은 내가 저녁에 집을 비우는 것을 싫어하는 것 같아서 나중에는 외출할 마음이 싹 달아나 버렸다.

어느 날 저녁. 영화를 보고 10시쯤에 한 남자가 나를 우리 집까지 데려다 준 적이 있었다. 그는 단지 아는 사이일 뿐이었다. 그랬더니 남편이 "누구지? 어디서 뭘 하지? 어떻게 알게 됐지?" 하고 꼬치꼬치 물으며 나를 괴롭혔다. 그리고 마지막으로 "그 남자 괜찮은데?" 하며 비웃었기 때문에 나는 끝내 화를 참지 못하고 결국 남편과 한바탕 부부싸움을 벌여야 했다.

그 뒤로 난 '어차피 같이 살기로 결심하고 사는 건데 하찮은 일로 서로 마음을 상하게 할 필요가 없다. 아이를 생각해야지.' 하고 너그러이 마음먹고 남편의 말을 존중하게 되었다.

남편은 내가 퇴근한 뒤 회의에 참석하지 않도록 회사의 사장님에서 각별히 부탁을 했고, 뿐만 아니라 나무심기 운동이나 다른 여러 사람이 모이는 장소에 참여하지 않도록 신경을 써 주었다. 남편은 언제나 "여자란 애기 잘 키우고, 집안 일만 잘하면 된다."고 입버릇처럼 말했다. 나도 남편을 잘 챙겨주었다. 그가 내게 호의와 관심을 가져 주는데 내가 어떻게 나쁜 마음을 먹거나 나쁜 행동을 하겠는가? 나도 남편에게 최선의 내조를 하기 위해 무진 애를 쓰게 되었다.

그런데 이상하게 배가 불러도 마음이 고프고, 먹을 것이 넉넉해도 식욕이 떨어지고, 기다릴 것도 없는데 뭔가를 초조하게 기다리게 되는 우울증에 빠져버렸다.

인생에서 배우자를 찾아서 결혼한다는 것은 좋은 일이다. 결혼한 뒤 사랑의 결실로 아기가 생기는 것 또한 좋은 일이다. 그런데 그 다음엔 무엇을 해야 하지? 이런 생각에 이르면 갈 길이 보이지 않고, 낯선 길을 걷다가 해가 진 것같이 막막한 느낌이 들곤 했다. 남편을 싫어해서, 다른 남자를 원하기 때문에 그러는 것도 아니다. 자기 자식을 귀찮게 여기고

독신의 즐거움과 편안한 삶을 바라는 것도 아니다. 뭔가 늘 부족한 것 같은 느낌이었고 '어떻게 하면 좋아질까?' 하는 질문을 항상 나 스스로에게 하게 되었다.

그러던 어느 가을 날. 나는 아주 우연히 건초(乾草)를 준비하는 일에 참가하게 되었다. 도청(道廳)에서 20여 명이 같이 가서 하는 일이었다. 우리는 먼 여행이라도 떠나려는 여행자들처럼 숙영지에서 잘 때 덮을 이불, 갈아입을 옷까지 준비하고 마음이 들떠 있었다. 두 대의 차가 건초를 준비할 곳에 도착하자마자 텐트 세 개를 지었다. 그 중 예쁜 무늬로 장식된 파란색 텐트에서 여자 다섯 명이 같이 생활하게 되었다.

일을 하려고 온 사람들이기 때문에 도착한 다음 날 바로 풀 베는 일을 시작했다. 풀을 작은 더미로 여러 개를 쌓는 한 팀, 쌓은 풀을 모아서 다시 큰 더미로 쌓는 또 한 팀으로 나누었다. 여자들은 풀을 베는 팀에서 작은 더미로 베어놓은 풀을 끈으로 묶어서 큰 더미로 쌓는 다른 팀에게 운반해 주기로 했다. 맡은 일을 이렇게 구분했다. 건초 준비하는 일을 돕기 위해 수도에서 몇 사람이 왔는데 그들 중에서 여섯 명이 우리 팀과 같이 일하게 되었다.

첫날에 나는 배가 불룩 나온, 앞으로 걷는 것보다 뒤로 걷는 듯한 갈색 말을 타고 작은 풀더미를 끌었다. 그날은 날씨가 참 좋았다. 나는 노란색 반팔 셔츠에 얼룩색 두건을 쓰고 화장을 예쁘게 한 채 일을 하러 나갔다. 전에 이런 일을 해 본 적이 없었기 때문에 처음에는 베어 놓은 풀을 줄로 묶지 못하고 당황했다. 그러나 몇 번 해 보면서 차츰 익숙해졌다.

어렸을 때 나는 '달랑'이라는 지역의 골짜기에서 양치기를 했었다. 그러던 어느 가을에 내가 가장 사랑하던 할머니가 돌아가셨다. 나는 할머니와 함께 자랐기 때문에 친어머니에 대한 사랑보다 더 깊은 사랑을 느끼고 있었다. 그 가을에 나는 '눈물을 쏟아져도 어쩔 수가 없구나, 건강하게 잘 있으면 만날 날이 오겠지'라는 노래를 부르며 할머니를 그리워했다. 눈물이 그치지 않던 슬픈 시절이었다. 쌓아 놓은 풀을 끌고 가다가 갑자기 울음이 나오려고 했다. 같이 일하던 친구들에게 눈물을 보이기 싫어 겨우 참을 수 있었다. 지금도 가을에 철새가 돌아갈 때, 바람이 살살 불고 게르 지붕의 천을 흔들 때, 나뭇잎이 떨어질 때면 나는 마음이 허전하고 쓸쓸해진다.

풀을 큰 더미로 쌓는 일을 했던 남자들이 나에게 '아크 타마크'라는 이름을 지어 불렀다. 그리고는 내가 작은 풀더미를 끌고 다가오면 "아크 타마크처럼 아름다운 여자가 어디 있느냐."라고 노래를 부르고는 양쪽에서 "여기요, 여기요." 하며 나를 가리켰다. 나는 끌고온 풀을 양쪽에 번갈아 갖다 주었다. 그들은 "지금 우리 순서다. 아니다, 우리 순서다."라고 서로 다투었다.

첫날이 이렇게 지나고 사람들은 자기가 해야 할 일에 차츰 익숙해져 갔다.

둘쨋날부터 작은 더미를 끄는 사람들끼리 할 일을 나누어서 한 팀은 큰 더미의 왼쪽에, 다른 한 팀은 오른쪽에 갖다 주기로 했다. '닥다'라는 남자가 나와 같이 풀을 끌게 되었다. 닥다는 키가 작고 힘이 약하며 덩치가 작았기 때문에 일감을 나누었던 남자들이 그에게 "넌 키가 작으니까 여자 팀에 들어가. 넌 여자 팀 팀장이다."라고 농담을 하곤 했다. 닥다는 짧은 꼬리를 가진 흰 말을 타고 나와 같이 풀을 끌게 되었다. 닥다는 힘이 센 남자들과 비교할 만한 덩치는 아니어도 일할 때는 여자들한테 뒤떨어지지 않으려고 무진 애를 썼다. 내가 작은 풀더미를 끌고 옆을 지나갈 때 닥다가 손가락을 꼽으며 뭔가를 열심히 세고 있었다. '몇 개를 갖다 주었는지를 계산하고 있구나.' 하고 눈치를 채서 나도 내가 갖다 주었던 작은 풀더미를 곰곰이 헤아려 보았다. 열심히 해서 닥다보다 많이 날라다 주고 남자인 그를 우습게 만들어야겠다고 생각하니 마음이 몹시 분주해지기 시작했다. 먼저 날라다 준 풀을 쌓는 일이 덜 끝났는데 다음 풀더미를 갖다 주면서 '빨리 해라.' 하고 큰더미 쌓는 남자들을 재촉했다. 내가 갖다 준 풀은 도시에서 온 '나이당'이라는 남자가 주로 받았다.

나이당은 몸이 튼튼하고 말수가 적고 얌전한 남자였다. 내가 가져 온 풀을 쇠스랑으로 들어 올리는 모습은 민첩하여 정말 믿음직스러웠다. 들고 있던 풀을 큰 더미에 올려놓을 때도 마치 솜이불을 만들 듯이 골고루 잘 펼쳐 반듯하게 쌓아놓았다. 나이당은 다른 사람들보다 일머리를 잘 알아서 손쉽게 일을 했고, 너무 익숙한 그의 손놀림은 편안해 보이기까지 했다. 나이당과 같이 일하는 사람은 '다쉬'인데, 그는 지금까지 일이라곤 거의 해 본 적 없는 사람 같았다. 나이당이 옮기는 풀더미의 절반도 안 되는 크기를 옮기면서도 다쉬는 쇠스랑으로 옮길 때마다 힘들어 낑낑댔다. 쌓아올리기는커녕 옮겨 놓은 풀더미가 제자리를 잡지 못하고 다시 무너져 내리기도 했다. 그때마다 밑에서 양손으로 받치고 서서 "나이당 씨 빨리 도와줘, 큰 일 났다." 하고 외친다. 또 어떤 때는 손에서 쇠스랑을 놓쳐서 풀과 같이 던져 버리곤 했다. 그렇지만 다쉬는 일을 못 하면서도 아주 익살스러운 성격이었다. 마음이 급하고 힘겨워했지만 너무 진지했다. 나는 다쉬를 보고 웃느라 시간을 한참 허비할 때도 있었다.

—당신들은 일을 안 하고 뭐하는 거예요? 빨리 좀 해요.

—아크 타마크 씨가 가져다 준 풀더미는 다 옮겼어요. 우리는 이렇게 일을 잘 하는데 당신은 뭐가 불만이오? 자 보세요.

하면서 다쉬가 풀을 찌르려고 힘을 썼지만 아주 조그만 양의 풀을 들었는데, 또 그나마 무릎이 후들후들 떨린다. 역시 다쉬는 일이라곤 해 본 적 없이 귀하게 자란 외동아들이 틀림없을 것이다.

닥다와 나는 서로 가져다 준 작은 더미 수를 헤아리는 것을 서로 감춘 채 열심히 일을 했다.

벌써 점심시간이 다가왔다. 점심시간 전에 4번을 더 가져다 주지 않으면 나는 닥다보다 뒤떨어질 것 같은 느낌이었다. 풀을 옮겨 갔을 때 나이당이 뭔가 담긴 잔을 가져왔다.

－이거 마셔요.

아이락[19]이었다. 한창 목이 마르던 차에 나는 말안장에서 조금 일어서서 단숨에 마셔 버렸다. 내가 아이락을 마시고 있는 동안에 나이당은 한 손을 허리에 걸고 나를 물끄러미 쳐다보고 서 있었다. 가는 실눈인데다가 태양 쪽을 향해서 나를 보려고 했기 때문에 양 눈을 거의 감고 얼굴을 찡그린다. 머리 위에는 풀과 머리카락이 구별할 수 없을 만큼 섞여 있어 마치 고슴도치처럼 보였다. 나이당은 그것을 전혀 모르는 것 같았다. 아니면 외모에 관심이 아예 없는 것 같았다. 코끝엔 땀이 송글송글 맺혀 있다. 내가 아이락을 마시고 빈 잔을 돌려주면서 "나이당 씨 고마워요." 했더니 그는 살짝 웃으며 돌아갔다. 나는 뒤에서 그를 한동안 바라보고 서 있다가 돌아섰다. 닥다는 풀 옮기는 것밖에는 다른 생각이 전혀 없는 것처럼 쉴 새 없이 오갔다. 타고 다니는 말도 땀을 뻘뻘 흘렸다.

－닥다 씨! 점심시간 되었는데 그만 갑시다.

－먼저 가세요.

닥다는 나의 말조차 무시했다. 원래 나는 닥다를 먼저 보내고 남았다가 한 번이라도 더 갔다 올 심산이었다. 그러고 보니 닥다도 나와 꼭 같은 생각을 하고 있었나 보다. 같이 일하던 사람들이 점심을 먹기 위해 텐트로 돌아갔다. 그래도 닥다는 풀을 옮기고 있다.

---

19) 마유주(馬乳酒)라고도 하며 말 젖을 발효시켜서 만든, 우리 나라의 막걸리와 비슷한 술이다.

'지금 끌고 있는 풀을 갖다 놓고 점심 먹으러 가겠지'라고 생각했지만 닥다는 아예 갈 생각을 하지 않는 것 같다. 끌고 왔던 풀을 내려놓고 말 안장 줄을 고쳐 묶고는 다시 풀더미를 끌려고 가 버렸다. 배도 고프고 또 몹시 피곤해 있던 나는 속으로 짜증이 났다. 심지어 마음속에서 '저 억척 스런 난쟁이!' 하는 욕이 나왔다. 사람들이 텐트 옆에서 "빨리 와서 밥 먹어. 닥다 씨, 당신도 아가씨를 더 이상 붙잡지 말고 빨리 보내요. 밥은 먹고 해야지." 하고 외친다. 닥다와 내가 작은 풀더미를 각자 하나씩 끌고 오는데 나이당과 다쉬가 앞에서 달려왔다. 나이당이 내 말고삐를 받고 다쉬는 닥다의 말고삐를 빼앗아 끌고갔다.

　─봐요, 난 사람에게 끌려가는 어린 애가 아니에요.

　라고 화를 냈더니 나이당은 못 들은 척하며

　─화났어요? 그럼 내 머리를 때려요. 그러면 화가 금방 풀릴 겁니다.

　하며 고슴도치 같은 자기 머리를 들이밀었다. 나는 웃음을 터뜨리며 가볍게 나이당의 머리를 쥐어박았다.

　닥다와 내가 사람들이 모인 곳으로 가자 그들은 두 사람에게 일을 열심히 했기 때문에 '노동영웅'이라는 칭호를 내리게 되었다. "지금부터 건초 준비 팀의 팀장 명령을 읽도록 하겠습니다." 하며 관리가 종이 한 장을 꺼내 읽고 나서 만세를 불렀다. 이어서 "우리는 영웅들을 귀빈같이 대접을 해야 된다. 빨리 밥상 차려요." 하며 야단들이었다.

　이렇게 우리 두 사람은 억지로 한 자리에 앉혀져서 다쉬가 엎드려 자기 등으로 밥상처럼 만들었다. 나이당이 식탁보를 가져 와서 다쉬의 등에 깔자 여자 두 사람이 밥을 가져 와 올려놓았다. 모두 한바탕 웃으며 즐겁게 점심시간을 보내고는 다시 일을 하러 나갔다.

　점심이 끝난 뒤에도 나는 다쉬에게 뒤떨어지지 않으려고 열심히 일을 하느라 시간이 어떻게 지나갔는지를 몰랐는데 이미 해가 지고 일을 마칠

시간이 되었다. 같이 일하던 사람들도 몹시 피곤했던지 다들 큰 풀더미 밑에 앉아서 삼삼오오 짝을 지어 노래를 부르기도 하고 대화하기도 했다. 나도 동료들이 있는 곳으로 갔다. 나이당이 끝자리에 앉아서 입에 풀을 물고 콧노래를 하고 있었다. 나는 그 옆에 앉아서 말했다.

—나이당 씨, 좋은 노래 한 곡 불러 줘요.

—무슨 노래를 부를까요?

—나는 사랑에 대한 노래를 좋아하거든요. 그걸 들려줘요.

—그래요. 그럼 나는 미리 상을 드릴께요.

서로 아우성이더니 누군가가 주머니에 있던 사탕 한 개를 꺼내 나이당에게 건네주었다.

—고맙습니다.

나이당이 그 사탕을 받아서 앞주머니에 넣었다. "흘러가는 강물 소리 같은⋯⋯." 나이당이 슬픔에 잠긴 듯 한 표정으로 나지막이 노래를 부르기 시작했다. "내 사랑의 노래를 받아요."라고 동료들이 함께 노래를 따라 불렀다. 우리는 노래를 부르며 텐트 쪽으로 향했다.

저녁이 되자 동료들은 함께 놀러 나갔다. 하지만 나는 워낙 피곤해서 일어날 수도 없었다. 우리 텐트에는 도시에서 온 여자 의사가 있었다. 그도 힘이 들었던지 놀러 나가지 않고 나와 같이 있었다. 우리 두 사람이 낮에 한 일에 대해 이야기를 나누고 있었는데, 닥다가 뛰어들어 왔다.

—당신들은 왜 같이 놀지 않는 거죠?

라고 물어보더니 닥다가 자기 팔을 내밀었다.

—이거 좀 봐 줘요. 팔꿈치가 이상하게 아파요.

의사의 이름은 '갈초'였는데, 닥다의 팔꿈치를 여기 저기 더듬어 보고 팔을 움직여 보더니 "아무 일 없이 괜찮은데요." 했다. 나는 속으로 '못생긴 게 예쁜 여자는 좋아하구나.' 하며 속으로 웃었다. 그러더니 닥다가 갈초에게 더 가까이 다가가며 다시 물었다.

　―정말 괜찮아요?

갈초가 내게 눈을 돌리며 수줍게 웃었다.

　―오늘밤이면 괜찮아질 거예요. 가서 열심히 노세요.

갈초가 닥다의 팔꿈치에다 뽀뽀를 해 주었다.

　―알겠습니다. 그럼 됐어요.

닥다는 신이 난 아이처럼 뛰어나가다가 그만 텐트 줄에 걸려 넘어지고
말았다. 닥다가 나가자마자 갈초가 나를 보며 말했다.

　―아파서 온 게 아니에요. 그냥 나를 보려고 오는 거죠.

　―언니, 닥다랑 잘 아는 사이예요?

　―모르셨어요? 제 남편이잖아요.

　―아, 그래요?

나는 아무 말도 못 했다. 다정한 부부 사이가 너무도 부러웠던 것이다.

그 일이 있은 뒤부터 갈초와 나는 사이좋게 지내게 되었다. 갈초가 말
안장에 앉아 하얀 이를 내보이며 웃는 모습은 같은 여자인 내가 보아도
너무 아름다웠다. 갈초는 몽골 사람들이 예쁜 여자를 이를 때 늘 하는 말
처럼 '화가가 그려놓은 여인' 같았다.

셋쨋날 오전에는 비가 와서 일을 하지 못했다. 도청에서 청년회장이라
는 젊은 남자가 와서 우리 건초 준비 팀의 건초 준비 진행 정도를 보고
다른 건초 준비 팀들과 비교해서 빠른 진척을 축하해 주었다. 그는 우리
건초 준비 팀의 일 진행을 보며 특히 잘한 사람들에게 격려와 축하를 해
주고, 앞으로 더 열심히 일해 줄 것을 부탁했다. 축하를 받은 사람들 명단
에 내 이름도 어엿이 끼어 있었다. 나는 내가 이런 조그만 일에 그토록 기
뻐하는 사람이었다는 사실을 미처 몰랐다. 이 사건이 내내 내 가슴을 뿌
듯하게 했다. 내가 갑자기 크게 변한 것 같은 느낌이었다. 아니, 변한 것

까지는 아니더라도 나는 아직 젊다는 것을 다시 생각할 수 있는 계기가 되었다. 아직 늙은 나이도 아닌데 생각은 이미 늙은 사람과 같이 하는 것은 옳지 못하다. 자기의 젊은 꿈을 접어 버리고 이미 삶의 최고 목적을 달성했다는 듯이 만족해 하는 것은 옳지 못하다는 것을 알게 되었다.

오후에 날씨가 맑아졌다. 오전을 그냥 보내 버린 탓에 전날만큼의 일을 하지는 못했지만 우리는 적지 않은 양의 일을 했다.

넷쨋날이 되었다. 이날부터 나이당이 이상하게 내 마음을 본격적으로 흔들어댔다. 나는 스스로를 나무랐다. "체렝! 너 지금 뭐 하는 거냐?" 스스로를 책망하면 할수록 내 자신이 미워졌지만 마음의 폭풍은 어떻게 가라앉힐 수가 없었다. 나는 그냥 마음 내키는 대로 따라가기로 마음먹었다.

저녁에 일을 마치면 주로 친구들과 운동을 하거나 노는 자리를 가졌다. 주로 노래를 배우는 시간이 많아졌다. 대여섯 사람들이 둘러앉아서 노래를 불렀다. 노래를 부르다보면 스스로 자기 노래에 심취해 마음이 애절해지는 것 같았다. 학교 다닐 때부터 나는 쉽게 감동하고 쉽게 흥분하는 사람이었다. 대학을 졸업하고 가정을 이룬 3년 동안, 나는 좋은 것과 나쁜 것을 함께 배운 셈이다. 이렇게 살면 안 된다, 저렇게 살면 안 된다는 잔소리를 항상 듣다 보니 나도 모르는 사이에 이렇게 변하게 된 것이다. 친구들은 함께 노래하고 떠들고 있지만 나는 그들과 따로 앉거나 같이 앉아서도 마음껏 노래하지 못하고 마음속으로만 따라 부르는 정도였다. 말을 아끼고 조용하게 앉아 있는 것, 이런 품위 있는 자세를 가지는 것이 명예를 지키는 유일한 방법이라고 생각했다.

ㅡ체렝 씨, 우리 같이 불러요. 왜 그렇게 침울하게 보여요?

나이당이 말을 걸어왔다. 사람들의 눈에도 내 모습이 우울해 보인다는 사실을 깨달았다. 어느 저녁엔 나 혼자서 쉬지 않고 노래를 불렀다. 이를 본 동료들이 "정말 잘 부른다. 목소리가 정말 좋아." 하고 칭찬했다. 나는 그 말에 신이 나서 그날 저녁에는 마음 놓고 노래를 불렀다. "마음껏 노래해요. 노래는 많이 부를수록 좋은 거에요."라고 나이당이 나에게 말하고는 새로운 노래 서너 곡을 가르쳐 주었다. 이를 계기로 나중에는 내가 노래를 배우기 위해 나이당을 쫓아다니게 되었다. 어떤 때는 잠들 때까지 나이당과 같이 노래를 부르기도 했다.

일곱쨋날. 우리는 다른 날보다 일을 많이 했다. 나는 몹시 피곤했기 때문에 친구들과 같이 놀지 못하고 일찍 잠자리에 들었다. 쓰러질 때까지 일을 하고 맑은 공기를 마시며 편하게 깊은 잠에 빠져든다는 것은 쉽게 맛볼 수 없는 행복 중의 하나이다. 이곳에 오고 나서 나는 음식을 가리지 않고 잘 먹게 되었다. 얼굴이 햇빛에 조금 탔지만 안색도 좋아지고 살이 좀 찐 것 같기도 하고, 마음과 몸이 가벼워지며 항상 긍정적인 생각을 하게 되었다. 그래서 '내일부터 친구들과 같이 마음 놓고 어울려 놀아야지.' 하고 마음먹었다.

어느 저녁에 우리는 술래잡기 놀이를 했다. 나는 쥐가 되고 나이당이 고양이가 되었다. 놀이 규칙은 고양이는 쥐를 쫓아다니고 잡아야 한다. 나이당은 보폭을 너무 크게 뛰어서 빨리 쫓을 수는 있지만 내가 요리조리 재빨리 피하면 방향을 잡지 못하고 기우뚱거렸다. 그래서 나는 나이당에게 잡히지 않고 얼마든지 뛸 수 있었다. 그러나 순서를 기다리고 있는 동료들을 생각해서 적당한 시간이 되어서 나는 일부러 잡혀 주었다. 나이당이 내 어깨를 잡고 놓지 않았다. 어깨를 잡힌 채 나는 나이당의 몸 위로 넘어졌다. 순간, 나이당의 힘센 손이 마음에 들었다.

건초 준비 하는 열흘이 훌쩍 지났다. 이날 풀 위에 벗어 놓은 나이당의 웃옷을 보는 순간 갑자기 집에 돌아갈 날이 닷새밖에 남지 않았다는 생각이 들어 다시 마음이 초조해졌다. 내가 나이당을 좋아하게 되었나 보다. 그래서인지 나는 마지막 5일 동안은 거의 5년 동안 못했던 생각을 한 것 같았다.

가을의 쓸쓸한 바람, 가슴을 두근거리게 하는 풀 향기, 동료들의 활기찬 웃음소리. 이런 것들이 내 관심을 끌지 못하고 오직 컴컴하며 무거운 생각이 온 몸을 칭칭 감고 있는 것 같았다. 내가 마치 거미가 쳐놓은 그 물망에 걸려든 벌레 같다는 생각을 했다.

대체 무슨 인연으로 그 사람과 여기서 만나게 되었을까? 사랑이라는 것이 이렇게 쉽게 찾아오는 것일까? 누구를 사랑하는 일은 서로를 잘 알고 난 다음에 서서히 오는 게 아닌가? 아마 이런 것은 일시적인 호감일 뿐 사랑이 아니겠지. 서로 마음에 들어 하는 것이 나쁜 일은 아니지만, 마음에 든다고 다 사랑에 빠졌다는 것은 아니지.

나이당을 볼 때마다 내가 생각했던 이상형이 바로 눈앞에서 살아 움직이고 있다는 느낌이었다. 그때마다 가슴이 설레고 내가 사랑에 빠졌다는 사실을 차츰 깨닫게 되었다.

집에 돌아갈 날이 가까이 다가올수록 나이당에 대한 생각이 깊어갔다. 일을 하는 낮에도 잠을 자는 밤에도 오직 나이당만을 생각하게 되었다. 때로는 남편과 나이당을 비교해 보기도 했다. 남편은 쉽게 화를 내고, 이기적이고, 여러 사람과 잘 어울리지 못하고, 생각이 깊지도 않고, 남을 믿지 못하는 성격이다. 이에 비해 나이당은 어떤가. 얌전하고, 대인관계도 좋고, 항상 즐거운 사람이다. 생각이 깊어질수록 나는 내 가정을 버리고 내 욕망대로 살면 안 될까 하는 엉뚱한 생각이 들기도 했다. 나이당 말고 더 중요하고 필요한 것이 없어져 버린 것이다.

머리가 멍해질 때까지 나이당을 생각하다 보면 "내가 왜 여기 왔을까?" 하고 후회하는 마음이 일어나기도 했다. 나는 나이당을 사랑하지만 나이당은 나를 어떻게 생각하는지 알지 못한다. 나와 대화를 나눌 때나 노래를 할 때 보면 나를 각별히 좋아하는 것 같다. 그런데 다른 사람들과 대화하는 것을 보면 또 그 사람하고 좋아하는 사이인 것 같다. 다른 사람도 나처럼 나이당을 좋아한다면 그들도 나처럼 나이당에 대해 기대하는 것이 있을 것이다. 그렇지만 나이당이 오직 나만을 좋아할 것이라고 믿었다. 누가 뭐라고 하든 나이당은 남들과 다르게 나에게만 특별히 관심을 가진다고 믿었다. 내가 스스로 마음을 속이고 있는 것은 내가 그를 너무 좋아하기 때문이다. '그 사람도 나를 사랑했으면…….' 하는 생각이 간절하기 때문이다.

뻐꾸기가 울어 고요한 숲속의 모든 자연이 깨어나듯이 산뜻했다. 이번 행사 참여는 내 삶에서 각별했다. 이제는 집으로 돌아가고 싶었다. 그림은 너무나 일상적인 삶에 빠져 살던 나에게 새로운 용기를 되찾아 주며, 마음 속을 밝은 빛으로 항상 비추어 주는 별이 되어주는 사람으로 나이당을 오래도록 내 안에 간직하며 살고 싶었기 때문일 것이다. 그래서 나는 '나이당이 나를 사랑한다'는 행복한 생각이 사라지기 전에, '나이당이 나를 사랑하지 않는다'는 것을 알기 전에 빨리 집에 돌아가고 싶은 것이다. 그리고 그 소중한 사랑의 감정을 간직하며 사는 것이 최고의 행복이라고 생각했다. 하지만 그럴수록 시간은 더욱 느리게 흘러갔다.

드디어 우리가 건초 작업을 하는 마지막 날이었다. 나이당이 우리 텐트에 찾아왔다. 뭔가를 말하고 싶은 모습이었다. 집에 가기 전에 어떤 식으로든 부디 상처를 받지 않았으면 좋을 텐데……. 내가 남에게 피해를 준 일이 없었기 때문에 그의 말을 가만히 기다리고 있었다. 나이당이 아무 말 없이 옆에 앉았다.

－당신, 결혼했어요?

나이당의 이런 질문이 너무도 뜻밖이어서 나는 당황했다.

－네.

－나도 결혼했어요. 아내는 지금 유학중이구요. 아내가 그리울 때 '내

사랑의 노래를 받아라'를 노래합니다. 또 의젓한 아들도 하나 있어요. 건
초 준비하는 동안 우리 둘은 좋은 친구가 되었어요. 난 당신이 나에 대해
어떻게 생각하는지 짐작하고 있어요. 하지만 우리 두 사람 모두 서로를
좋게 생각하는 것 말고 다른 것이 더 있으면 안 됩니다. 나도 당신을 사
랑하지만 그건 당신이 안쓰러워서 그런 거예요. 그리고 그건 엄격하게
말하면 연민이지 사랑은 아니에요. 이렇게 생각하니 무겁고 복잡하던 내
마음이 상쾌해졌어요.

　-네. 우리 두 사람이 서로에 대해 좋은 추억으로 남을 수 있다면요.
　나는 나이당이 하는 말을 두고두고 되새김질했다. 그리고 그때마다 나
도 모르게 한숨을 쉬었다.

　-나는 당신을 만나 사이좋게 지내게 되었다고 아내에게 편지를 쓸 거
예요. 그리고 유학을 마치고 돌아오면 아내를 당신에게 소개하고 싶어요.
당신도 남편에게 내 이야기를 잘 해 줘요. 우리 모두 형제들처럼 친구가
되면 좋겠네요. 친구는 많을수록 행복하니까요. 편지 꼭 보내주시고요.

　나이당이 나에게 연락처를 적은 쪽지를 주었다. 그리고 "나는 당신을
내 동생이라고 생각해요. 뽀뽀 한 번 해 줄께요."라고 말했다. 나도 마음
편하게 그것을 받아 들었다. 그리고 악수를 하고나서 텐트에서 나왔다.
동료들이 배구를 하고 있었다. 우리 두 사람도 그들과 어울려 놀았다.

　출장 기간이 끝나고 우리 일행이 각자 집으로 돌아가게 되었다. 그곳
에 남은 동료들은 마치 친척을 멀리 여행 보내듯이 서로를 끌어안고 눈
물까지 흘렸다. 갈초와 닥다가 양쪽에서 나에게 뽀뽀를 해 주고 차가 출
발할 때 남은 두 사람은 한참을 뒤따라 뛰어왔다. 나도 참지 못하고 눈물
을 흘렸다. 갈초와 닥다는 외모가 전혀 다르지만 한 마음으로 잘 어울렸
다. 그래서 모든 사람들의 사랑을 받는 부부였다. 나는 비로소 좋은 사람

이 무엇인지를 알게 되었다. 또 행복한 가정이 무엇인지도 알게 되었다.

집까지 가는 두 시간 동안 나는 많은 것을 생각했다. '우리 가족도 남들이 부러워할 만큼 잘 살 수 있다.'

저녁 7시쯤 기쁜 마음으로 집에 도착했다. 저녁을 준비하는데 내가 마치 새 신부가 된 듯했다. 노래까지 부르며 저녁을 지었다.

건초 준비 하러 갔던 이 짧은 기간 동안에 우리 가족에 대해 많은 생각을 할 수 있었던 것이다. 부족한 것이 많다는 것을 깨닫고, 우리의 결점에 대해 남편과 많은 대화를 나누겠다고 생각했다. 꽃이 피기 전에는 그 아름다움을 알 수 없듯이, 행복한 가족도 여러 사람들과 어울려 보아야 그 아름다움을 알 수 있다.

나는 "여러 사람들과 어울리자. 사회활동에도 참여하자. 서로는 물론 다른 사람을 서로 믿고 살자. 노래도 하고 마음 놓고 같이 놀자."고 남편을 설득했다. 남편은 내 이야기에 귀를 기울이며 잘 들어 주었지만, 며칠 동안 아무 말 없이 얼굴을 찌푸리고 살았다. 그 표정을 보고 나는 남편이 자기 잘못을 깊이 반성하며 다닌다고 생각해 기쁜 마음으로 계속 설득했다. 그러던 어느 날 아주 작은 일에서 싸움이 시작되었다. 그렇지만 그동안 마음속에 담아 두었던 감정들을 다 쏟아내었다.

ㅡ넌 건초 준비하러 간 후부터 마음이 변했어. 시간만 나면 노래하고……. 네 마음이 여기에 있는 것이 아니라 다른 곳에 있는 것 같아. 나 이당이라는 놈과 입을 모아서 내 흉을 보고 왔나? 너는 분명히 그런 일만 하고 왔을 거야. 여러 사람들과 어울리자고 교육을 받고 왔구나. 그것이 바른 길이다 이거지. 그렇다면 이 세상에 아무짝에도 쓸모없는 놈은 나뿐이네. 내가 네 소원대로 눈에 띄지 않는 곳으로 가 줄께.

남편이 손에 잡히는 대로 닥치는 대로 물건을 집어 던지는 통에 집안은 온통 난리가 났다. 나는 방 한 구석에 앉아서 눈이 퉁퉁 붓도록 울었다. 아쉽게도 남편은 하얀 우유처럼 순수한 내 마음을 알아주지 못했다.

깜깜한 방구석에서 혼자 울고 있었지만 내 귀에는 여전히 여러 사람들의 웃음소리가 들리는 듯했다. 동료들과 같이 준비했던 큰 풀더미가 넓은 초원에 우뚝 솟아 있었다.

그렇지만 모든 것이 다 끝난 것은 아니다. 아직 해가 질 시간은 멀었다. 나는 오직 즐겁게 살고 싶었을 뿐이다. 좀 더 평화롭고 행복한 삶을 꿈꾸었을 뿐이다. (1962)

땅거미가 내릴 무렵

데 . 바트 바야르

오트거 역

맞은편 벽면에 무엇인가 까만 것이 보였다. 쇠파리라고 하자니 쇠파리보다는 커 보이고, 혹시 소호르 벌레[20] 아닌가 싶었다.

놈의 신경을 거슬리게 하면 지독한 냄새를 풍긴다는 이야기까지 갑자기 떠올랐지만, 그러나 후레[21]에서 어떻게 이런 벌레가 나올 수 있겠는가 강한 의문이 들었다. 고비사막에서나 나오는 벌레가 아닌가?

어느 해 라 왕의 왕비가 속이 불편하여 아무것도 먹을 수 없게 되자, 의원 체벵랍당이 그 벌레를 먹으면 치유할 수 있다고 하여, 고비사막까지 사람을 보내고, 벌레를 잡아 가지고 와서 그대로 삼켰다는 소문이 한동안 후레 부녀자들의 입에 오르내리던 기억이 나서 도대체 무엇인가 싶어서 가까이 다가가 보았다. 한번도 본적이 없는 것이었으며, 다리는 검

---

20) 고비사막에서 사는 일종의 곤충 이름
21) 몽골의 수도 이름

은색과 갈색인지 뚜렷이 구별하기 힘들었고, 쌍뿔을 꿈틀거리며, 여러 개의 다리를 좌우로 움직이면서 벽 위를 기어가고 있었다.

옳거니! 그렇다면 이 진귀한 벌레를 칸에게 상납하면 얼마나 기뻐하시겠는가? 칸과 왕비는 온갖 진귀한 것들을 수집하고 보여주는 것을 즐겨하는 취미가 있기 때문에 내가 칸에게 선물한 벌레를 사람들에게 보여주고 이름이 무엇이냐고 물으면 이름을 잘 알더라도 바로 말하면 행여 잘못될까봐 대부분의 왕의 둘레에 사람들은 바른 대답하기를 꺼려할 것이다.

절친한 사람으로서 고 왕이 말을 한마디 할 테고…… 그러면 칸과 왕비는 뭐라고 할지 궁금하다. 벌레 이름을 아는 사람이 없으니, 굉장히 진귀한 것이라 여겨 혹시 산호와 진주를 토해내는 신기한 벌레로 여길 수도 있고, 너무나 신비로운 것을 받았구나 하여 나한테 많은 재물을 하사하고 벼슬을 주면, 딴 놈들이 벌레를 주고 벼슬에 올랐다고 놀려댈 테지…… 그렇다고 해서 내가 받은 벼슬을 내놓을 수는 없겠지. 어떻게 얻은 벼슬인데…… 나는 벌레를 물끄러미 바라보았다. 그러고 보니 머리는 보석처럼 반짝이는 검은색이며, 몸은 한 점의 티도 없이 미끈하였다.

아니, 이게 정말 산호와 진주를 토해내는 신비로운 벌레이면 어찌하겠는가…… 가르디[22] 게움이란 보석이 있기는 하지만, 만약 그게 사실이면 너무 아깝겠다는 생각이 들어, 벌레의 주둥아리와 배때기까지 일일이 확인하려고 코끝이 스칠 정도로 가까이 가면 놈이 역한 냄새를 풍기고, 이게 뭐냐고 인상을 찌푸리며 물러났다가 슬며시 다시 다가가 냄새를 맡으면, 그 냄새가 계속 역겹게 풍겼다. 거기다가 꾸불꾸불한 여섯 개의 다리에는 우글우글 털이 나 있거니와 색깔이 반짝이기는커녕 검지도 아니하며 썩은 고기 색처럼 우중충한 흰색이었다.

---

22) 새의 왕이라고 설화에 나옴

아무리 살펴보아도 보석을 토해낼 것 같지 않다고 깨달은 후 티벳 놈들은 천성이 고약하다고 하면서, 자칫하면 일부러 이런 짓을 했다고 당장에 벼슬과 돈을 뺏어 버릴 수도 있지 않을까 하는 걱정이 되기도 했다. 별안간 놈이 혹시 옷이나 침대에 붙어 있다가 내 몸을 물지도 모른다는 생각이 들자 놈을 죽이려고 신발 한 짝을 번쩍 들어 내려치려다 그만두었다. 혹시 신발 밑창에 붙어 버리면 떨어지지 않을 것이 아닐까 염려되어서였다. '만약에 이런 일 때문에 왕을 예방하다가 잘못되면 큰일이니 일단은 그만두자. 죽이지 않고 멀리 내다 버려야겠다. 모르는 놈을 잡아서 무엇하랴. 죽일 필요도 없는 놈을 죽여서 수 산신을 거슬리게 하여 분노케 하면 어찌하겠는가.' 생각이 꼬리를 물었다.

종놈을 불러서 버리라고 해야겠다 생각했다가 바로 부르기 전에 '이게 무엇이냐고 물으면 뭐라고 대답할까? 벌레라고 할까? 짐승이라고 할까? 내가 모르는 것을 종놈이 안다고 쳐도, 이놈이 나중에 벌레 보고 무서워서 저를 부르더라고 소문을 퍼뜨려 버리면 체 왕과 왕비가 나를 옹졸한 놈이라고 쳐다보지도 않을 테고……. 그렇게 되면 내 체면이 무엇이 되겠는가. 그리고 버리자니 멀리 버릴지 안 버려야 할지 알 방법이 있겠는가. 설령 버리지 않고 둔다 해도 이놈의 벌레가 제자리에 가만히 있을 리 없겠지.' 하는 생각에 그만 두고 말았다.

나중에 여기서 병이나 생기면 이 벌레가 원인일 수도 있고, 직접 나가서 처리하는 게 낫다 싶어서 성냥 한 통을 다 비우고 나서 벌레가 가는 길에 놈이 넘어지게 맞춰 들었다. 벌레가 서서히 기어 와서 털같은 뿔을 올리고 더듬다가 말고, 잽싸게 벽으로 올라가 버렸다. 다시 성냥통을 가져다 두면 또 돌아가 버렸다. 몇 번이나 거듭해 보았지만 속지도 않는 걸 보면 놈의 뿔에 뭔가 신비스러운 장치가 있는 것이 틀림없었다. 놈의 뿔을 잘라 버려야겠다는 생각을 하는 중 새로운 방법이 떠올랐다. 성냥통을 그 위에서 덮어 놓고 있다가 살짝 덮으면 제 놈이 어디 갈 데가 있겠나 싶어 해 보면 또 비어 있었다. 다시 덮어놓았다. 별 차이가 없었다. "빌어먹을 놈! 때리다가 그 다리를 묶어 놓고 가둘 놈!" 하고 중얼거리며 성냥통을 다시 가던 길에 세워놓고 가까이 가도록 뒤에서 후후 불었다. 그래도 달아날 뿐 별 소용이 없었다. 그런데 이번에는 놈이 벽에 딱 붙어서 한동안 가만히 있다. 다른 수가 없기에 그만 둘까 하다가 갑자기 '날은 어두워지는데, 이놈이 천정에 붙어 있다가 밤중에 뚝 떨어져 입이나 코 속으로 들어오면 어찌하겠는가?' 하는 걱정이 들었다.

그러면, 밖에다 게르[23])를 하나 지어달라고 해서 오늘 밤은 거기서 잘까, 그런데 이대로 이놈을 놓아 두면 어디로 갈지도 모르고 같은 놈이 생기는 것이 아닌가 싶어 큰 그릇에다가 가두어 둘 방법은 없나 하고 둘러보니 모자를 넣어 놓는 황동장식의 무늬 상자가 눈에 띄었다. 일어나 상자 속에서 벼슬장식이 딸린 모자를 꺼내 침대의 머리 부분에 있는 서랍에 갖다 놓고 그 상자를 벽 밑에 대었다가 곰방대 머리로 확 당기니 그 안에 벌레가 갇혔다. 얼른 상자 뚜껑을 쾅 닫고 "이놈이 이제 감옥 맛을 좀 보겠지." 하고 쇠를 잠가 버렸다. 그런 뒤에 한숨을 내몰아 쉬고 나서 들고 있던 곰방대를 물고 빨다가 갑자기 '아차! 곰방대가 놈의 몸에 닿았었지.' 싶어 바로 성냥불을 켜서 불로 태워 소독을 하듯 몇 바퀴 돌린 뒤에야 안심하고 곰방대를 빨았다. 그리고 상자를 지키는 듯 앉아 있다가 상자 뚜껑을 조심스레 열어 보았다. 놈이 상자 한가운데에 붙어 있었다. 뚜껑을 쾅 닫고 상자를 안고 나가려다가 머뭇거렸다. "이래뵈도 나는 벼슬아치다! 이런 것을 가지고 쓰레기통에 가다가 들키면 무슨 망신인가. 아무리 날이 어두워도 그때 딱 걸려서 모자 넣는 상자에 쓰레기를 넣고 갔었다고 왕에게 고자질하면

---

23) 둥근 원형으로 된 몽골의 전통가옥. 쉽게 이동할 수 있는 구조로 되어 있다.

관직을 비하한 죄로 벌 받지 않을까 하고 별 쓸데없는 근심을 하고 물끄러미 앉아 있을 때 밖에서 인기척이 났다. 뛰어나가서 보니 왕비가 들어서고 있었다. 그는 상자를 들고 침대 밑에 넣으려다가 말고 앉아 있던 자리에 두고서 벼슬장식이 딸린 제 모자를 얼른 그 뒤에 놓았다.

다행히 왕비는 그가 허둥대는 우스꽝스런 꼴을 보지 못했다.

밤 깊어질 때까지 이 놈의 벌레를 어떻게 버릴 것인가에 대해 고민하다가 상자 하나를 새로 만들어서 그 안으로 옮겨야겠다고 생각했다.

다음날 아침에 왕비가 보지 않는 틈을 타서 모자 상자를 열어보니 놈은 그 밑바닥에서 얄밉게 여러 다리를 힘차게 움직이고 있었다. "위를 쳐다보고 눕는구나. 징그러운 놈!" 하고서 상자를 흔들어 보니 놈이 꼼짝도 하지 않았다.

놈이 죽은 게 아닌가 싶어서 혹시나 해서 조심스럽게 곰방대 머리로 건드려 보았다. 그래서 꼼짝도 하지 않았기 때문에 마음 놓고 "이제 됐군. 어떻게 처리할까." 하면서 이리저리 보았지만 마땅히 넣을 만한 것이 눈에 띄지 않아서 성냥 통을 비워서 그 안에 넣고 모자 상자를 제 자리에 두려고 할 때 마침 왕비가 들어오는 소리가 났다. 깜짝 놀라 죽은 벌레가 들어 있는 성냥 통을 밥그릇을 넣어놓는 서랍에 부랴부랴 넣고 얼른 자리에 앉았다.

오전 쯤이었다. 그 서랍을 무심코 열어본 왕비가 기절초풍하여 큰소리를 질렀다. 이어 화가 나 시녀를 호되게 꾸지람하고 빨리 내다 버리라고 호통을 쳤다. 시녀는 "거 참, 대수롭지도 않은 것을 보고 두려워하시나…. 양반네들이란……." 하고 짜증나서 벌레를 밖으로 던져 버렸다.

이후로부터 그는 벽이니 문이니 그 위에 뭔가가 붙어 있는 것처럼 보이기만 하면 꼭 찾아보는 버릇이 생겼다. 설령 그의 눈앞에서 그놈의 벌레가 안 보여도 "그놈이 진귀한 것이 틀림없어. 괜히 버려서 아깝다."고 두고두고 아쉬워하였다.

악마 더의 마지막 꿈

옛 시절에 지금의 울란바타르는 넘잉 이흐 후레, 벅드의 후레, 니이슬렐 후레, 다 후레 등으로 불리었다. 또한 티베트 불전(佛典) 기록에는 첸모, 중국의 옛 기록에는 다 콜론, 유럽 지도에는 오르가로 기록되어 있다. 이처럼 전통적인 이 도시가 지금은 옛 모습을 전혀 알아볼 수 없을 정도로 많이 변했다.

나이가 많은 사람들이야 옛적의 도(道)와 군(郡)의 지명을 일일이 기억해 낼 수 있겠지만, 요즘은 그곳 지명을 정확하게 말해 줄 사람이 그리 흔하지 않다. 현재 울란바타르 시의 말끔하게 포장된 도로를 지나거나, 고층 건물 옆을 지나갈 때 '전에 여기에 무엇이 있었더라.' 하고 변화된 모습에 놀랄 뿐이고, 어디에도 과거의 흔적을 알아볼 만한 표시는 없었다.

마호르 털거이[24] 근처에 몽골에서 유명한 교도소로 사용되던 바트 궁

---

24) 울란바타르 시내에 있는 한 지명

악마 더의 마지막 꿈   145

이 있었는데, 옛날에는 안과 밖에서 사람이 감히 넘나들지 못 할 정도로 높고 뾰족한 울타리가 둘러쳐져 있었다. 교도소 건물은 그리고도 치안에 안심이 되지 않아서 반이 지하이고 반이 지상이라 햇빛이나 바람마저 통하지 않아서 습하고 악취가 심한 건물이었다. 그러나 그 건물의 위치가 정확하게 어디인지 알 길이 없고, 대신 여러 층 건물들이 쭉 늘어서 있다.

더구나 행복한 이 시대의 노인들은 고생이 많았던 그 시절의 아픈 기억을 깨끗하게 잊은 지 이미 오래다. 심지어 암바스부25)의 바트 궁 교도소, 샤브 부26)의 교도소, 심지어 사형을 집행하는 샤르 하드27)와 같은 끔찍한 지명까지 다 잊어버렸다.

하지만 이 세상에서 그 모든 것을 특별하게 생생하게 기억해 내는 단한 사람이 있었다. 그러나 그 사람이 무슨 이유로 그 사실을 잘 기억하게 되었는지 그 사실마저 아는 사람이 없다.

칭겔테 구에 있는 한 매점에, 겨울에는 염소 털로 만든 다흐28)를 입고, 여름에 하늘 흐린 날 비옷을 입곤 하는 한 수위가 교대로 일을 했다. 홀몸으로 살아가는 그 노인을 알아보고 인사하는 사람은 별로 없고, 겨울에는 털이 빠진 모자, 여름에는 러시아 스타일의 빛바랜 낡은 모자챙을 깊이 눌러 써서 코까지 가리고, 잠을 자는지 깨어 있는지 모를 정도로 조용히 앉아 있곤 했다.

극장에 연극 관람을 마친 사람들이 수흐바아타르 광장을 횡단하여 그 매점 옆을 지나가곤 했으며, 저녁 늦게 연극 관람을 마친 젊은이들이 팔

---

25) 1700년부터 1900년 초까지 만주의 일반 행정을 담당했던 부서
26) 천 위의 시대에 만주의 종교를 담당했던 부서
27) 사형장이 있었던 지역 이름
28) 가축민들이 겨울에 입는 전통 의상

짱 끼거나, 심지어 매점 문 옆에 은밀히 기대어 서서 나지막한 목소리로 사랑을 속삭이기를 좋아했다.

늙은 수위는 그들이 도둑이 아니라 사랑하는 연인 사이라는 사실을 잘 알고 있건만 아래로 착 가라앉은 목소리로 훼방을 놓곤 했다.

"거기 누구냐? 거기서 나가! 안 그러면 총을 쏠 테다!"

그러면 이 세상에 저희 둘밖에 없는 줄 알고 찰싹 붙어 있던 두 젊은 이가 깜짝 놀라 서둘러 피해 달아났다. 수위가 매우 만족해 하듯 '헤헤 헤' 차갑게 웃는 꼴이 마치 밤에 부엉이가 우는 것처럼 이상한 소리가 되 었다. 흔히 이렇게 웃다가 기침이 나고, 가래가 목에 걸려 가래를 뱉고, 또다시 기침을 하고서는 젊었을 때부터 신발 목에 넣고 다녔던 가안스[29] 를 빼어 담배를 피워 물었다. 연기를 날리자 담배 독에 가까스로 기침이 가라앉았으며, 품에서 허럭[30]같이 생긴 병을 꺼내 재빨리 입에 대 마셔 버 리고 나서 나무로 만든 침대에 걸터앉아 새벽이 되면 잠이 들곤 했다.

아침에 집에 가서 입에다 물 한 모금 넣고 나서 비누칠도 안 하고, 침 이 섞인 입 속의 물 한 모금으로 세수를 하는 둥 마는 둥 하고, 가마솥 손잡이처럼 새까만 수건으로 대충 얼굴을 닦는다. 그러니 그 노인의 손 을 들여다보면 여러 해 동안 쌓인 먼지와 때가 모공을 막고, 얼굴 피부는 수만 개의 바늘로 찔러 문신을 새긴 듯 검고, 이마의 주름은 마치 화가가 붓으로 선을 그은 듯 때와 먼지가 뚜렷이 나타나 있어서 비록 나이가 많 기는 하지만, 실제 나이보다 훨씬 더 늙어 보인다.

젊었을 때는 샤브 부의 유명한 서기였다가 '지독한 사람'에서, 이를 넘 어 '악마 더'라는 별명을 가지게 된 사람이었는데, 지금은 아무도 '악마' 인 그를 알아보지 못한다. 뿐만 아니라 나이마 시[31]에서 함께 즐거움을

---

29) 담배 필 때 쓰는 긴 도구
30) 콧담배통

나눴던 여자들은 대부분이 죽었고, 살아 있는 여성들이라 할지라도 젊을 때 섹스를 즐겼던 그가 이제 매점 수위가 되어 여자를 안을 힘조차 없어지고, 30년이나 소리도 나지 않는 낡은 총을 메고 매점 문 앞에 앉아서 졸면서 세월을 보내는 딱한 신세가 되었는데 무슨 재주로 알아본단 말인가.

낮에 울란바타르 거리에서 수많은 할머니들이 그를 만나지만 스무 살 시절에 세상의 즐거움을 같이 경험했던 이 늙은이를 몰라보고, 설사 알아본다고 해도 벌써 까마득한 젊은 시절의 일이고, 또 이제 이빨도 없는 합죽한 입을 어떻게 열 수 있느냐고 생각하고, 그나마 내 삶이 이 꼴이 되었는데, 남들 눈에 보이는 것이 싫어서 그냥 모르는 척 지나치곤 했다.

수위 노인은 행여 일이 있는 날이면 저녁마다 작은 병에 술을 넣고, 겨울에 다흐를, 여름에는 비옷을 걸치고 총을 멘 채 나무 침대에 앉아 있다가 인적이 적어지면 얼른 품에서 술병을 꺼내 마시고 나서 천하태평으로 꾸벅꾸벅 졸곤 했다.

그날은 하늘이 흐리고 또한 몸이 약간 피곤했기 때문에 집을 나오기 전에 술을 한 모금 마셨다. 매점 수위실의 침대에 오래 앉아 있어서인지 몸이 이상했다. 손발이 무겁고 심지어 총조차 들 수 없을 정도로 몹시 무겁게 느껴지고 심장도 정상적으로 박동하지 않는 것 같았다.

'이제 죽을 때가 되었나 보다.' 생각하고 집에 요새 만 투그릭[32])을 넣어 놓은 것이 더욱 절실하게 생각났다. 당장 이 밤에 만약 내가 죽어 버린다면 그 많은 돈이 정말 개의 먹이가 되고 마는구나 싶었다. 딸린 마누

---

31) 20세기 초에 있었던 시이며 지금의 울란바아타르의 동쪽 구에 있는 암갈랑이란 곳이다.
32) 몽골 화폐

라도 애들도 없고, 심지어 먼 친척조차 없이 홀몸인 내가 하루 밤은 돈 위에서 자고, 하루는 이 매점의 문 가에서 낡은 총을 안고 자다가 이렇게 허망하게 죽는구나 하고 한탄하다가 마침내 길거리가 조용해지자 품 안에서 다시 술을 꺼내 몇 모금 마시고 마지막 남은 한 방울까지 빨고 나서 빈 병을 도로 품에 넣었다. 금세 위장이 뜨거워지고 몸이 좋아지는 것처럼 느껴져 총을 옆에 내려놓고, 다흐를 덮고 침대에 눕자 어느 새 깊은 잠 속으로 빠져 들었다.

꿈속에서, 길거리를 나서게 되었는데 긴 행렬이 공동묘지를 향해 가고 있었다. 많은 사람들이 걸어가는 소리가 나는가 싶더니 수갑과 발에 찬 족쇄의 소리도 들리는 것 같았다.

―웬 행렬이 밤중에 길을 가지?

이상하게 생각하며 눈을 닦고 보니 속이 이상해져 놀랐다.

바다르골트 국가[33]가 집권을 하고 있을 때 처음으로 투시멜[34] 직위에 올랐을 때쯤 죽은 5명의 목축민의 머리카락이 엉키고 설켜 있었다. 그들은 발에 족쇄가 채워지고 손에 수갑이 채워져 있었다. 고문을 받을 때 찢겨진 뺨의 상처를 피 묻은 옷자락으로 감았고, 찢겨진 델 옷자락 구멍으로 엉덩이와 살이 삐져나온 것을 보이면서 수위 앞을 지나갔다. 아, 나 때문에 죽은 자들이구나! 그 순간, 아무런 이유 없이 위증으로 억울하게 죽음에 이르게 한 죄책감이 밀려와 마음이 불안해졌다.

그 다섯 명의 발에 낀 족쇄 철렁거리는 소리가 이상하게 들렸다. 그들

---

33) 만주가 몽골을 지배하던 시기를 만주 왕이 통치하던 시기에 따라 9개로 나누는데, 이 시기는 만주의 8번째 왕의 통치 시기(1880-1909)임
34) 이 시기의 높은 벼슬아치

뒤에 찢어진 옷을 입고, 뒤축이 달아난 신발을 신고 몸이 너무도 깡마른 몇 명의 노파들, 머리카락이 뒤엉킨 여자들, 벌거벗은 몸의 몇 명의 아이들을 데리고 갔다. 한 여자의 깡마른 젖은 나무껍질이 붙은 것처럼 보였는데 역시 뼈만 남은 한 아이가 마른 입술로 젖을 빨고 있었다. 아이를 품에 안고 수위 옆을 지나갈 때 가는 손가락으로 그를 가리키며 겨우 입술을 움직였으나 뭐라고 하는지 들리지 않았다. 그 뒤에 눈을 질금거리는 한 할머니가 흙을 집어 수위의 얼굴을 향해 던져서 눈을 감으니 흙이 그가 늘 입고 있던 다흐 위로 떨어졌다. 몸을 피한다고 피했으나 그만 몸이 침대에 착 달라붙었는지 꿈쩍도 하지 않았다. 수위는 그 사람들의 얼굴을 모두 다 기억하고 있었다. 앞에 지나갔던 다섯 명의 목축민 가족들이었다.

오늘 저녁에 술을 너무 많이 마셔서 눈에 이런 헛것이 보이는구나 하고 생각하면서도, 무섭기도 하고 한편으로는 창피하기도 하여 눈을 비비고 다시 보아도 지나가는 사람들이 여전히 눈에 들어오고, 아래를 보고, 뒤를 보아도 사람들의 눈이 착 달라붙어 있어서 피할 도리가 없었다.

죄를 인정하지 않는 사람들을 일벌백계로 다스리라는 엄격한 투시멜의 명령을 떠받드느라 악랄하게 회초리로 때리고, "죄를 불어라! 자백해! 말해!" 하며 짓지도 않은 죄를 자백하라고 그들을 고문하고, 온몸이 피투성이가 되도록 만들어 기진맥진하여 마침내 스스로 죄를 인정하도록 만들어 놓아서 귀족들에게 칭찬 듣는 것이 더는 너무나 좋았다. 이런 행동으로 인하여 빠른 속도로 진급을 거듭할 무렵, 만주의 정권이 무너져 버렸다.

얼너 우루극드세니[35] 시기에 처음부터 다시 시작했다. 또한 마음대로

---

35) 1911~1921년까지 몽골의 왕 복드가 국가와 종교를 동시에 통치했던 시기

또다시 없는 죄를 남들에게 뒤집어씌우고 고문을 하여 진급할 무렵이 되자 곧 인민 혁명이 시작되어 전날과 같은 영화를 누릴 수 없게 되었다. 더는 살아 있는 죄수들의 증인이 되는 것보다 차라리 죽은 죄수의 머리를 베고 자는 것이 낫다고 생각하여 멀고 먼 곳으로 피신하였다.

봉건주의자들이 다 사라진 다음 다시 도시로 들어와 이 매점의 수위로 지냈다. 과거를 다 잊고 오직 홀몸의 가난한 사람으로 몸을 의지하고 살던 더에게 모든 과거의 일들이 순식간에 치는 번개에 실려서 하룻밤에 수많은 사람들이 또렷하게 되살아난 것이다.

그 어수선한 행렬이 더의 앞을 계속 지나가고 있었다. 모두 더에게 당하고 피를 흘린 사람들, 바트 궁 교도소에 죽어갔던 사람들, 샤르 하드에 총을 맞아 죽은 사람들이 뒤를 이어 가고 있었다. 자세히 보니 더의 어머니가 아들이 지은 죄를 원망하며 그 많은 사람들 가운데 얼굴을 가린 채, 지팡이 짚고 겨우 다리를 옮겨 가다가 아들을 보자 지팡이로 삿대질하며 지나갔다.

우린 헤브트 여스니[36] 시기에 "너에게 고문당하여 짓지도 않은 죄를 고백하고 교도소에서 발에 족쇄가 채워진 채 죽었다!"고 했던 노인이 수위 옆을 지나갈 때 소리쳤다. "악마 더! 너는 나를 알지?" 그리고 불경을 읽다가 절 안에 죽은 그의 마누라가 얼굴을 피하며 손자 두 명을 데리고 지나갔다.

─나를 원망하고 얼굴을 피하는 것이 맞다!

수위가 재 같은 색깔이 없어진 입술을 달싹이면서 말하고, 움직일 힘도 없고, 피할 곳도 없어 침대에 박힌 듯 앉아 있었다. 벌써 맑게 깬 것

---

36) 만주 왕의 마지막 통치 시기. 1909~1911년에 해당한다.

같았다. 그래도 광기어린 미친 사람의 눈으로 더 앞을 지나가는 사람들의 행렬은 끊이지 않았다.

－난 얼너 우르극드세니 시대의 사람이야!

아홉 가지의 힘든 고문을 당한 목축민이 찢겨진 죄수 옷을 입고 피를 흘리며 지나갔다. 수위의 몸에서 식은땀이 흘렀다. 몸을 움직이려 해도 꼼짝할 수가 없어서 그냥 소리를 질렀다.

－사장님, 매장 사장님! 이 사람들을 모두 쫓아내세요, 사장님!

더는 소리를 지르다가 목이 잠겼고, 무서워서 눈이 커지고, 이마에 맺힌 진땀이 눈으로 흘러 들어가 눈이 아팠지만 손발이 무겁고 몸을 움직이지 못해서 그냥 눈을 감고 앉아 있었다. 그러자 이번에는 가민[37]의 시대 사람들이 나왔다.

어떤 사람은 가까이 다가와 "네가 나를 때린 것을 기억 하느냐?" 하고 원망하듯 멍이 든 얼굴을 가리켜 보여 주었다. 어떤 사람들은 미친 사람의 눈으로 더를 노려보며 상처 입은 가슴을 두들기며 지나갔다.

－바론[38] 장군 시대 때 우리들을 일러바치고, 억울한 죄를 씌워 우리들을 처형 받게 했다. 더! 너는 도깨비야! 악마야!

목에 총을 맞은 채 두 손이 뒤로 묶여진 사람들이 지나갔다.

－이것을 기억하니?

한 젊은이가 머리에 있는 상처를 가리키며 묻는데 이빨이 몽땅 빠져 있었다. 그의 입을 보니 군화를 벗어 얼굴을 사정없이 후려쳐서 이빨을 몽땅 빼 버렸던 기억이 났다.

---

37) 중국 군인들이 수도를 정벌하여 몽골자치국을 무너뜨렸던 1919년의 시기
38) 백위군 장군

수위가 비록 대머리였지만 머리카락이 곤두서는 것만 같았다. 상체에 옷이 없고, 등에 총알이 박힌 상처가 있고, 또한 벌건 불에 달군 인두로 가슴을 지진 사람들도 있었고, 교도소에서 순진한 몸을 악마 더에게 강간당한 여자들, 끝내 반항을 하자 젖을 잘라 버린 여자들이 머리를 산발한 채 피를 흘리며 지나갔다. 마지막에는 바론의 사령관 시팔로라는 사람이 수위 옆을 지나갈 때 독한 술 냄새 풍기면서

─야, 넌 여기 앉아 있을 수 없지. 나하고 넌 일을 같이 했기 때문에 같이 가야 해. 하 하 하! 돈 술 여자 외에 다른 것은 필요 없다. 지금 빨리 가야 해. 하 하 하 !

하며 차갑게 웃었다. 수위는 식은땀이 나서 눈을 감고 한참을 누워 있었다.

다시 깨어보니 장송곡이 흘러나오고, 빨갛고 까만 천으로 장식한 자동차에다 관을 올려놓고, 매점 직원들이 소매 깃에 까만, 빨간 천을 꽂고 머리를 숙이고 뒤따라 가고 있었다. 알고 보니 관에 더의 몸이 실려 있었다. 돈과 명예와 직위를 위해 바다르골트 국가, 헤브트 여스, 얼너 우르극드 세니 시대, 가민, 백위군 시대에 수많은 사람들을 죄수로 몰아 온갖 고문을 자행하고 죽였던 바로 그 사람들이 조금 전에 제 앞을 지나가는 것을 보고 늦었더라도 아쉬워했지만, 제 몸이 죽어 장례 치르는 모습은 더 무서웠다.

관을 넣을 구덩이에 둘러선 사람들을 살펴보니 매점 직원들 뒤에 아까 자기 옆을 지나갔던, 이미 죽었던 모두 사람들이 둘러 서서 더의 관을 지켜보고 있었다. 한 매점 직원이 관 옆에 서서 직원들을 향해 조사(弔辭)의 말을 했다.

─우리 매점에서 여러 해 동안 일을 잘 한 충실하고 정직한 동료 더가 죽은 것을 우리 모두 한마음으로 아쉬워한다. 같이 일했던 우리는 동료

더가 살아 생전에 보여준 노력과 충실한 삶을 존경하며 오래 기억할 것이다.

이때 바론의 사령관 시팔로가 하하하 웃음을 터트리며 나섰다. 바론의 사령관 시팔로는 만주 지배 시대 때 수많은 죄없는 사람들을 고문하고 죽였다. 더의 손으로 총을 쏘아 죽인 사람들 가운데 한 사람이다. 제가 그 구덩이에서 나왔으니 더와 같이 묻혀야 한다는 뜻이다.

─하하하, 악마, 더! 너는 나와 일을 같이 했으니 여기 같이 누워야 해! 하하하.

그의 웃음은 소름이 돋도록 차가웠다. 더가 온몸을 떨면서 소리쳤다.

─난 충실한 사람이 아니다. 난 많은 사람들에게 피를 흘리게 한 악마 더란 사람이다! 더가 소리치며 눈물을 흘리며 사람들을 향해 호소했다. 그러나 사람들은 모두 한결같이 차갑게 더를 쏘아볼 뿐 말이 없었다.

─난 충실한…….

더가 제풀에 꺾여 말을 마저 잇지 못하고 푹 쓰러졌다.

"이봐요! 수위 아저씨! 왜 그래요?"

지나가던 사람이 신음을 쏟으며 쓰러지는 더를 보고 소리쳤다. 그러나 푹 꺾인 몸은 더 움직이지 않았다. 그 사람이 더를 침대에서 일으켜 앉혔지만 이미 숨이 끊겼는지 앞으로 푹 꺼꾸러졌다.

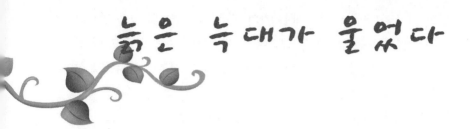

늙은 늑대가 울었다

데 남닥

한 여름이 되면 달이 뜨고 지는 위치가 겨울과 아주 비슷하다. 황혼이 사라질 때쯤이면 하늘 가운데로 온다. 달의 흰빛이 나무 풀과 같은 식물들은 물론 산과 언덕들도 저마다 그림자를 서쪽으로 늘어뜨리며 단잠에 든다. 나는 이제 이런 시기부터 이야기를 시작하고자 한다.

이곳은 항가이 사막의 중심부. 저지대이며 그 한가운데 '따뜻한 산'이라는 뜻을 지닌 돌랑 하이르한이라는 세 개의 뾰족한 봉우리가 솟은 산이다. 이 산은 앞에 있는 타르가트의 평원을 굽어보듯이 우뚝 솟아 있다. 원래 이 산은 그리 높지는 않지만 겨울에서 봄까지 가축들이 겨울나기 어려운 시기에 가축들을 가두어 두기에 포근하기 때문에 '돌랑(따뜻함)'이라 불렀을 뿐만 아니라 하이르한이라는 존경 섞인 이름을 따로 덧 붙였다.

이 지방 사람들은 돌랑 하이르한의 가운데 봉우리 서쪽에 오랫동안 강한 빛에 의해 퇴색된 몇 개의 바위로 이루어진 골짜기가 있는 것을 잘 알고 있다. 그곳은 어렸을 때는 거의 모두 어린 염소와 양을 방목하면서 놀던 추억이 깃든 장소이다. 그러나 이 지역 사람 어느 누구도 이 골짜기 한 바위 밑 어두운 구석에 늑대 한 마리가 오래 전부터 자리잡고 살아간다는 사실을 알지 못했다.

사실 그 늙은 늑대는 너무나 영리해서 바위 위에 어린 염소나 양들이 소리 지르며 뛰어 놀아도 절대로 잡아먹지 않았어. 늑대는 '에이, 그 까짓 어린 염소들 관심 없어.'라고 생각하며 바위 구석을 지켰고, 제 집 근처에서는 사냥하는 것을 금기시했기 때문에 타르가트 평원을 건너 지렘산맥, 다라브가이, 머거이, 다그날타 데레스 등 먼 다른 지역에 가서 사냥을 하곤 했다. 또한 북쪽으로 샤바르타잉 두룰지, 살히트 하드를 지나 심지어 우이젱 후렝, 아르바잉 평원, 울지이트까지 원정 사냥을 나갔다.

이 늙은 늑대가 태어난 곳은 이 돌랑 하이르한이다. 돌랑 하이르한의 뒤편에서 태어나 젊었을 때는 뾰족한 봉우리에 몸을 피하다가, 남은 3년은 다리의 힘이 약해져서 산의 앞쪽에 살게 되었다. 힘도 약해졌을 뿐만 아니라 몸에 열기도 없어진 것이다. 겨울이 막 지난 지금은 한 여름처럼 혀를 늘어뜨리며 숨을 쉬어야 할 만큼 덥지는 않지만 오늘 오후처럼 날이 더워지면 몸이 쑤시고 답답해 잠을 설쳤다. 왜 이런 증세가 나타나는지 늙은 늑대는 제가 몸으로 겪어온 경험으로 잘 알고 있다.

늑대는 황혼이 사라지고 어둠이 밀려오자 습기 찬 바위 구석에서 빠져나왔다. 젊었을 때 그는 넓은 이마, 긴 주둥이, 긴 다리, 그리고 큰 발과 몸집, 날카로운 이빨에 검고 윤기 나는 등과 머리털을 갖고 있었다. 사람으로 치면 흰 얼굴에, 하얗게 빛나는 이빨, 큰 키에 긴 머리로, 나담 축제에 참여한다면 1등은 못 하더라도 2등은 충분한, 이 세상에 서넛밖에 없는 사내다운 멋진 사내라고 볼 수 있다. 하지만 지금은 그 늙은이에게 그 중 어느 것도 남은 것이 없다. 눈빛은 흐려지고 이빨은 약해졌다. 털은 빠지고, 몸도 많이 줄었다. 이것은 자연의 이치이다. 자연은 주려고 한 자에게 이 세상의 모든 것을 주고 나중에는 도로 조금씩 가져간다. 또한 자연은 어느 동물이든 제 스스로 살 수 있도록 생명의 위협을 자주 부닥치게 해서 주의할 방법, 꾀를 쓸 방법 등을 다 부여하고, 결국 또 도로 가져가는 것이다. 이런 이치대로 늙은 늑대는 많은 것을 체험하고, 많은 것도 깨달았다. 하지만 늑대는 아직 이런 깨달음을 자연에게 모두 뺏기지 않았다. 늑대는 깨달음을 빼앗기기 전에 죽을지도 모른다.

늙은 늑대는 천천히 바위 위로 올라가 머리를 들어 올려 하늘을 살폈다. 돌랑 하이르한의 동쪽 봉우리 바위 뒤에서 검은 구름이 보였다. '에이, 오후에 몸이 쑤신 이유가 바로 이거였군. 곧 소나기가 쏟아지겠네. 이런 기회에 사냥을 가면 운이 따를 것이다.' 하고 생각했다. 그리고 뒷다리를 쪼그리고 앉아, 무슨 예감이 들기를 기다리며 하늘을 우러러보았다. 하지만 어떤 예감 대신 하늘에 뜬 달빛이 짙어지면서 젊은 때 영광의 추억들만 떠오를 뿐이었다. 늑대는 그래서 '가자' 하며 울었다.

그가 우는 소리는 크지도 않고, 빈 바구니가 바람에 울리는 듯 미미하지만 메아리를 타서 모두에게 들릴 것이다. 하지만 그 울음에는 깊은 이유가 있었다. 늙은 늑대가 '가자, 가자' 하듯 반복적으로 울자 서쪽 바위에서 젊은 늑대가 잇따라 울음으로 화답했다. 이어 늙은 늑대가 옛날에 살던 가운데 산의 뒤쪽에서 늑대 암컷 한 마리가 울고, 그를 따라 새끼들이 울었다. 마지막에 동쪽 바위 앞쪽에서 늙은 암컷이 약한 소리로 울었다. 이들 늑대들이 잇따라 우는 소리는 늙은 늑대가 '가자 가자' 하고 울었을 때 '그래, 가자'라고 대답한 것이었다.

늙은 늑대는 미끄러지지 않도록 조심하면서 천천히 내려갔다. 소나기도 곧 쏟아질 것 같았다. 북동쪽에서 나온 구름이 주위로 가까워지면서 공기가 답답해졌고 늙은 몸을 피곤하게 만들었다. 하지만 머릿속에는 사냥을 해서 배를 불릴 일만 떠올릴 뿐이었다.

산 밑으로 내려오자 흙은 부드럽고, 산 복숭아나무나 푸른 관목들이 이어진다. 그 사이로 늙은 늑대는 천천히 뛰었다. 이 길은 수없이 다녔지만 갈 때마다 나무 하나씩 주둥이를 박는다. 지금도 한 나무에 가서 주둥이를 들이박고 자세히 냄새를 맡았다. 이렇게 하는 것은 돌아오는 길에 냄새를 맡으면 흔적이나 자국을 쫓아가는데 도움이 되기 때문이다.

북쪽 산에서 다섯 마리의 새끼를 데리고 젊은 암컷이 걸어 나오고 있었다. 이 암늑대는 그의 막내딸이다. 4년 전 일곱 마리가 동시에 태어났지만 두 마리는 그 자리에서 숨졌다. 나머지는 편하게 자라다가 암컷은 수컷을, 수컷은 암컷을 따라갔고 이 암컷만 남았다. 사실 이 늑대는 수컷이 마음에 안 들자 작년에 어디를 두루 돌아다니다가 한 놈과 눈이 맞아, 새끼들을 배 가지고 온 것이다.

그를 보고 늙은 늑대는 '잘 됐다. 새끼들을 데리고 지금부터 멀리 보내 사냥을 시켜 밥 벌어먹는 법을 가르쳐 주지 않으면 언제 가르치겠어. 하는 생각이 들어 갑자기 마음이 훈훈해지는 것 같았다. 그래서 암컷이 오자마자 늙은 늑대는 그의 코 주둥이를 핥아 주었다. 이것은 자기 자식에게 뽀뽀하는 것이며, 새끼들도 그의 몸을 핥고 노는 것은 할아버지에게 애교를 부리는 것이다.

암컷이 온 뒤 한 젊은 수컷이 왔다. 머리는 크고, 주둥이는 납작하며, 엉덩이는 크고, 혀는 짧다. 하지만 이 젊은 늑대는 똑똑하지도 못하고, 움직임도 빠르지 못하며 사람과 비교하면 이빨만 세고, 일은 못 하고, 먹고 자는 것은 남 못지않은 그런 놈이었다. 그를 따라 늙은 암컷이 따라올 것이다. 늙은 암컷은 몸이 비쩍 말랐고, 털은 허옇게 세어 한마디로 가족에 쌓인 뼈라 할 수 있었다. 조금만 뛰면 헐떡이고 뒷다리는 절뚝거려 빨리 달아날 수도 없었다. 늙은 암컷은 4년 전 막내딸을 가졌던 그 해 재수없이 덫에 걸렸던 것이다. 그 당시 나이는 들었지만 힘은 지금과 비교하면 그래도 남아 있었다. 그 뒤부터 이 늙은 암컷은 몸이 좋아지지 않았다. 살이 빠지고, 늘 허기지고 갈증이 났다. 하지만 옛날에 얼마나 영리한 암컷이었던가는 이 늙은 늑대만 알 뿐이다. 늙은 암컷은 오자마자 '에이구! 힘들어' 하듯 뒷다리를 접어 쪼그려 앉았다. 그러자 '에, 여보, 당신을 보면 난 항상 즐거워.' 하듯 늙은 늑대가 기뻐하며 마중 나가 애정을 표시했다.

사실 이 암컷은 영원히 기쁘게 해 주는 것이 아니라 오히려 이 세상의 모든 힘들고 어려운 짐을 그에게 지우는 존재일지도 모른다. 그 이유를 설명하려면 아주 옛날 일부터 시작해야 한다.

지금으로부터 7년 전이다.

한겨울에 늑대 암컷 한 마리가 열 몇 마리의 늑대를 데리고 돌랑 하이르한에 왔다. 그 늑대는 주둥이가 뾰족하고, 목과 다리는 길고, 엉덩이는 풍성하며 몸집이 길기 때문에 걷기만 하면 몸이 전체가 움직인다. 달리는 것은 활과 같다. 태어난 곳은 항가이 지역이기 때문에 돌랑 하이르한이 너무 낮은 지역으로 느껴졌을지도 모른다. 이 지방의 주인(지금의 늙은 늑대)은 이 젊은 늑대를 처음 봤을 때부터 마음에 들었다. 사실, 영원히 헤어지지 못할 짝을 만난 것이다.

암컷이 새벽에 돌랑 하이르한에서 동쪽으로 바람을 거슬러 뛸 때 그 늙은이가 따라갔다. 따라다니던 놈들도 그대로 따라갔다. 물론 서로 사이도 안 좋고, 암컷을 차지하기 위해 서로 싸운다. 새로 따라오는 놈을 더욱 싫어했다. 이런 상황 가운데 늙은이가 모든 힘을 다 해야 할 때가 다가왔다.

첫 싸움은 한낮에 벌어졌다. 이 늙은 늑대와 암컷이 돌랑 하이르한을 떠난 것은 새벽이었는데, 다른 놈들과 싸우면서 그 뒤를 따라갔다. 제 자신의 힘이 암컷을 앞서지만 그의 뒤를 따라가면서 암컷이 풍기는 냄새를 맡고 싶어 한다. 이때는 삶에 있어서 배도 고프지 않고 목이 마르지도 않는 시기이다. 항상 죽음의 위험이 기다리고 있다는 것도 다 잊었다. 뿐만 아니라 태어날 때부터 타고났던 조심성까지 다 없어졌다. 마음속에는 다만 암컷의 아름다운 몸매만 살아 있었다. 이렇게 늑대가 심한 성욕에 빠진 것이다. 성욕이 팽배할수록 남한테 주고 싶은 생각이 없어지기 때문에 암컷을 남한테 빼앗기지 않기 위해 싸우는 것은 아무것도 아니며, 또한 제일 위험하다고 생각하는 사람을 공격하는 것조차 두려워하지 않는 것 같다.

다른 늑대들은 암컷을 3, 4일 전부터 계속 따라다녔기 때문에 다들 몸이 지쳐 있었다. 그 가운데 형제 늑대도 끼어 있었다. 그 전 날엔 둘이 남보다 힘이 세기 때문에 항상 암컷 바로 뒤를 따라다녔었다. 하지만 서로 항상 싸운다. 암컷을 너무 좋아하기 때문에 형제인 것도 이미 잊은 채 죽음을 무릅쓰고 싸운다. 하지만 남들과 대할 때 서로 힘을 합치기 때문에 남들이 그 둘을 무서워했다. 하지만 오늘 그들은 돌랑 하이르한의 주인에게 진 듯 제일 뒤에 따라갈 뿐이다. 나머지 늑대들도 그 뒤를 이어 갔고 마지막 늑대는 시야에 들어오지 않을 정도로 멀리 쳐져 있었다.

지치는 것을 모르는 암컷. 자연은 그에게 아름다움뿐만 아니라 힘도 같이 주었다. 한편으로 자연이 늑대들에게 겨울의 어려움을 극복할 힘을 줄 때 각별히 그 암컷에게만 더 많이 주었는지도 모른다. 돌랑 하이르한에서 새벽에 출발하여 바람을 거슬러 달리는 것은 오직 욕심 때문이었다. 달릴 때 입에서 나오는 김이 찬 바람에 금방 얼어붙지만 그 욕심은 조금도 사라지지 않는다.

젊은 암컷 늑대는 넓은 평원, 언덕들을 온갖 힘을 다해 달려 두 역참 정도의 거리를 간 후 눈이 얇게 덮인 초원이 보이자 걸음을 멈추었다. 여기는 며칠 전에 눈이 조금 내린 뒤 바람이 불지 않아 초원이 하얗게 뒤덮여 있었다.

돌랑 하이르한의 주인은 그 암컷 옆에 섰다. 암컷의 이상한 냄새가 한창 젊은 그에게 성욕을 북돋웠다. 인간은 사랑하거나 애교할 때 뽀뽀를 하지만 늑대는 핥는다. 하지만 젊은 암컷은 돌랑 하이르한의 주인이 핥으려 하면 으르렁거리며 공격을 했다. 돌랑 하이르한의 주인은 덤비지 않고 조용히 물러서서 뒷다리로 앉았다. 겉으로는 평온해 보이지만 마음속으로는 암컷을 어떻게 달래면 좋을까 고민이다.

그러던 중 형제 늑대가 와서 참견을 하고 나섰다. 보니 암컷이 그들을 친숙하게 대한다. 주둥이를 엉덩이에 대도 아무렇지도 않는다. 그것을 보자 돌랑 하이르한의 주인은 부러워 어쩔 줄 몰라 했다. 하지만 형제들이 싸웠다. '암컷은 내 것이다, 내 것!' 하듯 소리를 내며 싸웠다. 이빨을 보이며 싸우는 것이 서로 죽일 수도 있을 것 같았다. 몸집도 비슷하고, 힘도 비슷하기 때문에 싸움은 치열했다. 암컷은 자기 때문에 이렇게 싸움이 난 것이 자랑스러운 듯 바라보고 있었다. 처음에 하나를 다른 하나와 힘을 합쳐 뜯어먹고, 그 다음 나머지와 싸우는 것은 늑대의 지혜이다. 이렇게 결정하자 분노가 일어 등의 털이 불끈 일어섰다. 단번에 뛰어올라 상대방의 등에 이빨을 박았다. 하지만 공격은 생각대로 되지 않았다.

형제 늑대가 갑자기 화해하고 그에게 덤벼들었다. 용감하게 싸우는데 갑자기 다른 놈이 끼어들었다. 상대가 둘이 아니라 셋이 되었다. 셋과 싸우는데 또 하나가 더 끼어들어 넷이 한 팀이 되었다.

뒤를 이어 온 늑대들도 다 그를 상대해서 싸웠다. 그의 편은 아무도 없었다. 뛰고 달리는 발소리에 땅이 울리고, 울음소리에 천지가 울렸다. 돌랑 하이르한의 주인의 눈에 이빨들만 보였다. 그 중 제일 무서운 이빨이 송곳니이다. 송곳니는 늑대의 가장 훌륭한 무기이다. 제 몸을 구하거나 남을 죽일 때다 송곳니를 이용한다. 그러니 지금의 싸움에서 털이 빠지거나 가죽이 뚫어지거나 피가 나오고 뼈가 부러지는 것은 아무 것도 아니었다. 제일 무서운 것은 늑대 다섯 마리가 힘을 합쳐 한 마리를 공격할 때이다. 대개 그 한 마리는 목숨을 잃는다. 왜 이 격렬한 싸움이 일어났나? 물론 암컷 때문이었다. 암컷을 차지하기 위해서.

암컷은 이들을 이렇게 싸우게 할 수도 있지만 또한 멈추게 할 줄도 알았다. 싸움을 보다가 갑자기 하얀 초원으로 달렸다. 아마 많은 늑대를 상대해 혼자 싸움을 벌이던 돌랑 하이르한의 주인을 구하려고 그랬을지도 모른다. 싸우던 늑대들이 싸움을 멈추고 암컷을 따라 달렸다. 돌랑 하이르한의 주인도 상처 입은 몸을 겨우 움직여 그 뒤를 따라갔다. 상처에는 신경을 쓰지 않았다. 몸의 일부는 뚫어져, 살이 보이고, 하얀 눈에는 피가 흘렀다. 하지만 그의 입안에 고여 있는 것은 남들의 피다. 남의 몸에도 적지 않은 부상을 입힌 것 같았다. 이빨이 털투성이가 되어, 털이 혀와 얽혀 있었다. 앞에 가버린 자들을 따라가니 그들 또한 피를 흘리며 달려간 것이 분명했다. 이제 그 아름다운 암컷이 어디 갔을까 생각하며 고개를 들어 보니 아무것도 보이지 않고 하얀 초원만 펼쳐지고, 낮의 햇빛에 눈이 시릴 지경이었다. 뒤를 돌아보니 그가 제일 마지막은 아니었다. 아침에 늦게 출발한 남은 놈들이 뒤따라 오고 있었다. 그들과 비교하면 힘이 아직도 있고, 목을 당겨 달릴 만했다. 앞서던 놈들을 한 마리씩 추월했다. 떨어지는 놈들마다 울며 방해하려고 했다. 너와 싸울 시간이 없다는 듯 그냥 지나쳤다. 이런 식으로 그의 원수가 된 형제들까지 떼어 놓게 되었다. 온 힘을 다해 속도를 붙여 지나가자 그들은 울기만 할 뿐 따라오지 못했다. 하지만 암컷이 안 보였다. 얇은 하얀 눈에 자국이 남고, 정신 나갈 정도의 향기는 코 끝에 맡아지지만 아름다운 몸뚱아리는 보이지 않는다.

더 이상 속도를 낼 수 없었다. 폐장에 쌓인 열을 겨울의 찬 바람이 시원하게 해 주지만 헐떡이는 심장에서 뜨거워진 피가 온 몸을 지치게 할 것이다. 머리가 어지럽고 눈이 아파왔다.

어디서인지 배고픈 까마귀 두 마리가 날아와 주변을 맴돌았다. 까마귀가 우는 것은 '야 이 근처에 맛있는 밥이 있다'고 알려주는 기분 나쁜 짓이다. 이를 무시하고 조금 더 가니 많은 노루가 그의 앞을 지나갔다. 이것은 정말 맛있는 먹이지만 지금은 먹이가 문제가 아니라 향기롭고 아름다운 암컷 때문에 그것도 포기했다. 까마귀 두 마리가 노여워하듯 멀리 날아갔다.

하루 종일 달려도 암컷의 모습을 보지 못했다. 하지만 포기하지 않고 계속 찾아다니던 중 해질 무렵 멀리 보이는 언덕을 넘어가는 암컷을 보았다. 저녁이 되어 날씨는 쌀쌀해지고 기분은 상쾌해졌다. 입에서 뿜어내는 김이 바로 서리가 되어 주둥이 털과 눈썹과 등의 갈기털을 하얗게 만들었다. 그동안 가슴을 짓누르고 있던 분노도 답답함도 가라앉았다. 이는 수컷으로 태어나 마침내 어른이 되어가는 증거라 볼 수 있겠다. 입을 벌리고, 얇고 빨간 혀를 한 뼘 정도 내밀고, 희고 예리한 네 개의 송곳니가 서로 부딪치는 멋진 모습이다. 또한 아름다운 몸도 낮의 심한 경쟁에서 제 몸과 남의 몸의 피가 뒤섞여 흉하더니 지금은 입에서 뿜어져 나오는 뿌우연 입김에 덮여 색깔이 분홍색으로 변했다. 동물들은 교미기에 극도로 사나와져서 종 낙타를 제외하고 다들 신경이 곤두서 있다.

한밤이 되어 암컷이 조그만 언덕 위를 올라갈 때쯤 그도 도착했다. 암컷의 몸에 서둘러 몸을 대면 안 된다는 것을 오늘 낮의 싸움에서 깨달았다. 세 걸음 정도 떨어져 앉아 암컷이 풍기는 냄새를 맡는다. 암컷이 앞다리를 뻗어, 턱을 대고 눕자 그대로 따라 누웠다.

오늘 밤에 바람은 세고, 하늘에 반짝이는 별들은 바로 눈앞에 있는 것처럼 가깝다. 땅 바닥은 너무 추워, 따뜻한 몸을 얼렸다. 바람이 김이 서린 가슴 털을 쓸고 지나갔다. 이렇게 있다가 단잠이 들어 버렸다.

　새벽에 잠을 깨 암컷을 보니 그 자리에 편안하게 누운 채 잠들어 있었고, 또한 어제 뒤쳐졌던 몇 놈들도 다 따라와 그를 둘러싸고 잠들어 있었다. 그 가운데 원수가 된 늑대 형제가 암컷 바로 뒤에서 꼬리에 자기들 머리는 대고 자고 있는 것을 보자 분노가 치솟아 입이 저절로 움직였다. 하지만 그들도 잠에서 깨어나기는 했지만 서로 눈치 보며 누워 있을 뿐이다.

　암컷이 일어나자 다들 울며 일어났다. 이전까지는 이런 식으로 늑대들이 아침마다 싸웠는데 오늘은 암컷이 싸울 틈도 주지 않고 바로 바람을 거슬러 달렸다. 모든 숫 늑대들이 그 뒤를 이어 서둘러 따라갔다. 돌랑 하이르한의 주인은 오늘은 아무튼 암컷 옆을 떠나면 안 된다는 것을 확신하고 있었다. 그러나 달리려고 해도 온 몸이 무겁고 뼈마디마다 쑤시고 아프지 않은 곳이 없다. 또한 다리도 부어 걷기에 너무 힘들었다. 어쩔 수 없이 뒤에 남았다. 그 사이에 암컷은 건강한 놈들을 이끌고 벌써 시야에서 사라졌다. 발자국이 눈앞에 또렷이 보이지만 그의 몸은 너무도 무거웠다. 그는 온 힘을 다해 달려보기도 하고, 걸어보기도 하고, 또한 멈추기도 했다. 암컷이 어디쯤 가고 있을까 생각해 보지만 여전히 눈에는 들어오지 않았다. 다만 암컷이 남긴 발자국만 눈에 보이고 향기가 코를 찌른다. 나머지 놈들의 발자국과 냄새가 그의 화를 부추겨 앞으로 전진하게 했다.

　어느 새 하루 반이 지났다. 새벽이 되고, 해가 뜨는 모든 과정을 느끼고 생각할 겨를이 없었다. 마음에 성욕과 부러움과 꿈이 가득 차 있었기 때문에 어디를 달렸고, 무엇을 보았는지 아무 것도 기억나지 않았다. 뒤에 발소리가 나서 돌아보니 어제 뒤에 쳐진 한 놈이 오고 있었다.

그는 몸집이 크고 돼지처럼 뚱뚱하며 주둥이나 발, 목이 다 돼지처럼 굵기 때문에 결코 암컷의 마음을 사로잡지 못했다. 하지만 그의 마음에도 암컷을 차지하려는 욕망이 살아 있기 때문에 연 3일째 따라다니는 것이다. 사실 암컷 앞에 간 적도 없이 항상 뒤에 처져서 다녔다. 결국 몸만 지치는 꼴이었다. 그가 돌랑 하이르한의 아들 옆을 아무렇지도 않게 지나갔다.

이렇게 돌랑 하이르한의 아들은 패배자처럼 새하얀 평원에 혼자 남아 천천히 걸으면서 하루를 보냈다. 그동안에 몸에서 열이 나 가죽을 벗긴 듯 바들바들 떨렸다. 밤에는 힘이 모두 빠져 몸을 동그랗게 말아서 주둥이를 사타구니에다 넣었다. 만약 늑대가 사람이었으면 이제 무슨 꾀를 낼까 고민하고 있을 것이다. 하지만 늑대는 아무 생각도 하지 못하고, 온몸이 떨려 정신없이 잠을 잤다.

아침에 깨어 보니 해는 이미 떠 있었다. 새하얀 평원이 눈부시게 빛나고 있었다. 사타구니에 넣은 주둥이를 빼자 맑은 공기가 코를 찌르고 있었다. 이런 초원의 맑은 공기가 아픈 몸을 회복시켰다. 하지만 마음에 또 '그 암컷! 그 아름다움의 흔적이 어디 있을까?' 하는 생각이 먼저였다. 밤에 바람이 불어 발자국들을 모두 없앴으니 이제 땅에 주둥이를 대고 냄새를 맡으며 다녀야 했다. 하지만 여전히 몸은 너무 무거웠고 발은 더욱 무거웠다. 어쩔 수 없이 앞으로 한두 걸음을 내디뎠다.

어느 새 발이 깨져 피가 흘러 핏길을 만들었다. 그 다음 또 다른 발이 깨졌다. 이것은 그에게 걷기를 멈추라는 신호였다. 어쩔 수 없이 지친 몸을 땅에 뉘었다.

늑대는 슬퍼할 줄 모르는 동물이다. 오직 할 줄 아는 일이라면 두 눈을 꼭 감고 죽은 듯 눕는 것이다. 그의 눈에 늘 아른거리던 그 암컷, 암컷에 대한 생각을 접어두고, 깨진 발을 핥았다. 이렇게 하니 아픔이 가라앉고 또한 몸의 열이 없어졌기 때문에 밤이 되자 편안한 잠을 이룰 수 있었다. 밤에 꾼 꿈이 너무 좋았다. 이름 모를 한 높은 산 정상에서 암컷과 함께 동물을 잡아먹으며 놀았다. 넓은 초원을 보니 가축들이 풀을 뜯고 있었다. 어느 새 자기도 그 평원 가운데 서 있었다. 하지만 풀을 뜯던 가축들은 사라지고 대신에 노루들이 나와 있었다. 어디를 보든 노루들이 달린다. 그는 살찐 노루를 쫓아다녔다. 노루의 살 많은 엉덩이가 바로 눈앞에 보였다. 노루가 잡힐 듯 잡힐 듯 했다. 숨이 막혀 몸이 지쳐서 노루를 놓칠 뻔하자 갑자기 암컷이 나타나 뒤쫓았다. 막히는 숨을 가라앉히며 보니 암컷도 곧 노루를 잡을 듯했다. 그의 마음이 흔들렸다. 이렇게 기쁘고 행복한 생활은 처음이었다. 그 다음을 이어 받듯이 그 노루를 쫓아 금방 잡았으며, 노루의 굵은 허벅지에 그의 이빨을 박고 맛있는 뜨거운 피를 빨았다. 노루가 넘어지며 네 다리를 길게 뻗고 누웠다. 모든 일이 꿈이라고 할 수 없이 생생했다. 이렇게 기쁜 사냥을 처음 해 보았던 것이다. 하지만 눈을 뜨니 꿈속의 풍경은 허망하게 사라졌다.

먹이를 찾아다니던 토끼 한 마리가 낮은 숲 속에서 갑자기 들어왔다가 그를 보자마자 달아나는 바람에 잠이 깼고 맛있는 꿈도 사라진 것이었다. 토끼가 달려가는 뒷모습을 보고 그는 안심이 되었다. 이미 새벽이 되어 노랗게 동이 트고 있었다. 그는 일어나지 않고, 어제 핥았던 발을 다시 핥았다. 발을 계속 핥으며 하루를 보냈다. 밤이 되어 별이 반짝이자 천천히 일어섰다.

자, 내 고향이 어디쯤 있지? 하며 머리를 올려 주위를 살폈다. 새하얀 평원만 보일 뿐이다. 여기 누워 있는 동안 바람이 불어 그 전의 발자국들이 다 사라졌다. 사실, 그놈의 암컷 때문에 낯선 땅에 쓸쓸히 혼자 남게 된 것이다. 하지만 마음은 그러지 않았다. 밑을 보아 땅 냄새를 맡고, 그 뒤를 따르기로 했다.

처음에는 발을 보다가 천천히 걷기 시작했다. 깨진 발이 좀 나아졌고, 피가 다 굳었기 때문에 달릴 준비가 되어 있었다. 앞으로 나갈수록 암컷의 냄새가 코를 찔러 정신을 혼미하게 만들었다. 그를 따라간 놈들의 냄새는 그의 질투와 분노를 부추겼다. 달릴수록 몸이 가벼워졌다. 그는 계속 달리고 있었다. 그 전에는 발자국을 찾아다녔던 반면에 이제는 냄새를 맡아 다니기 때문에 거리를 크게 단축하곤 했다.

아침에 말고기 냄새가 갑자기 코를 찔렀다. 땅 냄새를 맡아보니 몇 걸음 거리 웅덩이에 죽은 말의 뼈가 있는 것이 분명했다. 요즘 며칠 먹이를 먹지 않았기 때문에 배가 고팠고, 갑자기 군침이 돌았다. 자연은 다른 동물보다 늑대에게 특히 조심성을 많이 주었기 때문에 그는 조심하여 천천히 웅덩이를 들여다보았다. 웅덩이에는 죽은 지 얼마 안 된 말의 뼈가 빨갛게 보였다. 냄새를 맡고 나니 살과 기름이 보여서 정신을 나가게 만들기에 충분했다. 군침이 너무 돌아 침착성을 다 잊어버렸다.

하지만 지금 가서 먹을 것인지를 고민하다 결국 안 가기로 했다. 코를 찌르는 맛있는 피냄새를 피하기 위해 콧물을 몇 번 삼켰다. 밥 먹은 뒤 입맛을 다시며 주둥이를 핥던 것처럼 주둥이를 핥고 나서 앞으로 달렸다.

앞에 많은 늑대 발자국이 얇은 눈 위에 뚜렷이 보였다. 그들의 냄새가 말고기 냄새와 섞여 더 진하게 풍긴다. 그 중 암컷 냄새는 '네가 와' 하듯 더욱 뚜렷이 느껴졌다. 순식간에 몇 개의 언덕을 넘어 달렸다.

나머지 늑대들은 배가 부른 것이 분명했다. 언덕 위에 암컷을 둘러싸고 자고 있었다. 늑대는 원래 추위를 잘 안타는데 아까 먹은 말고기가 열을 더해 주었는지 다들 입을 벌려 숨을 몰아쉰다. 그들 입에서 나는 더운 김이 찬 공기에 서리가 되어, 피 묻은 몸을 하얗게 덮어 분홍색으로 만들었다. 그러나 그들 옆에 한 늑대가 왕따를 당하듯 따로 누워 있었다. 그는 며칠 전에 돌랑 하이르한의 아들과 마찬가지로 몸이 지쳐 늦게 온 놈이었다. 지금은 발이 괜찮지만 달리는 속도가 느리고 또한 몸이 뚱뚱하기 때문에 남들 뒤에 쳐졌다가 조금 전에야 도착한 것이었다. 말을 잡는 일에 이빨을 섞지도 않았고, 그들이 배부르도록 먹고 간 다음 남은 볏조각을 몇 조각 먹은 것뿐이었다. 그도 도착해서는 남들과 마찬가지로 암컷 가까이에 가지 않았다. 며칠간 계속 뒤를 따라다니다가 이제 겨우 도착한 것만으로도 너무 흡족한 것이었다. 암컷을 한참 바라보고 있노라니 갑자기 시기와 질투가 불기운처럼 일었다. 특히 암컷 바로 뒤에 누워 있는 늑대 형제들을 보니 속이 부들부들 떨렸다. 하지만 조심했다. 이들이 깨어나자마자 나를 공격할 것이라고 예상하며 가만히 누워 있었다.

그 사이에 돌랑 하이르한의 아들은 달리고 있었다. 신기하게 앞다리에 새로운 힘이 생긴 것 같았다. 고픈 배를 더 당겨 달리는 것은 활을 쏘는 것과 비슷했다. 숨이 안 막히게 되자 얇은 분홍색 혀를 내밀어 입으로 숨 쉬고, 가슴에 쌓인 열을 시원하게 식혔다. 이렇게 몸이 회복되자 용감해지고 '이제 저 암컷은 내 거다. 지금 누구도 암컷을 가까이 하지 않을 것이다. 누군가가 가까이 오면 죽을 힘을 다해 저항할 것이다.' 하는 생각만 하고 있었다.

계속 달리다 마침내 그들이 있는 곳에 당도했다. 암컷 주변에 둘러 누운 놈들을 지나 암컷에게 가까이 가서야 발을 멈추었다. 암컷이 깜짝 놀라 깨어나 그를 보자마자 화를 내며 공격했다. 지금은 그를 달랠 시간이 아니었다. 다른 놈들도 다 울며 일어났다. 그들 모두 돌랑 하이르한의 아들을 향해 공격했다. 주둥이의 얇은 가죽을 찌푸리고, 길고 긴 송곳니들을 드러내며 운다. 며칠 전 싸움에서 그들이 암컷은 내 것이다 하며 싸운 반면 지금은 '돌랑 하이르한 아들을 반대한다. 지금 우린 먼저 너를 죽여야 한다.' 하고 합의라도 한 것 같았다. 돌랑 하이르한의 아들은 '씩씩하고 영리한 것은 나 뿐이다! 이 놈들아 모두 덤벼라.' 하고 제일 먼저 복수의 대상인 늑대 형제를 공격했다. 단숨에 그들을 뒤집어 놓고, 나머지 놈들을 공격했다. 몸도 가볍고, 용감해졌다. 다른 놈들보다 며칠 굶은 것이 오히려 잘 된 것 같았다. 나머지 놈들은 배가 불러 숨만 차고, 또한 금방 잠에서 깼기 때문에 몸이 민첩하지 못했다. 그가 그 가운데를 불처럼 여기 저기 달려가 자신에게 걸린 놈들을 제압하고, 다시 일어나 공격하지 못하도록 철저하게 물어뜯었다. 하지만 그가 누구보다 좋아하던 암컷이 갑자기 뒤에서 공격해 오는 바람에 오히려 다른 놈들에게 깔려버렸다. 모두들 화가 나있던 터여서 여기저기서 사나운 이빨을 들이댔다. 돌랑 하이르한의 아들은 힘이 빠졌다. 이제 오히려 그 밑에서 어떻게 빠져나올까를 궁리해야 했다. 또 다시 가죽이 뚫리고, 털이 빠지고 피가 흘렀다. 몸이 토막이 날 지경이었는데, 다른 놈들이 갑자기 서로 싸우기 시작했다. 알고 보니 그들이 서로 싸운 것이 아니라, 항상 왕따 당하던 뚱뚱한 그놈이 이번에는 돌랑 하이르한의 아들이 궁지에 몰리게 되자 그를 보호하고 싶어 그 편을 들었던 것이다. 그 순간에 돌랑 하이르한의 아들은 죽음에서 빠져나왔다.

싸움을 계속했다. 암컷을 공격해 도망치게 하고, 그 뒤를 쫓았다. 남들도 정신없이 따라 달렸다.

새하얀 평원에 암컷을 따라 여덟 마리의 늑대가 달린다. 처음에 열 몇 마리였다가 힘이 빠진 놈들은 떨구어 내고 이제 이들만 남았기 때문에 그들을 장수라 할 만했다.

항상 먼저 달리던 암컷이 이번에는 배가 불러서 전처럼 달리지 못했다. 그 바로 뒤에 돌랑 하이르한의 아들이 남들보다 앞서 바짝 따라붙었다. 암컷의 몸에 입을 자주 대 울게 하면서, 계속 쫓았다.

다른 놈들을 모두 떼어 놓고 결국 둘만 남게 됐다. 그러나 지금은 그에게 암컷을 달랠 마음이 없었다. 조금 전에 자신을 공격한 싸움 때문에 분노가 치밀었지만 이를 억누르고 이렇게 마음먹은 것도 잘한 것이었다.

암컷이 자신도 모르게 지쳐 몸을 멈추고, 다리를 위로 향해 땅에 누워 눈을 감았다. 이것은 네가 나를 어떻게 하든 네 마음대로 하라는 뜻이다. 돌랑 하이르한의 아들의 분노가 금방 눈 녹듯이 사라졌다. 암컷이 풍기는 냄새에 정신이 나가 자신도 모르게 애무하고 싶었다. 하지만 이 일 또한 만만치 않았다. 뒤에 남은 뚱뚱한 놈이 달려와 아까 내가 네 생명을 살려 주지 않았니? 그러니 암컷을 나한테 넘겨 달라는 듯 자신을 드러낸 것이다. 그렇지만 그럴 수는 없다. 둘이 '암컷이 내 것이다.' 하고 다투듯 으르렁댔다. 돌랑 하이르한의 아들이 밑에서 공격했다. 하지만 그도 가슴에 엄청난 힘이 있다는 사실을 알았다. 그 밑에서 빠져나와 방법을 바꾸어 싸우다가 결국 이겼다.

이 사이에 남은 놈들이 한두 마리씩 따라왔지만 돌랑 하이르한의 아들이 무서워 가까이 다가오지 못했다.

암컷이 또 앞으로 가자 돌랑 하이르한의 아들이 따라 나섰다. 그 뒤를 나머지 놈들이 뒤따라왔지만 갈수록 한둘 씩 떨어져 가고 있었다. 다만 그 뚱뚱한 놈만 배가 고프기 때문에 몇 걸음의 거리만 두고 잘 따라오고 있었다.

지칠 줄 모르는 암컷도 반나절 동안 달린 뒤 피곤했던지 걸음을 멈추었다. 그동안 몇 번 멈추어 쉬었으며, 이때마다 돌랑 하이르한의 아들을 달래고 있었다. 다시 말해 화 많은 놈들을 무릎 꿇게 한 그 아름다운 몸이, 용감한 자가 충실한 짝이 될 만하겠다고 인정하는 것이었다.

하지만 쉴 때마다 그 뚱뚱한 놈이 달려와 격렬한 싸움을 치르고 있었다. 마지막 싸움에서 뚱뚱한 놈이 제대로 물리면서 발에 깊은 상처를 입고 뒤로 쳐졌다. 나머지 놈들은 저 멀리 떨어졌기 때문에 이제 돌랑 하이르한의 아들이 자신의 목적을 달성하고 마침내 제 욕구를 충족시킬 시기가 다가온 것이었다.

이 모든 것은 자연의 위대한 시험이다. 자연은 1년 4계절 중 제일 힘든 계절에 암컷에게 유난히 큰 힘을 주고, 그로 인해 수컷들을 경쟁시킨 것이며, 이 시험에 돌랑 하이르한의 아들이 최종 합격한 것이었다. 다시 말해 자연에 이런 시험이 없었으면 늑대의 후세는 약해지고 나약해져서 벌써 여우처럼 약한 놈이 되었거나 아니면 늑대라는 동물은 벌써 지구상에서 멸종되었을지도 모른다.

그는 꿈이 이루어지자 몸이 지친 것을 느꼈다. 그 순간 남들과 싸우거나 시기할 생각은 사라지고 편안하게 살고 싶은 여유가 생겼다. 암컷도 마찬가지로 몸도 달라지고 제 힘으로 훌륭한 짝을 찾았기 때문에 마음이 기뻤다.

이렇게 둘이서 얇은 눈으로 쌓인 곳에서 해질 무렵부터 새벽까지 편안하게 깊은 잠에 빠져들었다. 그 사이에 어떤 일도 생기지 않았다. 뒤에 남은 늑대들이 왔지만 암컷 냄새를 맡자마자 벌써 일이 끝난 줄을 알고 오히려 역겨워한다. 일부는 '어떻게 하냐 이 아름다운 몸이 쇠약해진 것을……' 하듯 콧소리 내며 뒤를 보고 눕는다. 하지만 돌랑 하이르한의 아들에게 복수할 마음은 누구에게도 없었다. 또한 암컷을 쫓아다니면서 얼마나 많은 싸움과 욕심을 부렸는지 뒤돌아보고 후회하거나 반성도 하지 않았다. 이런 면에서 그들은 진정 늑대이며, 다른 동물보다 규율에 충실하다고 자랑할 만했다.

그러나 그들 가운데 그 뚱뚱한 놈이 없었다. 마지막 싸움에서 상처를 입은 채로 남은 것이었다. 아마 거기서 상처 때문에 죽음을 맞을지도 모른다. 아니면 상처가 나아 고향을 찾아가거나 살기 위해 다른 곳으로 이동할지도 모른다. 그도 아니면 상처가 난 동안 인간이 나타나 죽이고, 가

죽을 가져갈지도 모른다. 하지만 그의 앞일을 누가 알랴. 팔자가 그렇게 되어 있다면 배고픈 독수리가 날아와 생명을 빼앗아갈 사고가 날지도 모른다.

암컷을 따라온 놈들 가운데 그 불쌍한 뚱뚱이를 생각해 줄 놈은 없었다. 다들 오직 자기 자신만 생각할 뿐이다. 다들 암컷의 아름다운 몸에 손대지 못한 것을 아쉬워할 뿐이다.

다들 목적 달성에 실패하자 한꺼번에 온몸으로 피로가 엄습하여 잠을 자는 것만 중요했다.

구름 없는 하늘에 벌써 해가 뜨고, 아침의 추위가 사라진 뒤 암컷이 돌랑 하이르한의 아들과 동시에 깨어났다. 쑤신 몸을 풀어 기지개를 켠 다음 돌랑 하이르한의 아들이 암컷을 사랑하는 남편처럼 애무하자 암컷도 그 답으로 '우린 이제 삶을 꾸려가야 하지 않는가.' 하듯 친한 목소리로 울고, 그의 긴 가슴에 머리를 묻었다.

암수컷 사이의 이런 소리에 모든 늑대들이 일제히 잠에서 깼다. 서로 편안하고, 화해한 친구들이 된 것 같았다. 짝이 된 둘이 서쪽을 향해 가자 둘을 배웅해 주자는 듯 다들 같이 일어났다. 그리고는 곧 한두 마리씩 사라졌다.

돌랑 하이르한의 아들은 지치고, 또한 배가 고프기 시작했다. 겨우 다리를 옮겨 다닌다. 여기저기 먹을 만하고, 잡을 만한 것이 무엇이 있나 눈을 번득이며 살펴보았지만 하얀 눈에 덮인 평원, 푸른 아지랑이로 가득 찬 산맥밖에 눈에 들어오지 않았다. 마음에 온통 제 고향 돌랑 하이르한만이 있었다. '고향에 도착하면 적어도 바위에 굴러다니는 쥐들이라도 많을 텐데….' 하고 생각하고 있었다. 암컷이 이틀 전에 먹은 말고기는 그 당시에는 숨을 막히게 했지만 지금은 소화되어 더 힘이 있어 보였다. 하지만 암컷은 이제 그를 남편으로 여기고 그의 뒤를 따라가는 것이다.

돌랑 하이르한의 아들은 전에 웅덩이에 많은 노루들이 누워 있던 것이 갑자기 생각나자 기분이 좋아졌다. 몸의 피로가 바로 잊혀지면서 근육이 더욱 단단해졌다. 하지만 불운이 생겼다. 갑자기 달리다가 무엇에 걸려 넘어졌다. 코를 다치고 눈도 아파서 정신이 가물가물했다. 울고 일어나, 노루가 있었던 곳을 보니 암컷이 벌써 한 마리를 사냥해 놓은 뒤였다. 얼마나 기뻐했는지. 또한 그 맛있는 먹이를 혼자 거의 다 먹어 배가 부르자 암컷을 사랑하는 마음이 또 새로워졌다. 아마 이들의 탄탄한 부부의 생활은 여기서부터 시작되었는지도 모른다.

마침내 돌랑 하이르한의 아들이 아내를 데리고, 제 멋대로 돌아다니다 고향에 도착했다. 처음에는 그의 친척부터 시작해 그 지방 늑대들이 암컷을 따돌렸다. 그래서 그가 가장 먼저 암컷을 보호해야 했다. 매일 조그마한 싸움이 나기 때문에 가능하면 그 싸움을 피하고 싶었고, 그렇게 함으로써 그들은 개별적으로 생활하게 되었다. 둘이서 아주 화목하게 사냥을 했다. 사냥으로 얻은 물건은 항상 서로 나누어 먹었다. 이렇게 행복한 삶은 어느 늑대에게도 없었을 것이다.

몇 달 뒤부터 암컷의 배가 불러와서 사냥하기가 힘들게 되었다. 그래서 수컷은 어쩔 수 없이 혼자 먹이를 찾아다녔다.

이때 봄이 되어, 그 주위의 집들이 겨울나기 집에서 나와 여기 저기 이동해 갔으며 또한 가축들이 새끼를 낳는 시기라 사람들은 새끼를 잘 받기 위해 가축들에 대한 경계를 강화했다. 그 집의 개들도 조심성이 높아져 늑대들이 가축 우리로 가까이 오지 못하도록 경계를 했다.

하지만 그는 먹이를 구하기 위해 노력했다. 어떤 때는 사냥을 하는데 5, 6일이 걸리기도 했다. 그동안은 제 배를 오래된 가축 뼈, 죽은 가축의 뼈로 불리고, 남의 집 가축 우리를 멀뚱히 내다본다. 그리고 일이 제대로 이루어지지 않으면 말들을 공격해 제 운을 실험해 본다. 또 그것이 잘 되지 않으면 노루를 쫓아 본다. 이것도 쉽지 않으면 혼자서 하는 사냥이 힘들어진다. 결국 방법이 없어 관목 숲에서 토끼를 찾아 냄새를 맡았다. 아마 이때 '늑대가 산다는 것이 적과 싸우는 것보다 힘들다.'는 인간의 말을 들었으면 '정말 그러네' 하며 호응했을지도 모른다. 하지만 그는 일이 생길 때마다 열 몇 개의 꾀를 찾아내 항상 승리했다.

그러던 어느 날, 한참을 돌아다녀도 먹잇감이 너무 없어 비쩍 마른 늙은 노루를 잡아 왔을 때 암컷이 벌써 새끼를 낳은 뒤였다. 입에 물고 온 노루를 암컷 앞에 던지자 그는 겨우 몸을 움직여 일어났다. 그 배 밑에 잠자고 있던 여덟 마리의 새끼들이 찬바람을 맞자 다들 울어댔다. 전에 수컷은 이들에 관심이 없고, 우는 소리를 듣고 도망치곤 했다. 하지만 지금은 달랐다. 볼수록 귀엽고, 그 냄새까지 향기로웠다.

날이 갈수록 새끼들은 몸이 커지고, 더 예뻐졌다. 하지만 놈들이 얼마나 먹보인지 모른다. 엄마의 젖을 물어뜯을 정도로 먹보가 되었기에 암수컷이 제 새끼들을 키우기 위해 몸이 마르도록 헌신해야 했다.

하지만 그동안 사고가 많았다. 한번 나갔다 오니 새끼들이 서로 놀다가 한 새끼를 높은 바위 밑으로 밀어 죽인 경우도 있었고, 또 어느 날은 새끼들이 노는 동안 독수리가 날아와 한 마리를 채 간 일도 있었다. 또 한 놈은 제 양을 모르고 엄청나게 많이 먹어 탈이 나 죽은 경우도 있었다. 그렇기 때문에 부부는 항상 근심이 떠날 날이 없었다.

사람은 원래 제 자식을 잘 키우는 것을 원하는 반면 늑대는 제 자식을 사냥을 시키고, 피는 흘리는 법을 가르친다. 이런 관습에 따라 돌랑 하이르한의 아들이 암컷과 6개월간 노력한 끝에 새끼들을 저 혼자 생활할 수 있도록 키워 겨우 마음을 놓게 되었다.

생각해 보면 이들의 생활이 이제 편해질 것 같았다. 하지만 그렇지 않았다. 한겨울이 되자 암컷이 성격이 갑자기 변해 며칠간 돌랑 하이르한의 봉우리들을 건너가 울고, 그 주위의 모든 수컷을 불러 모은 뒤 '자, 이제 너희들이 내 뒤를 따라와 힘을 겨루어 봐' 하듯 바람을 거슬러 달려갔다. 새로운 수컷을 얻으려는 것이다. 그러나 이것은 자연의 이치였다.

암컷을 따라가는 자들 가운데 돌랑 하이르한의 아들도 참여했다. 하지만 작년과 다르게 항상 암컷 뒤에 달린다. 또한 왕따 당한다든가 그런 것이 전혀 없고, 오히려 남들을 무섭게 한다. 만약 화나면 암컷과 힘을 합쳐 물어 버린다.

결국 또 다시 암컷과 교접이 되어, 돌랑 하이르한으로 돌아왔다.

그 이후의 삶은 그 전과 똑 같았다. 지난 일들을 반복하면서 젊은 시절을 보냈다. 각별한 것이 있다면 지금으로부터 4년 전에 매년 겨울이 되면 달려가듯 그 해 겨울에도 달려가다가 돌아오는 길에 암컷이 금방 죽은 한 가축을 먹으러 가다가 뒷쪽 다리가 덫에 걸렸다. 다리를 빼려고 온 힘을 다했지만 사람이 나타나는 바람에 다리를 힘껏 물어 간신히 빠져 나왔다. 가까스로 목숨은 건졌지만 영원히 절름발이가 되었다.

그날 이후 암컷의 몸은 회복되지 않았다. 나이 먹어 가면서 늙어가고 있었다. 그때부터 삶의 터전이 된 돌랑 하이르한에 몸을 기댈 수밖에 없었다. 이제 암컷은 성한 이빨 하나 없고, 눈빛이 희미해져 버렸다. 머리도 혼미한 상태가 계속되었다. 사냥은커녕, 곁에 마련되어 있는 먹이도 제대로 못 보는 것이 일쑤였으며, 경험 많고 간교한 꾀를 가지게 된 수컷 덕으로 살게 되었다.

늙은 늑대는 암컷부터 여러 새끼들을 다 데리고, 타르가트의 하얀 평원을 향해 걸어간다. 늙은이 뒤에 젊은 남녀, 그 뒤에 새끼들이 질서를 지켜서 가는데 그들 가족에게 새로 온 한 젊은 수컷이 옆에 혼자 다닌다. 그는 자주 앞서느라 늙은이와 나란히 갈 때도 있었다.

늙은이 생각에 '야, 이놈이 무엇 때문에 나를 앞서려고 하지?' 하고 화가 나서 그를 앞서려고 할 때마다 젊은 늑대는 울음을 내었다. 사실 한 가족을 다스린다는 일이 쉬운 일만은 아니다. 조그마한 사고가 나도 얼마나 큰 부상을 당할 수 있는지 늙은이는 잘 안다. 하지만 젊은 수컷은 '왜 이렇게 느려. 이런 식으로 가면 우리가 언제 먹이를 찾아 가겠어.' 하며 답답해 한다.

북동쪽에서 일어난 검은 구름이 앞으로 이동해 온 하늘을 다 덮어버렸다. 늙은이는 이제 곧 소나기가 내릴 것이라는 것을 잘 알았고, 이 기회에 가까운 데서 먹이를 찾을 수 있다고 확신했다. 하지만 시간이 너무 이르고, 집집마다 말 젖을 짜고 망아지를 풀어 놓고 있었다. 저 멀리 있는 타르가트 강이란 조그마한 강 가에 있는 집에서 사람의 목소리와 가축 울음이 계속 들려왔다. 제일 앞에 있는 집의 개가 먼저 짖었다. 그것은 늑대가 왔다고 알리는 신호였다.

늙은이는 속으로 '야, 그동안 네가 나를 여러 차례나 집 가까이 다가서지 못하게 했어. 나는 이제 너의 집을 공격할 힘도 없고, 너도 늙었다구.' 하고 생각하고 있었다.

또한 늙은이가 그 많은 개 짖는 소리 중에서 또 한 마리의 개를 각별히 알고 있었다. 그 개는 나이가 젊고, 조심성이 특히 뛰어났고, 달리는 속도도 빠르고, 가슴 부분이 하얀 검은 암컷이다. 주인이 항상 그 암캐를 구박하여 먹이를 덜 주기 때문에 힘이 약한 놈이었다. 늙은 늑대가 그 암캐가 짖는 것을 보고 '아, 너로구나? 네가 짖는 것이 당연하다. 시야가 보이는 곳에서 짖을 뿐만 아니라 언덕 뒤에 있을 때 소리만 듣고도 알아차리고 짖는 것을 내가 잘 안다. 너는 빠르고 머리가 똑똑하지. 원래 네가 우리 늑대로 태어났더라면 잘 맞았을 텐데. 하지만 너는 집이나 지키고 찌꺼기 음식이나 먹는 운명을 타고 났어.' 하고 생각했다. 하지만 젊은 늑대들은 수캐들의 성향을 알아채지 못한다. 이렇게 그냥 걷기보다 남의 집 가축을 공격했으면 하고 생각한다.

타르가트 강 가에 있는 집들의 동쪽으로 나오자 방목하는 말떼가 나타났다. 갑자기 늑대들을 보자 멈추더니 머리를 들어 콧소리들을 냈다.

늙은 늑대도 이들 가운데 있는 말들을 전부터 잘 알고 있었다. 말떼 가운데 검은 말이 앞으로 나와 공격에 대비해 앞다리로 흙먼지를 일으켰다. 검은 말은 옛날부터 알던 놈이었다.

늙은 늑대가 아버지 늑대를 따라 처음 사냥을 하기 시작했을 때였다. 검은 말이 물론 망아지였을 때다. 늙은 늑대의 아버지 늑대는 그 망아지를 보고 첫눈에 미래에 자식들에게 위험한 놈이 될 것을 알아보고, 어느 날 밤 자식들을 데리고 와서 잡아먹기로 했다. 엉덩이에 입을 댔지만 그의 어미가 생명을 다해 보호하며 공격했다. 또한 아버지인 종마는 더욱 사납게 아버지 늑대의 등을 꽉 물었기 때문에 아버지 늑대는 그 여름에 사람들에게 잡혀 죽게 된 것이다. 이제 이 검은 말도 늙으면서 달리는 속도를 잃어 그냥 한가롭게 주인이 타고 다니는 말이 되었다.

그런 사연 때문에 늙은 늑대가 나이가 들어 이것저것 궁리할 수 있게 된 뒤 이 말을 만날 때마다 안타깝게 죽은 아버지 늑대를 떠올리곤 했다.

하지만 적이라는 존재는 언제나 없어지지 않는 법이다. 하나를 이기면 또 하나가 나타나 이어가는 법이다. 그 검은 말 뒤에 또 한 놈이 와서 흙먼지를 일으켰다. 그것은 그의 동생이었다.

그들 주인은 키가 크고, 가슴이 작고, 얼굴뼈가 넓고, 독수리처럼 눈빛이 지독한 나이 많은 사람이었다. 주인은 검은 말의 동생이 성숙하게 되자 가끔씩 타고 늑대 사냥을 나서곤 했다. 그래서 늙은 늑대는 그 말과 주인을 누구보다 잘 알게 되었던 것이다. 사실 그 사람이 최근 돌랑 하이르한의 모든 늑대들을 죽이거나 다른 지방으로 내쫓아 거의 없애버린 것이다. 사람마다 늑대의 꾀에 감탄하며 정말 교활한 놈이라고 말하는 반면에 그 주인은 늑대의 꾀를 자기 손금 들여다보듯 훤히 꿰뚫어보고 있었다. 이런 식으로 그 주인은 주위 모든 늑대들의 살해자가 되었으며, 늙은 늑대는 또한 남들과 다르게 꾀를 부릴 줄 알았기 때문에 지금까지 살아남아 무사히 암컷을 데리고 살아가는 것이다.

갑자기 나타난 늑대들 때문에 말떼들이 한곳에 모였다. 철없는 망아지들이 '이 동물은 무엇이냐.' 하듯 떨어져 놀자 황색 토종마가 갑자기 달려가 그 망아지들을 한 곳에 모이게 하고 나서 늑대를 향해 머리를 들어 보았다. 이 종마는 그날 늙은 늑대의 아버지의 생명을 빼앗아간 놈이었다. 하지만 늙은 늑대는 그에 대한 복수심이 없었다. 오히려 젊은 때의 기억이 생생했다. '너 그만해라. 너희 무리를 공격하면 안 된다는 것을 내가 잘 알고 있다.' 하며 유유히 앞을 향해 가고 있었다.

하늘을 덮은 검은 구름이 빗방울을 떨구기 시작했다. 이어 번개가 치고 그때마다 세상을 환하게 비추었다. 반짝이는 짙은 빛에 눈이 부셔 한동안 앞을 못 보게 만들 것이며, 이런 일을 생전 처음 겪는 새끼들이 무서워 울고, 제 엄마를 찾아간다. 비가 더욱 심해져 천둥까지 치자 새끼들은 계속 울어댔고, 젊은 놈들도 무서워했다.

하지만 늙은이에게 이것은 아무것도 아니었다. 물론 벼락을 맞아 죽을 위험이 있다는 것을 잘 안다. 하지만 늙은 늑대는 속으로 '이 비는 정말 우리에게 먹이를 주겠지.' 하며 즐겁게 생각한다. 반면 그 옆에 젊은 수컷은 '이런 비에 무엇 하러 이렇게 다니냐? 대신에 바위 밑에 들어가서 쉬는 게 얼마나 좋은가?' 하고 원망을 한다. 늙은이는 계속 앞으로 가고 있었다.

타르가트 강 가에 있는 집들의 동남쪽에 빈 역참 거리에 도착해 걸음을 멈추고, 누웠다. 늙은이는 다른 놈들에게 아무런 신호도 주지 않았지만 그들은 그를 따라 누웠다. 천둥과 번개가 치고 소나기가 계속되었다. 하지만 눈에 보이고, 귀에 들릴 만한 먹잇감은 없었다. 늙은이는 먹이가 저절로 들어온다고 확신하며 누웠다. 하지만 젊은 수컷 늑대는 '이게 뭐야. 세상에 저절로 들어오는 먹이가 어디 있어?' 하며 불평했다.

하늘이 비를 계속 퍼붓더니 밤이 되자 마침내 소나기가 그쳤다. 그래도 늙은이는 계속 누워 저절로 먹잇감이 들어오기를 기다렸다.

그런 참에 갑자기 양 울음소리가 들렸다. 늙은이의 예측대로였다. 소나기에 양떼를 따라가다가 길을 잃은 양이 굴러들어온 것이다. 양 냄새가 코를 찌르고, 그의 그림자가 또렷이 보이게 되자 늙은이는 어떤 양을 잡아먹을까 궁리했다. 제일 먼저 뚱뚱한 수컷이 생각났다. 하지만 이내 '그만두자. 그러자면 내 힘이 모자라지.' 하고 생각했다. 2년 전에 뚱뚱한 수컷 한 놈을 잡으려다가 그에게 끌려다니다가 도리어 개들에게 잡힐 뻔한 적이 있었다. 그러자 이번에는 암컷 양이 눈에 들어왔다. 고기가 부드럽고 맛있다는 것을 늙은이는 잘 안다. 그러나 우리 마누라와 나에게 힘이 모자란다는 생각이 들어 두 살 된 어린 양을 잡았다. 어린 양은 쫓겨서 머리를 늙은 양 배 밑에 넣었다. 하지만 늙은이는 '편안하게 그냥 있을 것이지, 달려봤자 힘만 빠지지.' 생각한다. 새끼 양은 달릴수록 자신의 목숨을 제 스스로 단축한다는 사실을 늙은이는 잘 안다. 새끼 양이 땅에 넘어져 다리를 한참 떨다 축 늘어졌을 때 늙은 늑대가 이빨을 그의 몸에서 뺐다. 주위에 무슨 일이 있었는지를 살펴보니 젊은 두 놈이 벌써 한 마리씩 잡고, 그 옆에서 늑대 새끼들이 정신없이 먹고 있었다. 하지만 남은 양들은 도망가는 대신 멍청하게 그를 쳐다보고 섰다. 암컷도 양 새끼의 엉덩이를 먹느라고 바쁘게 움직이고 있었다. 늙은이는 '야, 조금 기다려!' 하듯 암컷의 주둥이를 밀고, 자기가 먼저 정리하기 시작했다. 이런 일에는 그가 경험이 더 많았다. 먼저 내장을 빼고, 편안하게 먹기 시작했다.

젊은 늑대들은 배가 부르자 다시 양들을 공격해서 닥치는 대로 잡아대고 있었다. 이렇게 해야 그들의 마음이 풍족해질 것이다. 늑대 새끼들도 마찬가지로 새끼 양들을 마구 쫓아다닌다.

늙은이는 천천히 양을 뜯어 먹으면서 이 모든 것을 편안하게 살펴보고 있었으며, 자기도 젊었을 때 그렇게 했던 것을 회상하고 있었다. '야, 정말 세월이란 빠르구나.' 하면서, 또한 이 모든 것이 나중에 엄청나게 큰 비극이 될 수 있다는 생각에 이르자 가슴이 덜컥 내려앉았다. 그래서 그는 그만 먹고 암컷을 데리고 산으로 갔다.

타르가트 강 가에 있는 집들이 새벽녘에 양들이 갈라져 가는 것을 알고 금방 소문이 퍼졌다. 아마 늑대들이 잡아먹었을 거라고 사람마다 이야기하면서, 다들 놀랐다. 양들을 몰아올 말이나 사람이 누가 있냐를 이야기한 끝에 몇 명이 말을 타고 떠나갔다.

사람들은 늑대가 양들을 사냥한 처참한 지경을 보고 깜짝 놀랐다. '이것은 우리 양이다. 이것은 너의 양이다. 이것은 누구 양이냐.' 하며 서로 분개하며 정신없이 소리쳤다.

여기 저기 흩어져 다니는 양들을 모으면서 늑대에 물려서 상처 입은 양들을 보고 안타까워했다. 늑대를 원망하여 '당장 때려 죽이고 싶어!' '잡아서 가죽을 홀랑 벗겨버릴 거야!' 하고 욕을 퍼부었다.

그들에게 한 나이 많은 남자가 다가왔다. 이 사람은 다른 데 사는 사람이며, 늙은 늑대를 잘 아는 체렌치메드이란 사람이다. 그는 아침에 말떼를 몰고 가다가 늑대의 공격을 받은 것을 보고 찾아온 것이었다.

아침 인사 대신에 '이를 어쩌면 좋으냐.' 며 안타까워하자 '당신들이 이를 가만 두면 앞으로 이보다 더 큰 손해를 볼지도 모른다.'면서 그 사람들의 말을 막았다. 그러고 나서 그는 부상 입은 양들을 찬찬히 바라보다가 턱수염을 쓸면서 돌랑 하이르한을 향해 시선을 주고 있었다.

거기서 그는 이렇다 저렇다 이야기를 다 나누지도 않고 바로 말떼를 몰아 집으로 돌아갔다. 집에 가서 망아지를 잡아 매고, 소와 말들을 방목시킨 뒤 그 주위의 남자들을 불러들였다. 그 집은 마유주가 맛있기로 소문이 났다. 모여든 사람들이 준비해 놓은 마유주를 마시면서 양들이 늑대에게 잡아먹힌 이야기를 했다. 그 말 끝에 이야기가 나오자 체렌치메드가 말했다.

"그래, 내가 오늘 아침에 가서 보았다. 양을 잡아먹은 늑대들 중에 분명 늙은 늑대 두 마리가 끼어 있었던 것 같아."

"그게 무슨 말이에요?"

사람들이 놀라 그를 쳐다보았다. 그 가운데 체렌치메드의 친구인 건칙이란 사람이 헤헤헤 웃으며 말했다.

"야! 네가 그 늑대들을 보지도 않고 어떻게 늙고 젊은가를 아냐?"

그러자 체렌치메드가 조용히 웃으며 말했다.

"잘 뜯어 보면 알 수 있지. 한두 살이 된 양 새끼를 늙은 두 늑대가 먹은 것 같애. 먹을 때 뼈를 남기고 물었지만 고기를 다 먹지 못했거든. 만약 젊은 늑대라면 한 마리로 어림없지. 양 새끼 한 마리를 가슴과 엉덩이를 공평하게 나누어 먹은 것을 보면 늙은 늑대 부부였을 것이다."

이때 건칙이 고개를 끄떡이며 '그렇구나' 했다. 체렌치메드가 다시 말을 이었다.

"엉덩이를 먹은 놈이 부드러운 부분만 먹을 때 이빨로 잘 끊지 못하고 물고 먹은 것을 보면 늙은 놈, 아마 늙은 암컷일 것이다. 그러나 가슴 부분을 먹은 것을 보면 고기를 잘 끊고, 부드러운 뼈까지 먹은 것을 보면 어떤 늑대인 것 같니?"

"아마, 늙은 수컷이 아닐까?"

누군가가 말했다. 이런 식으로 체렌치메드가 다른 양들을 일일이 잘 살펴보고, 늑대들의 나이, 이빨, 힘, 수량을 손금 들여다보는 것처럼 낱낱이 분석하여 말했다. 옆에 있던 사람들은 아무 말 않고 귀를 기울일 뿐이며, 마음속으로 정말 지혜가 있는 훌륭한 경험자라고 여기고 있었다. 말끝에 체렌치메드가 말했다.

"이 늑대들은 돌랑 하이르한에서 온 것 같더라. 최근에 늑대들을 다 죽이고 쫓아 버렸지만 그곳에 한두 마리가 남았을지도 모른다. 아니면 다른 지방에서 들어와 이곳에 자리를 잡았을지도 모르지. 아무튼 지금 놈들은 배가 불렀으니 이 기회에 뒤를 바짝 쫓아가 사냥을 해야겠다! 씨를 말릴 좋은 기회지."

그러자 사람들 모두 그러자고 따라 나섰다.

그 다음 날부터 타르가트 강 가에 있는 집 밖에 발 빠른 몇 마리의 말이 동원되었다. 사람들이 사냥할 계획을 상의하고, 어린애들이 그것을 구경하겠다고 아주 시끌벅적했다. 일부는 그 교활한 늙은 늑대 두 마리 사냥에 대해 자신하면서 말을 잠시 묶어 놓았던 줄을 걸기 위해 양쪽에 막대기를 세웠다.

"정말 이 산에는 한 해 한두 번만 나와서 배가 부르도록 먹고 돌아가는 사나운 늑대 두 마리가 있어요."

누군가가 말하자 다른 한 사람이 말했다.

"마치 그걸 두 눈으로 보고 와서 말하듯 하네."

"누구긴, 체렌치메드 아저씨가 보고 왔대."

"체렌치메드 말이 열이면 아홉이 허풍이라는 것을 모르나?"

"아니야, 아주 뚜렷한 증거를 대고 말하더라. 또한 늙은 두 마리 이외에 젊은 두 놈을 데리고 다니는 것까지 알더라."

"그래? 어떻게 그렇게 보지 않고 자신한단 말인가."

"만약 내 말을 믿지 못하겠으면 자네가 가서 보게나."

"그런데, 사냥은 언제 갈 건가?"

"이틀 뒤에."

"아니, 왜 꼭 이틀 뒤란 말인가? 늑대들이 배부른 기회에 지금 당장 잡아 치우지?"

"아닐세. 늑대들이 음식을 먹은 즉시 쫓으면 먹은 것을 토해 버리고 따라오지 못 하도록 달린다네. 먹은 지 삼 일쯤은 되어야 먹은 것이 소화되고, 그때는 몸이 무거워 달리지 못한다네."

"그 말도 체렌치메드의 허풍이다. 정말인지 거짓인지 누가 안단 말인가? 어쩌면 시간이나 낭비할지 누가 아나?"

사람들은 이런 식으로 말을 나누었지만 다들 열심히 사냥을 준비했다.

드디어 삼일 째 되던 날 아침이었다. 돌랑 하이르한의 뒤에서 늑대를 몰아 쫓을 사람 20명 정도, 산 앞쪽에서 기다리다가 평원으로 나오는 늑대를 뒤쫓아 죽일 사람 10명 정도가 역할을 분담했다.

드디어 산 뒤에서 사람들이 동시에 소리 지르며 산을 에워싸듯이 앞으로 진전했다. 가끔씩 총을 쏘았고, 그 소리는 돌랑 하이르한의 바위들을 울리고 메아리쳐서 모든 짐승이 놀라 달아날 정도였다.

이 순간, 젊은 암컷 늑대가 일어나 산 위로 올라갔다. 그 뒤로 새끼들이 비상사태가 일어난 줄 알아차리고 놀라 달렸다. 두 번째의 총소리에 젊은 수컷이 일어나 달렸다. 그는 단잠에서 갑자기 깨어났기 때문에 정신이 없었다. 어디로 갈지 잠시 방황하다가 산 위로 올라갔다.

그날은 너무 더웠고, 또한 먹은 음식이 뱃속에 그득 고여 느끼했고, 숨이 너무 찼다. 산 위에 올라가 뒤돌아보니 사람들이 말을 채찍질하며 올라오고 있었다. 앞을 보니 바위 사이로 암컷이 새끼들을 데리고 들어갔다. 저것이 잘한 일일까 잘못 하는 일일까 젊은 수컷 늑대는 잠시 궁리하고 있었다. 그런데 그 늙은이는 어디를 갔지. 이런 비상시에는 그를 따라가면 살아남을지도 모른다고 생각했다.

또다시 총소리가 울렸다. 전에는 총소리를 이렇게 가까운 데서 들은 적이 없었다. 인간의 총이란 모든 늑대의 복이나 운명을 한꺼번에 무너지게 하는 무섭고 잔인한 도구였다.

젊은 수컷이 앞으로 달려 산 밑으로 내려갔다. 그 뒤에 발자국을 남긴다는 사실을 그는 전혀 모른다.

이때 늙은 수컷은 삶의 터전이 된 바위 구석에 계속 누워 있었다. 사실 배부르지 못한 그는 가까이에서 구해 먹은 음식이 생명을 위협 한다는 불안한 생각에 사로잡혀 있었다. 오늘은 산 뒤 쪽에서 사람들이 갑자기 소리 지르자 늙은이는 모든 위험한 사태를 알아차렸으며, 산 밑에 사람들이 기다리고 있다는 사실을 마치 눈으로 보듯 알아차렸다. 사람들의 목소리가 가까워질수록 바위 구석으로 더욱 몸을 밀어 넣었다. 총소리가 계속 나자 혼이 나갈 듯 무서웠지만 그래도 꾹 참았다. 두 사람이 타는 말의 벅찬 숨을 쉬게 하기 위해 그 옆에 와서 이야기를 나누자 이미 죽을 각오가 되어 있어서였던지 오히려 무서운 것을 잊었다. 말들이 늑대 냄새를 맡고, 콧소리를 내자 주인들이 '하이!' 하고 말들을 달래며 여유 있게 담배를 피워 물었다. 이 모든 것이 곁에서 벌어지는 일이라 늙은이는 또렷하게 듣고 보고 있었다. 전에는 사람을 바로 마주치는 일이 없었으며, 사람의 냄새가 얼마나 지독한지 처음 맡아보아서인지 속이 어질어질했다. 그들이 피운 담배 연기가 바위 속으로 들어와 늙은이의 코를 간지럼 태워서 재채기가 나올 뻔했다. 이 모든 것을 참느라고 눈을 감고, 주둥이를 바위 구석에 처박자 숨이 막혀 죽을 것만 같았다.

이윽고 사람들이 말을 타고 바윗굴을 떠나자 그는 바위 구석 입구로 나와 주둥이를 조금 밖으로 내밀어 공기를 마셨다. 그 사람들 냄새와 담배 냄새가 그 주위에 밴 것 같았다. 늙은이는 사위 딸 손자 등 젊었을 때부터 지금까지 같이 살아온 마누라와의 일을 차근차근 떠올려 보았다. 그런데 그들은 어떻게 되었을까? 나처럼 아무 소리 안 내고 숨어서 살아남았을까? 아닐 것이다. 어쩌면 그러지 못했을 것 같았다.

초조하게 낮을 보내고, 밤이 되자 바위굴에서 빠져나왔다. 주위를 살펴보니 세상 모든 것이 그대로였다. 늙은이 너는 무서워할 것 없다고 하듯. 하지만 늙은이는 조심스러웠다. 사고는 원래 조심을 하지 않으면 난다는 사실을 잘 알기 때문에 바위 위에 올라가 주위를 다시 살펴보고 '야, 너희들 어디 있니? 어디 있어?' 하고 낮은 울음으로 물어보았다. 그러나 아무런 대답이 없었다.

늙은이는 속으로 내가 이 세상에 이렇게 혼자만 남은 것은 아닐까 하는 생각에 이르자 갑자기 무서운 고독이 온몸을 휘감았다. 늙은 늑대는 무엇을 무서워하거나 조심스러워하는 것조차 다 잊어버리고 울고 또 울었다. 늙은 늑대가 우는 소리는 메아리가 되어 밤의 맑은 공기를 울렸다. 그래도 끝내 새끼들의 답 울음이 없었다.

머리 위로 하늘이 너무 맑았다. 달도 비치고 별도 반짝였다. 이 모든 것들이 늙은이를 내려다보고 '야! 이 늙은이야. 이 세상에 너 혼자 남았어.' 하는 것만 같았다. 또한 곁에 있던 바위 나무 풀들도 그림자를 비추며 늙은이를 보고 '이제는 너 혼자만 남았어!'라고 말하는 듯했다.

전에 한 여름에 모든 새끼들을 사람에게 빼앗기고, 그날 밤에 암컷과 힘을 합쳐 가축 우리를 공격하여 복수했던 것을 기억해 냈다. 하지만 지금은 그런 때도 아니고 그렇게 기운도 없기 때문에 마음만 아플 뿐이었다.

그때였다. 돌랑 하이르한의 동쪽 봉우리에서 늑대 한 마리가 희미한 소리로 울었다. 늙은 암컷이었다. '나도 여기 살아남았어.'라고 말하고 있었다. 늙은이는, '잘 됐다. 마누라도 살아남았다.' 하고 반갑게 생각했지만 얼른 대답하지 않았다. 딸과 사위 손자들이 그리워 하늘의 별을 쳐다보고 있었다. 쉬임없이 눈물이 흘렀다.

이 시간, 타르가트 강 가 집들은 조용했고, 가축들을 다 방목시켰기 때문에 다들 집에 있었다. 집집마다 불이 켜져 있었다. 어린 애들이 요구르트 등을 먹고 배불렀으니 이제 잘 때가 되었지만 어른들의 재미난 사냥 이야기를 듣느라 침대 위에 누워 있었다.

낮에 사냥을 갔던 사람이 말했다.

"모두 새끼 다섯 마리, 암컷 한 마리, 수컷 한 마리를 사냥했네 그려."

"야, 그러면 체렌치메드가 말하던 그 늙은 늑대 두 마리는 어디 갔어?"

"그런 놈들은 애초에 없었어. 만약 있었다면 그 많은 사람들이 쫓았는데 분명히 나왔겠지."

"맞아! 체렌치메드처럼 나이 드신 분도 가끔씩 이렇게 실언을 한다니까."

이렇게 집 안에서 사냥 이야기를 하는 중에 집 밖에 있던 암캐가 산에 늑대가 우는 소리를 듣고 짖었다. 암캐는 '저기 늑대 울고 있다.' 하는 신호를 다른 개들에게 전달하고 있었다. 그러나 집 주인이 말했다.

"이런! 저 암캐 새끼는 항상 저렇게 쓸데없이 짖어댄다니까. 당신이 나가서 한 대 보기 좋게 때리고 들어와."

그러자 그의 아내가 부삽을 가지고 나갔다. 얼마 안 되어 '깨갱—' 하는 암캐 울음이 들렸다. 암캐는 기구한 제 팔자를 한탄하며 따뜻한 재무더기로 들어가 누워 버렸다. (1983)

불행한 사랑

게 . 아요르자나

"자기, 나 사랑해?"

아내가 지금까지 얼마나 많이 물어본 말인가. "사랑한다"고 대답하면 뛸 듯이 기뻐하며 품에 안기고, 입을 맞춘다. 어느 때는 "사랑하지 않는다"고 슬쩍 마음을 떠보기라도 하는 날이면 금방 남이라도 된 듯이 돌아눕는 그녀의 성격을 그는 너무나 잘 안다.

결국 이런 이상한 질문이 그들 삶 속에서 뗄 수 없는 한 부분이 되었고, 날마다 하는 여러 대화의 시작이 되어 버리고 말았다. 굳이 '결국'이라고 말을 붙인 이유는 오늘 아침에 아내가 이런 애교 섞인 목소리로 처음 물어보았던 그 순간이 문득 생각나서였다. 정확하게 7년 전, 아내의 물음에 그는 별 생각 없이 "사랑한다"고 말해 버렸다. 아마 그 말 때문에 그들이 결혼을 하게 되었는지도 모르지만, 어쨌거나 그는 7년 동안 거의 매일 아침마다 같은 질문을 맞이해야 했다.

하지만 오늘 아침에는 그 질문이 참으로 낯설게 느껴졌다. 이런 묘한 기분은 처음이었다. 그러면 대체 '낯설다'라는 말은 무슨 뜻일까?

"사랑해요."

아내가 언제나 그랬던 것처럼 그의 목을 끌어안으며 품에 안겼다. '철부지 어린 아이 같은 사람이군.' 하고 중얼거리면서 그도 진심으로 아내의 몸을 맞아들였다. 하지만 오늘 아침은 이 여자가 마냥 낯설기만 하다.

정말 내가 아내를 사랑하나? 그는 그렇게 생각만 했는지, 아니면 '사랑하지 않는다'라고 말해 버렸는지 얼른 분간이 되지 않았다. 어떤 식으로든 솔직한 심정을 곧이 말한 것 같기도 해서 깜짝 놀라 아내를 바라보았다. 다행히 놀랄 만한 그 말은 하지 않은 것 같았다. 아내는 눈을 감고, 누워 있었다. 눈감고 누워 있는 아내를 보면 볼수록 모르는 사람인 것 같기도 하고, 아예 사랑하지 않는 것 같은 생각이 들기도 했다.

'내가 정말 아내를 사랑하지 않나?'

이런 생각에 이르자, 그저께 점심시간에 구내식당에서 본 여자 생각났다. 그가 다니는 회사는 규모가 작아서 구내식당도 식탁이 네 개밖에 되지 않는다. 당연히 식당에 드나드는 사람도 적고, 그 사람들은 대체로 회색, 청색, 고동색의 어두운 색의 옷만 입는다. 하지만 그날 식당에 들어온 그녀는 짙은 빨간색 드레스를 입고 있었다. 뒷모습을 보이며 서 있는 그녀의 다리는 정말 아름다웠다. 여자가 음식을 가지고 돌아서면서 그와 눈이 마주쳤다. 아름답게 미소 짓는 얼굴이 지금도 생생하다. 그녀는 옆식탁에 앉아서 빵과 샐러드 쥬스로 식사를 하고 일어섰다.

침대에 누워 그녀를 생각하던 그는 갑자기 다시 새로운 사랑을 하고 싶다는 생각이 들었다. 꼭 그 빨간 드레스를 입은 여자가 아니라도, 그 대상이 누가 되든지 상관없이, 눈물까지 흘리는 진정한 사랑을 속삭이고 싶었다. 사랑이 어떤 것인지 그는 이미 오래 전에 잊어버렸다. 진정한 사랑의 감정이란 어떤 것일까?

그는 회사에 도착하자마자 어렸을 적 친구에게 전화를 걸었다. 그 친구를 만난 지 한 해가 넘었다.

"어이, 갑자기 웬일이야? 새로 출판할 책 원고를 출판사에 넘기고, 이젠 시간이 있어. 점심 때 이쪽으로 와."

그의 친구는 작가이다. 그에게 이야기하면 안 될 것이 없다. 하지만 그 순간에도 그 여자의 예쁜 다리가 자꾸 생각났다.

"오늘은 안 될 것 같아."

그녀 생각이 닿자 불쑥 왜 전화를 했는지 후회되었다.

"내가 읽을 만한 책이 있으면 한 권 주게나. 사랑에 대한 책 말이야."

"사랑에 대해?"

"그래, 이루어지지 않는 비운의 사랑에 대해서라면 더 좋을 것 같고."

친구가 놀라서 혀를 내민 것 같았다. 그것은 그 친구가 어렸을 때부터 가진 버릇이다.

"단편이냐, 장편이냐?"

"어떻든 상관없어."

그러나 그날 점심시간 식당은 빨간색 드레스의 여자도 없고 조용했다. 음식도 별 맛이 없었다. 그렇다면 그 여자는 아마 난생 처음으로 이 식당에 들어왔는지도 모른다. 너무도 아쉬웠다.

그가 저녁에 집에 돌아왔을 때 아내는 집에 없었다. 집안이 텅 비어 버린 것처럼 썰렁했다. 그는 불도 켜지 않고 창가로 갔다. 건너편 건물 불 켜진 창문으로 검정색의 속옷을 입은 젊은 여자의 몸이 보였다. 잠시 뒤 그 여자는 뒤로 돌아 속옷을 마저 벗어버렸다. 몸매가 탄력이 있어 보였고 아름다웠다.

이때 갑자기 울린 초인종 소리에 그는 깜짝 놀라 고개를 돌리느라 창문에 이마를 부딪쳤다. 아내는 열쇠를 가지고 있을 텐데 누구지? 최근 몇 개월 간 초인종을 울린 사람이 없었던 것이다.

친구의 딸이 책 심부름을 온 것이다. 책 표지에는 '크노트 함송. 비크토리야'라고 씌어 있었다.

"들어와서 차 한 잔 마시고 가거라."

"괜찮아요. 늦어서 서둘러 돌아가야 해요."

친구의 딸은 여자 치고 키가 컸다. 거의 그의 키와 비슷했다. 길거리에서 만나면 알아보지 못할 것 같았다. 갑자기 우리 부부에게도 있어야 할 아이가 없다는 사실이 공허하게 느껴졌다.

그는 소파에 베개를 베고 누워 그 책을 읽었다. 그러고 보니 이렇게 한가하게 누워 본 지도 오랜만인 것 같았다.

잠깐 잠이 들었나 보다. 깨어 보니 집은 여전히 조용했다. 불빛에 눈이 부시었다. 시계를 보니 벌써 11시가 넘어 있었다. 일어나 방으로 들어가 보았으나 아내는 아직 돌아오지 않았다. 이렇게 늦은 적이 없었는데 무슨 일이 있는 게 아닌가? 소파 앞에 떨어졌던 책을 책상 위에 올려놓고 외투를 걸쳤다. 신발을 신으면서 '쓸데없는 책 읽는 대신에 찾아 나서 보기라도 할 걸.' 하고 자신을 나무랐다.

꼭 아내한테 무슨 좋지 않은 일이 생겼을 것만 같은 불길한 예감이 덜컥 벽처럼 막아섰다. 어두운 길거리를 걸으면서 그는 7년 전 아내의 목소리를 들었다.

"사랑한다"는 대답이 그렇게 컸는지도 몰랐다. 이미 7년 전에 그가 간절히 바랐던 사랑이 이루어졌지만 그러나 그것은 불행한 사랑으로 시작되었다고 생각했다. 그들은 서로 사회적 지위를 갖기 위해 열심히 일했다. 자식이 수입도 적고 이름도 없는 부모 밑에 살게 하지 않겠다고 합의

하여 7년 전에 첫 아이를 유산시켰다. 두 번째, 세 번째, 네 번째, 무려 다섯 번째 째 아이를 차례로 버렸다. 아이를 가질 시기를 고르는 것을 여러 가지 약, 주사, 콘돔, 루프들이 가능케 하는 것 처럼 보였지만 결국 실패했던 것이다.

"쓸데없는 생각이다! 많은 월급, 명예가 무슨 소용 있느냔 말이다."

서로 사랑하는 사람들이 그깟 허망한 것을 위해 살았다는 사실이 정말 딱하게 느껴졌다. 그는 지난 삶을 회고하며 진한 눈물을 흘렸다. 이것이 한번 지나가 버린, 돌아오지 못할 '불행한 사랑'이 아닐까?

마침내 그는 자신도 모르게 중얼거리고 있었다. 이제부터라도 아기를 갖겠다고 결심한 것이었다. 그런데, 그런데……

길 건너편에서 갑자기 귀에 익은 아내의 웃음소리가 들려왔다. 아내에게 무슨 일이 있을지도 모른다고 생각했던 그로서는 전혀 믿을 수 없는 일이 벌어지고 있었다.

"아, 그만해요. 애들도 아닌데……"

이 목소리를 어찌 잊을 수 있을까. 아내의 하얀 코트 어깨 위를 누군가의 까만 코트의 소매가 둘러져 있었다. 그는 너무 놀라 가위가 눌린 사람처럼 오랫동안 넋을 놓고 마치 나와 전혀 무관한 광경을 바라보듯 그들을 살펴보았다.

길 건너편 어둠 속에서 껴안고 정신없이 입을 맞추고 있는 남녀는 그가 보고 있다는 것을 전혀 눈치 채지 못하고 있는 듯했다. (2001)

솔 롱 고

체 . 로 도 이 담 바

1

　한낮에 갑자기 소나기가 쏟아지면서 천둥과 번개가 쳤다. 세상은 마치 새장 속에 갇힌 성난 독수리가 발광하듯 사납고 무서웠다. 말떼가 놀라 이리 저리 날뛰며 뛰쳐나가자 나는 어찌나 두려웠던지 뜻도 없는 신음을 내었는데 그 목소리마저 천둥 소리에 파묻히고 말았다. 며칠간 내리던 비를 잘 막아 내던 아버지의 비옷까지 사정없이 퍼붓는 빗발에는 아무런 소용이 없었다. 나는 물에 빠진 생쥐처럼 흠뻑 젖어 이빨마저 덜 덜 떨고 있었다. •

　그나마 천만다행인 것은 한밤중이었지만 잦은 번개 불빛 덕분에 말떼를 볼 수 있어서 흩어진 말들을 모을 수 있었다는 점이다.

　새벽 무렵, 소나기는 시침을 떼듯 갑자기 멎었다. 천지를 가리고 있던 검은 구름이 사라져 하늘은 맑아졌고, 깨끗해진 세상에 찾아온 아침 햇살이 산 정상으로 금빛을 쏟아내자 산들이 순박하고 믿음직한 사람처럼 한층 가까이 다가왔다. 나는 말떼를 집 쪽으로 천천히 몰았다.

해가 동쪽 산 정상까지 올라왔을 무렵에 나는 말떼를 집 가까이까지 몰았다. 이웃 도르지 아저씨의 집 밖에는 두 마리씩 묶어 놓은 낯선 말 네 마리가 한가로이 풀을 뜯고 있었다. 말떼의 선두가 젤[39]에 도착하자 아버지가 재갈을 들고 나왔다. 아버지가 말했다.

"들어가서 몸 좀 녹여라. 내가 망아지들을 묶어 놓을 테니."

지난 밤 야단스러운 소나기 속에서 방목했던 말떼를 무사하게 지켜낸 일이 나는 무척 자랑스러웠지만 아버지는 별다른 말이 없었다. 아마 아버지는 그동안 살아오면서 이보다 몇 배나 힘든 고비도 여러 차례나 맞았을 것이고, 나처럼 한밤중에 말떼를 지켜 낸 일도 숱하게 많았으리라. 그런 아버지에게 이런 일쯤이야 유목민의 일상사로 여겨졌을 것이다.

내가 타고 온 말을 묶어 놓고, 무거운 비옷을 들고 집으로 들어가는 동안 도르지 아저씨가 나와서 새로운 말 네 마리의 추두르[40]를 풀고, 다른 말떼 가운데로 몰아넣었다. 말들은 며칠간의 이동으로 피곤했던지 멀리 가지 않고 집 근처에서 한가로이 풀을 뜯고 있었다.

집 안으로 들어가자 어머니는 내 뺨에 손을 대고, 까치발로 서서 이마에 입을 맞추고, 마치 밤새 한 번도 숨을 쉬지 않다가 내쉬는 것처럼 긴 숨을 내몰아 쉬었다.

"야, 내 아들이 살아왔네!"

어머니가 집안 북쪽의 부처님께 내가 온 것을 고하듯이 말했다. 어머

---

39) 말 젖을 짜기 위해 암컷 말이나 망아지들을 묶어 두려고 양쪽에 바지랑대를 세우고 쳐놓은 줄
40) 말이 멀리 도망가지 못하도록 말의 다리를 묶어 놓는 줄

니의 사랑스런 눈과 얼굴의 잔주름은 지난 밤 잠을 한숨도 못 잤다는 것을 잘 말해 주고 있었다.

"이제 내 아들이 진짜 어른이 되었네."

어머니는 마른 옷을 갖다 주었다. 그동안 어머니는 내가 일 보러 나갈 때 내 아들이 너무 어려서 잘 해낼 수 있을까 늘 걱정을 하곤 했었다. 끝없는 사랑을 자식에게 베푸는 어머니의 마음을 어찌 자식이 다 헤아릴 수 있을까. 나는 어머니가 나를 보고 어느 때는 어리다고 했다가 이런 때는 어른이 다 되었다고 서로 엇갈리는 말을 하는 걸 들으면서 어머니가 노망이 들어 왔다 갔다 하는 게 아닐까 하는 걱정마저 들 지경이었다.

나는 옷을 갈아입으면서 이웃집 도르지 아저씨가 풀어 놓은 말에 대해 물어 보았다.

"납치 아줌마의 친정 아버지와 동생이 왔어. 자, 차 마셔라."

어머니는 컵에 우름41)을 가득 붓고 그 위에다 차를 부었다.

나는 도르지 아저씨 집에 온 손님에 대해 물었고, 어머니는 나의 지난 밤의 일을 물었지만 나는 뜨거운 차를 마시는 동안 어젯밤에 있었던 모두 잊어버려서 우리의 이야기는 엇박자로 노는 격이 되었다.

차를 마시는 동안 내 머릿속에는 도르지 아저씨 집에 어떤 손님이 무슨 일로 왔을까 하는 궁금증만 맴돌고 있었다. 그 사이 여동생 수렌이 소를 풀어 놓고 돌아왔다. 수렌이 있는 한 우리 집은 결코 조용한 날이 없다. 수렌은 들어오자마자 내가 궁금하게 여기던 도르지 아저씨 집에 온 손님들 이야기를 장황하게 늘어놓았다. 큰 배낭 가득 사탕을 가져와 납치 아줌마가 자기에게 한 줌 가득 쥐어 주었다면서 침대 머리맡에서 수건에 싼 과자와 사탕을 꺼내서 나에게 보여 주고 몇 개를 건네주었다.

---

41) 우유를 끓여 놓으면 맨 위에 생기는 노란색 버터

"오빠, 오빠 먹을 몫을 챙기고, 나머지는 나한테 줘."

"알았어."

나는 눈을 감고, 손을 내밀어 또 몇 개를 더 얻어먹었다.

나도 빨리 아저씨 집에 가서 과자와 사탕을 얻어먹고 싶은 마음이 간절하기도 했지만 수렌 같은 어린 애도 아니고, 군대 갈 사나이가 되어 과자나 사탕을 바라는 것도 창피해 이러지도 저러지도 못하고 내심 망설이고 있었다.

이웃 집 도르지 아저씨는 30대의 짙은 구릿빛 얼굴을 가진 평범한 유목민이다. 몇 년 전에 말떼를 키우며 돌아다니다 다른 지방의 납치 아줌마를 만나 결혼하여 도르지는 가정을 꾸렸다. 납치 아줌마는 스물 대여섯 살쯤 됐다. 사람들이 우리 지방에서 제일 예쁘다고 말하는 것을 여러 번 들었다. 정말 맞는 말이다. 납치 아줌마를 볼 때마다 나도 저런 예쁜 여자를 아내를 맞아들이고 싶다는 생각이 들었고, 그 생각을 할 때마다 얼굴이 뜨거워지곤 했다. 납치 아줌마는 한 달 전쯤 아들을 낳았고, 며칠 전부터 집안 일을 시작했다.

도르지와 납치 부부는 일이나 성격 무엇 하나 빠진 것 없이 철저한 사람들이다. 도르지 아저씨는 최근 4년 동안 우리 집의 가장 절친한 이웃으로 살고 있다. 우리는 말떼를 같이 방목하거나 땔감을 마련하거나, 잃어버린 가축들을 찾거나, 난폭한 말을 길들이거나, 유제품회사에 우유를 갖다 주는 등 모든 일을 같이 하기 때문에 항상 잘 어울리는 편이었다. 도르지 아저씨와 같이 있는 게 내게는 즐거운 일이었다. 도르지 아저씨와 같이 있을 때는 내가 어느 새 청년이 된 것을 느꼈고, 이것을 자랑하곤 했다. 그렇지 않을 때는 항상 청년인 것처럼 행동하고 목소리를 굵게 하지 않으면 어린 티가 나서 남들한테 놀림을 당하는 일이 생기곤 했다.

난 밥을 먹은 뒤 집을 나와 과자와 사탕을 바라는 아이처럼 도르지 아저씨의 집으로 향하다가 갑자기 어른스럽게 행동해야 한다는 생각에 암말을 묶어 둔 젤로 발길을 돌렸다. 그러나 뒤에서 납치 아줌마가 부르는 바람에 기다렸다는 듯 도르지 아저씨의 집으로 갔다.

도르지 아저씨 집으로 들어가자 50대 남자가 집안의 윗자리에 앉아서 차를 마시고 있었고, 한 여자는 돌아서서 옆자리에 있는 상자에 물건들을 정리하고 있었다.

나는 어른처럼 굵은 목소리로 어른에게 인사했다.

납치 아줌마가 서랍에서 한 줌 가득히 사탕을 줄 때 내가 양손바닥을 내밀고 무릎을 약간 굽히자(사람이 무엇을 주면 양손을 내밀어 받고 무릎을 약간 굽혀야 한다고 어머니가 내가 어렸을 때 가르쳐 주었다. 상자에 무언가를 정리하던 그 여자애가 힐끔 돌아보았다.

어린 낙타의 눈처럼 순한 그녀의 눈과 마주치는 순간 나는 너무 민망하고 부끄러워 손에 쥔 사탕 몇 개를 떨어뜨렸다. 어쩔 줄 몰라 겨우 정신을 수습하고 '안녕하세요?' 하고 인사했지만 그녀가 뭐라고 대답했는지도 모른 채 후다닥 떨어진 사탕을 주워 품에 넣고 밖으로 나와서 암말을 묶어 놓은 젤로 도망치듯 향했다. 가는 동안 백옥같이 흰 그녀의 얼굴, 희고 가지런한 치아, 까맣고 동그란 눈, 청색 델 뒤로 늘어뜨린 갈색 머리카락 등이 눈에 선해 다시 보고 싶은 마음에 몇 번이나 아저씨 집을 되돌아보았다.

열일곱, 여덟 살쯤 되는 그 여자애를 생각할 때마다 가슴이 설레고, 마음속으로 감미로운 음악이 들리는 듯했다.

아버지가 도르지 아저씨와 망아지들을 묶어 놓고, 탈 말들을 곁에 놓고, 앉아서 담배를 피우며 이야기를 나누고 있을 때 나는 슬그머니 그 옆으로 가서 앉았다. 이야기를 들어보니 도르지 아저씨의 장인은 도르지 아저씨 가족을 데려가려고 왔다는 것이다. 그리고 이사는 한 달쯤 뒤에 갈 예정이라고 했다. 아기를 출산한 지 얼마 안 된 납치 아줌마가 몸을 완전히 회복해야 하고, 장인도 허리가 아파서 마을 북쪽에 있는 온천에 가서 치료를 받아야 하기 때문이라는 것이다. 장인이 돌아올 때까지 납치 아줌마의 동생인 그녀가 도르지 아저씨네 집안일을 도울 계획이라고 했다.

그동안 정이 들대로 든 도르지 아저씨와 납치 아줌마가 멀리 이사를 간다는 사실이 몹시 서운했다. 그렇지만 그런 서운한 마음도 도르지 아저씨 집에 온 그녀가 이곳에 한 달 정도 머물 것이라는 기쁨 때문에 금세 사라져 버렸다. 아버지는 두 집의 우유를 유제품 공장에 갖다 주고 도르지 아저씨는 소와이42) 암말을 몰기 위해 일어났다.

나는 도르지 아저씨 집에 들어갈까 말까 망설이며 무엇을 찾는 사람처럼 여기 저기 어슬렁거리다 집에 돌아왔다. 어머니가 눈 좀 붙이라고 권했지만 지난밤은 아주 옛날 일처럼 여겨지고, 피로도 벌써 풀렸기 때문에 나는 고개를 저었다.

아버지의 침대에 앉자 수렌이 와서 눈을 감고 손바닥을 내밀었다. 나는 납치 아줌마가 준 과자와 사탕을 모두 수렌에게 주어 버렸다. 도무지 가슴이 설레어 뭘 해야 할지 몰랐다. 무슨 생각을 해도 도르지 아저씨 집에 들어갈까 말까 하는 고심이 머릿속을 떠나지 않았다.

두 사발의 마유주43)를 마시는 동안 도로지 아저씨 집에 갈까 말까 하는 문제를 떨쳐 버릴 수가 없었다.

말 젖을 짜게 되었다. 우리 두 집이 합쳐 열두 마리의 말 젖을 짜는데 먼저 나온 사람이 이웃집 말의 젖을 짜 주고, 그것을 집안에 들여다 주는 습관이 있었다. 도르지 아저씨가 우리 집에 들어와 후후르44) 옆에 있는

---

42) 1년 동안 새끼를 안 낳은 가축
43) 말 젖을 발효시킨 술

양동이를 가지고 나갔다. 나도 용수철처럼 튀어 올라 도르지 아저씨의 뒤를 쫓아 뛰어나갔다.

게르를 향해 양손에 양동이를 들고 천천히 걸어가는 그녀의 굵은 갈색 머리가 눈에 들어오자 기쁘기도 하고 쑥스럽기도 해서 나도 모르게 도르지 아저씨를 큰 소리로 불렀다.

나보다 두 걸음 앞 쯤 양동이를 들고 가던 도르지 아저씨가 깜짝 놀라 뒤돌아 나를 쳐다보았다. 나는 한동안 아무 말 없이 서 있다가 갑자기 아저씨가 들고 있던 양동이를 빼앗으면서 "아저씨……, 제가 할게요……. 아저씨는 쉬세요." 하고 말했다. 나는 얼른 눈을 돌려서 아저씨와 눈이 마주치지는 않았다. 아저씨가 미소를 지으며 눈을 찡긋하고 "그래라, 난 집에 가겠다." 하며 돌아갔다.

큰일이었다. 내 속마음을 도르지 아저씨에게 들켜 버린 것이다. 도르지 아저씨는 납치 아줌마에게 이야기할 거고, 납치 아줌마는 엄마에게 말할 것이라는 생각에 이르자 부끄럽기도 하고, 한편 두렵기까지 했다. 도대체 내가 무슨 뚱딴지 같은 생각을 하고 있는지 모르겠다.

젤 너머에 양동이를 놓고, 돌아보는 그녀의 모습이 눈에 들어오면서 나는 모든 것을 잊어버렸다. 뛰다시피 다가가 그녀 옆에 양동이를 놓았다.

"네가 젖을 짤 거지?" 하고 묻고 나서야 왜 뻔히 알면서 물어보았을까 곧 후회했다. 그렇지만 여자 아이는 크고 흰 이가 드러나도록 환하게 웃으면서 "응, 내가 할게." 하고 대답했다.

망아지를 당기는 동안[45] 무슨 이야기를 어떻게 시작해야 할지 고민하

---

44) 마유주를 발효시키는 큰 통
45) 말 젖은 먼저 망아지에게 젖을 조금 먹이고 난 뒤 사람이 젖을 짜내는 동안 남자가 그 망아지를 붙잡아 당기고 있다. 말 젖을 짤 때 이런 식으로 서너 번 젖을 먹이고, 당긴다.

고 있는데 수렌이 언니가 어떻게 젖을 짜는지 구경하겠다며 달려와 수다를 떨기 시작했다.

"송아지들이 어미 소들에게 갔으니 말을 타고 가서 몰고 와." 하고 수렌을 보내려고 했지만 수렌은 말을 듣지 않았다. 송아지들이 어미 소들에게 가는 것을 바라보면서도 "오빠! 말 젖 다 짜고 난 뒤에 갈게." 하며 억지를 부렸다.

"그러면 너 과일 따러 갈 때 데리고 가지 않을 거다." 하고 겁을 주자 그때서야 수렌은 입이 삐죽 나와 발걸음을 천천히 옮겼다. 어미 말이 망아지에게 젖을 먹이는 동안 그녀가 수렌의 뒷모습을 보면서 "오빠하고 과일 따러 가고 싶은 마음에 어쩔 수 없이 억지로 가는 것 같애. 저 걸어가는 것 좀 봐." 하며 웃음을 지었다. 웃을 때 보이는 하얀 이와 웃는 모습이 너무도 예뻤다. 나도 그녀를 따라 웃어 보였다.

이렇게 우리는 수렌이 자리를 비켜준 덕분에 이야기가 시작됐다. 나는 먼저 그녀의 이름을 물었다. 솔롱고라고 했다. 그리고, 집을 떠난 지 엿새만에 이곳에 도착했고, 그의 고향은 우리 지방처럼 이렇게 산과 물이 어우러진 곳이 아니라 어디를 보아도 끝없이 넓은 초원이라 했다.

우리 집은 말 젖을 보통 하루에 다섯 번 정도 짜는데 그날 나는 날이 너무 더워 망아지들이 목마르다는 핑계를 대고 일곱 번이나 말 젖을 짰다.

더운 날 파리나 모기와 싸우면서 말 젖을 짠다는 것은 무척 힘든 일이다. 하지만 솔롱고와 함께 있는 그날은 말 젖 짜는 것만큼 즐거운 일이 없었던 것 같았다.

2

사흘 뒤 솔롱고의 아버지가 온천에 가게 되자 도르지 아저씨가 모셔다 드린다며 같이 갔다. 그 사이 나는 솔롱고와 더 친해졌다. 그날 저녁에 납치 아줌마와 수렌이 한편이 되고, 나와 솔롱고가 한편이 되어 '사가이 슈레흐'라는 양의 관절 뼈로 만든 기구로 놀이를 했다.

솔롱고를 만난 이후부터 난 항상 즐거웠고, 툭하면 노래를 부르고, 또한 멋을 내곤 했다. 어느 날은 솔롱고와 같이 땔감을 마련하러 가기도 했다. 가는 길에 내가 어렸을 때 놀던 돌집도 보여 주었다.

우리는 좋은 사이가 되었다. 그녀와 나를 이어 주는 것은 아이와 같이 순진한 마음 때문이라고 생각했다.

어느 날 내가 사나운 말을 타게 되었다. 나는 사나운 말을 잘 타는 편이다. 아버지와 도르지 아저씨가 말에 안장을 얹는 일을 도와 주셨는데, 또한 타 보라고 하셨다. 내가 말에 오르자마자 고삐를 당기고, 채찍질을 가하자 말이 이리 저리 마구 날뛰기 시작했다. 조금만 더 견디면 말이 순해졌을 테지만, 난 우쭐한 마음에 오히려 큰일을 당할 뻔했다.

원래 사나운 말이 날뛰는 유형은 두 가지이다. 어떤 말들은 빙글빙글 돌면서 제 등에 탄 사람을 떨어뜨리려고 날뛰는데 이런 말 위에서 견디기는 어려운 일이다. 반면 어떤 말들은 그 자리에서 펄쩍펄쩍 뛰기만 한다. 이런 말은 사나운 것 같이 보이지만 실제로는 견디기가 훨씬 쉽다. 내가 탄 말은 뒤의 유형에 속하는 말로, 그 자리에서 길길이 날뛰었다. 내 몸이 말의 중간을 차지했는데, 한마디로 이는 딱 맞는 자세였다. 솔롱고가 아마 집 문 앞에 서서 보고 있겠지 생각하며 뒤를 돌아보았다. 아니나 다를까 도르지 아저씨의 집문 앞에 솔롱고가 납치 아줌마랑 같이 나란히 서서 나를 보고 있었다. 솔롱고를 보는 순간 잠깐 다리에 힘이 풀렸던지 꽉 죄고 있던 무릎에 힘이 풀려서 발이 발걸이에서 빠져 말의 오른쪽으로 떨어졌다. 내가 떨어질 때 미처 고삐를 놓지 않았기 때문에 말에 매달린 채 끌려갔고, 말은 도르지 아저씨 집 앞에서야 겨우 멈춰 섰다.

가장 먼저 솔롱고가 뛰어 와 겁먹은 목소리로 괜찮으냐고 물으면서 내 손을 잡아 당겨 일으켜 세웠다. 그러고 나서는 창피했는지 얼굴이 붉어져 돌아서 제 집으로 달려갔다.

"오빠가 원래 안 넘어지는데 왜 그랬지? 나쁜 말이 잘 뛰어주지 못했나 보다." 하고 소리치는 수렌의 목소리가 등 뒤에서 들렸다.

내가 도르지 아저씨의 도움으로 다시 말 등에 올랐을 때 내 무릎은 덜덜 떨리고 있었다. 말은 내 다리가 자기 머리 위로 올라갈 정도로 날 뛰기 시작했다. 하지만 마음속에는 '괜찮아. 괜찮아.' 하면서 용기를 냈다. '내 손을 잡아 당겨 일으켜 준 솔롱고가 있잖아.' 솔롱고의 손이 내가 넘어지지 않도록 붙잡아 주고 있는 것만 같았다.

나는 말이나 소를 방목하러 갈 때 딸기를 따와서는 수렌한테 조금 준 뒤에 아저씨 집에 가 아줌마에게 조금 주고, 그 다음엔 대부분을 솔롱고에게 주곤 했다. 이렇게 솔롱고 때문에 아줌마가 뜻밖의 선물을 받기도 했다.

솔롱고의 고향은 과일이 없는 초원이기 때문에 내가 따온 과일을 너무 좋아해 먼저 과일 이름이 무엇인지, 그 다음엔 어디에 있는지 물어보고는 맛나게 먹었다. 나는 그때가 너무도 행복했다.

한번은 내가 덜 익은 딸기를 따왔을 때 납치 아줌마가 안 익었다고 하자 솔롱고가 먹어 보고, 오히려 신 것도 좋다며 맛있게 먹었다. "참, 아주머니도……. 도르지 아저씨가 갖다 주었으면 아마 순식간에 먹어치우셨을 거다." 하고 놀리고 싶었지만, 솔롱고의 친언니이고 또 어른이라 그 말을 하지 못했다.

솔롱고와 수렌 셋이서 과일을 따러 갔던 일이 솔롱고의 마음에 들었던지 그 뒤로 우리는 몇 번이나 같이 과일을 따러 갔다.

이러는 동안 어느덧 군 나담 축제날이 다가왔다. 이틀 동안 계속되는 나담 축제에 우리 집은 교대로 가기로 했다. 첫날은 나와 솔롱고 수렌 셋이 가고, 다음날에는 어른들이 가게 되었다.

나는 밤에 말떼를 지키고 와 아침식사를 하고, 나담 축제에 갈 준비를 했다. 예부터 몽골인들은 설날이나 나담 축제 때면 말의 갈기를 다듬고, 새 델46)을 입고, 풍요롭게 지내길 기원했고, 사람들은 이를 위해 여러 가지 준비를 해 왔다.

나는 먼저 내가 탈 말의 갈기를 다듬었다. 그리고 솔롱고에게는 도르지 아저씨가 늘 타는 까만 말을 잡아 주었다. 말의 갈기를 다듬는 동안 솔롱고는 내 곁을 떠나지 않았다. 까만 말의 갈기를 다듬고, 귀밑의 털을 자르자 정말 사슴같이 예쁜 말이 되었다. 하지만 이 말이 예쁘게 걷지 못해 솔롱고에게 무리가 갈까 봐 어머니가 타는 황토 말에 태울까도 생각했다.

"넌 우리 어머니가 타는 황토 말을 타라." 하자 솔롱고는 그게 싫었는지 "쓸데없는 소리 마." 하고 일축해서 나는 농담인 양하고 화제를 돌렸다. 만약 탄다고 했어도 사실 나는 어머니께 허락을 받지 않고 내 마음대로 태워주지는 못했을 것이다. 아버지가 밥을 사 먹으라고 수렌하고 나에게 1투그릭씩 주셨다.

이렇게 우리 셋이 새 델을 입고, 좋은 말을 타고, 나담 축제 구경을 갔다. 솔롱고와 함께라면 이 세상 끝까지라도 갈 수 있을 것 같았다. 하늘엔 구름 한 점 없고, 어디를 보아도 넓은 초원이었다. 향긋한 초원의 향

---

46) 몽골의 전통 옷

기가 코에 가득 찼다. 세상은 기쁨에 넘쳐 마치 어린 아이와 노는 엄마같이 다정하게 보였다.

우리는 하르간트 강가의 숲에 도착했다. 바람에 움직이는 나무 소리, 갖가지 새 소리, 흐르는 강물 소리 등이 서로 어우러져 자연은 우리에게 아름다움을 한껏 자랑하고 있었다.

우리 고향의 아름다움을 수렌과 나는 솔롱고에게 서로 앞을 다퉈 자랑하고 칭찬했다. 내가 "과일이 익는 시기가 얼마나 좋은 줄 알아?" 하면 수렌은 "그 생각을 하면 군침이 돈다."는 식으로 맞받았다.

"너희들의 고향 경치는 정말 아름답구나. 하지만 안 좋은 것도 있어." 라고 솔롱고가 말하자 내가 말을 이어받아 "예를 들면 뭐가?" 하고 물어보았다.

"여기서는 매일 밤에 말을 방목하면서 지키지만 우리 고향에서는 말떼를 밤에 지키지 않는다." 고 솔롱고가 말했다. 수렌이 말을 받아 "그럼 거기는 늑대가 없는 곳이에요?" 하고 물었다.

"우리 초원에서는 숲이 있는 이곳처럼 늑대를 숭배하지 않고, 봄에 새끼를 낳을 때쯤 일일이 늑대를 뒤쫓아 사냥해 버린다."고 솔롱고가 장난스럽게 말했다. 그 말이 사실이기 때문에 나는 솔롱고에게 아무런 대꾸를 하지 않았다.

우리 지역 사람들은 늑대를 너무 사랑한다. 그러다 보니 얌전한 고양이가 부뚜막에 먼저 오르듯이 이제는 늑대들이 우리 유목민들의 가축을 훔쳐 먹는 버릇이 생긴 것이다. 그래서 밤마다 말떼를 지켜야 하고, 낮에 양을 방목할 때도 주인이 따라가야 하는 일이 생기게 된 것이다.

"그래도 우리 고향이 아주 좋아." 하고 수렌이 말하자 솔롱고가 그의 머리를 쓰다듬으며 미소를 지으며 "그래서 자기의 고향 돌이 더 부드럽다고 하잖니." 하고 말했다. 솔롱고가 이곳이 좋다고 말하지 않은 게 마음에 걸렸다.

우리 셋은 하르간트 강을 건너게 되었다. 초원에서 태어나 이런 많은 물을 본 적이 없는 솔롱고가 강 건너가는 것을 무서워해서 수렌과 나는 솔롱고를 가운데에 두고 같이 강을 건넜다. 솔롱고의 말이 동그란 돌을 밟았는지 미끄러져 그녀가 나를 붙잡는 바람에 우리는 엉겁결에 꼭 껴안게 되었다. 우리는 서로 껴안은 것이 무척 쑥스러워 낯을 붉혔다.

강을 건너고 나서 말을 달렸다. 돌아보니 며칠 간의 강한 햇빛 때문에 바짝 마른 땅이 말 발굽에 패여 구름같이 뽀오얀 흙 먼지가 일었다. 우리는 서로 겨루듯이 말을 달리고 있었다. 얼마 지나지 않아 우리는 나담 축제가 벌어지는 곳에 도착했다.

몽골인들은 선명한 것을 좋아한다. 또한 우리 몽골에는 선명한 것이 많다. 겨울은 너무 춥고, 여름은 너무 덥고, 아침에 밝고, 저녁에 어둡고, 거울같이 맑은 호수 근처에 도자기 같은 석회가 있고, 또한 높은 산, 넓은 초원, 맑은 강 등 선명한 것들이 수없이 많다.

파란색, 푸른색, 빨간색 등 여러 색상의 델을 입고, 여러 색의 말을 탄 사람들이 모이면 들판에 있는 꽃을 떠올리게 한다. 나담 축제장도 마찬가지로 들판의 꽃 같았다. 나담 축제 때가 되면 마을마다 사람들이 여기저기 천막을 세워, 에스기47)를 깔고, 마유주를 갖다 놓고, 큰 사발로 마유주를 마시며 이런 저런 이야기를 나눈다. 우리는 먼저 우리 마을에서 세운 천막에 들어가 마유주를 마셨다. 나는 사람 만날 일이 있다며 솔롱고와 수렌을 축제장으로 먼저 보내고 식당으로 갔다. 식당 주인은 아버지 친구였다. 2시간 넘게 500여 개의 호쇼르48)를 빚어 주고, 그 대가로 오후에 와서 15개의 호쇼르를 먹기로 했다.

---

47) 양털로 만든 펠트 같은 것, 몽골 전통가옥을 덮기도 하고, 또한 요로 깔기도 함
48) 몽골 전통 음식이며 한국의 군만두와 비슷함

일행을 찾아가는 동안 문화센터 앞에 많은 사람들이 모여 박수를 치고 있었다. 가서 보니 솔롱고가 오치르태 고르왕 톨고이[49] 주인공인 윤덴과 난살마의 노래를 능숙하게 부르며 악기를 연주하고 있었고, 그걸 본 사람들이 박수를 치고 있었다. 몸을 약간 움직이며 왼손을 위아래로 바람같이 빨리 움직여 악기를 치는 솔롱고의 모습에 반한 젊은이들이 저마다 "저 여자가 어디서 나타났지? 누구지?" 하며 서로 수군대며 물어보고 있었다. 수렌이 솔롱고 옆에서 자기가 악기를 치는 것처럼 목에 힘을 주고 서 있었다. 나도 한동안 악기를 든 솔롱고가 신기하여 눈을 팔고 있었다. 솔롱고가 악기의 소리를 낮추고 밝은 미소를 지으며 노래를 부르기 시작했다.

사랑하는 사람이란
황금보다 값지지
그분을 선택하는 데는
용기가 필요하지

그러자 모인 사람들이 여기저기서 크고 작고 굵고 가는 목소리로 따라 부르기 시작했다.

짝 지은 새같이
둘이 함께 지내자
이렇게 어울리는 것 말고
행복이 어디 있겠니

---

49) 남녀 간의 삼각관계를 노래하는 몽골의 유명한 전통 오페라

나도 함께 노래를 따라 불렀다. 노래가 끝나자 갑자기 사람들이 박수를 치고 앙코르를 연발했다. 악기를 놓고 일어난 솔롱고가 다시 노래를 불렀다. 점점 더 많은 사람들이 모여들고 있었다. 이러다가는 여기를 벗어나지 못해서 경마도 씨름도 구경하지 못하겠다 싶어서 내가 사람들을 헤치고 들어갔다.

"이제 그만 경마 보러 가자." 하니 솔롱고가 노래를 끝내고 일어났다. 사람들이 큰 박수로 환호했다. 젊은이들의 부러워하는 눈이 내게 쏠려 나는 어떻게 발을 딛고 다녔는지 모를 지경이었다.

그곳을 빠져나와 말을 타려는데 문화 센터 소장이 뛰어 와 솔롱고에게 이름을 물었다. "솔롱고예요."라고 송로고가 대답해주었다.

"공연 악사지?"

"예."

"자, 그러면 우리 군 문화 센터의 동아리에 이름을 등록했으니까 오라고 할 때 언제든지 와야 한다." 하며 품에서 수첩을 꺼내 솔롱고의 이름과 악사라 적고는 어느 마을인지 물었다.

"저는 이곳 사람이 아니에요, 곧 돌아갈 겁니다." 라고 솔롱고가 대답하자 소장은 처음에 믿지 않는 듯 놀라서 바라보다가 곧 실망하여 머리를 긁적거렸다.

우리가 말을 타고 가는 동안 그 마을의 담딘이란 청년이 솔롱고 옆으로 바짝 다가왔다.

"정말 꾀꼬리같이 노래를 잘 부르시네요. 처음 뵙겠습니다. 제 이름은 담딘입니다."며 손을 내밀자 솔롱고가 약간 미소를 지어 손을 내밀고 "내 이름은 솔롱고예요."라고 대답했다.

담딘은 "이름도 참 예쁘군요. 전 당신을 다시 보지 못하고, 꿈같이 사라져 버릴까 봐 걱정했습니다." 하며 달콤한 말을 하면서 기뻐서 크게 웃고 이어서 솔롱고의 고향과 무슨 일로 이곳에 왔는지를 물어보았다. 담딘이 솔롱고가 도르지 아저씨 집 이사를 도와주러 온 사연을 듣고 나서는 "당신은 정말 이상한 사람이군요." 하자 "왜요?" 하고 솔롱고가 물었다.

"뭐, 정말 무지개 같이 나타났다가 사라지고, 남의 마음을 흔들어 놓고 떠나가니 말입니다." 하며 마구 웃었다.

경마를 구경하고 우린 한참 동안 씨름장에 머물렀다. 담딘이 "솔롱고! 우리 집은 저기 보이는 얼룩색의 천막입니다. 오늘 저녁 몇 명이 같이 사가이 놀이를 할 텐데 꼭 오세요. 저 천막입니다."라고 말했을 때 나는 갑자기 그를 때려눕히고 싶다는 생각이 들었다.

"저는 못 가요." 다행히 솔롱고가 거절했다.

"우리 언니는요, 그렇게 모르는 사람들의 이집 저집을 드나드는 이상한 언니가 아니예요." 하고 수렌이 거들었다.

담딘은 킥킥 웃으며 "수렌, 말이 왜 이래. 어린 애가 어른들의 이야기에 참견하면 되겠니?" 하자 "어른요? 어른이면 점잖게 행동하는 거예요!" 수렌이 면박을 주었고 솔롱고와 나는 마구 웃었다. "기특하네." 하면서 담딘은 조용해졌다.

나는 수렌과 솔롱고에게 밥을 먹으러 가자고 했고, 그들도 그렇게 하자고 했다. 하지만 찰거머리 같은 담딘은 계속 따라오고 있었다. 가는 길에 솔롱고가 내 귀에 대고 "나한테 2투그릭 있는데 이걸로 우리 충분히 먹을 수 있을까?" 하고 속삭였다.

"괜찮아, 돈 필요 없어. 내가 주문해 뒀어." 하고 대답했다. 우린 오야50)에 말을 매고 식당이 된 큰 얼룩색의 천막에 들어가 좋은 자리를 차지하고 앉았다.

---

50) 두개의 기둥을 세우고 줄을 매 놓아 말을 잠시 묶어놓을 수 있도록 한 곳

"그 호쇼르 주세요."라고 돈 많은 사람이 호기를 부려 비싼 음식을 시키는 것처럼 나는 큰 소리로 말했고, 곧 15개의 큰 호쇼르가 우리 앞에 놓여졌다.

"아빠가 주신 1투그릭으로 이렇게 많은 호쇼르를 살 수 있는 거야?" 하고 수렌이 묻기에 "너는 걱정 말고 그냥 먹어."라고 말했다.

담딘이 우리와 나란히 앉아서, 몇 개의 호쇼르를 사놓고, 이야기를 계속하며 먹고 있었다. 솔롱고와 수렌은 호쇼르 두세 개로 양을 채웠다. 이렇게 큰 호쇼르를 세 개 정도 먹는다는 것은 정말 많이 먹은 것이다. 이렇게 마무리가 잘 되어 가는 동안 식당 주인이 들어와 나를 보고 "얘가 몇백 개의 호쇼르를 빚고, 그 대가로 친구들을 대접하고, 기분 좋게 앉아 있네. 잘 했다. 사내자식이다." 라고 말하자 담딘이 큰 소리로 웃으며 "야, 네가 사 주는 것처럼 큰 소리로 말하더니 손가락이 닳도록 호쇼르를 빚어서 겨우 얻은 것이었군." 하며 빈정거렸다.

난 얼굴에서 불이 날 것 같아 온몸이 쑤시고, 가능하면 땅 속으로 들어가 버리고 싶어졌다. "오히려 좋은 일이지. 일을 해서 얻은 것이 맛있다고 아빠가 말했어."라고 수렌이 나서서 말하자 "맞아, 손이 움직여야 입이 움직이는 법이지." 하며 솔롱고가 접시에 있는 호쇼르 하나를 가져가 더 맛나게 먹었다.

이제는 담딘이 불만을 갖게 되고, 내가 비웃는 위치가 되었지만 나는 웃지 않았다. 오히려 한 번 흘겨보았다. 우린 호쇼르를 다 먹지 못했다. 남은 것을 어머니에게 갖다 주겠다고 수건에 싸고, 다른 천막에 가서 마유주를 마셨다. 그러는 동안에도 담딘은 온갖 이야기를 늘어놓았다. 또 솔롱고를 간지럼을 태우기도 하고 심술궂게 머리채를 당기기도 했다. 난 내내 분노가 가슴에 가득 차 겨우 참고 있었다. 아마 솔롱고가 없었다면 벌써 담딘하고 한판 벌였을 것이다.

"자, 이제 축제장에 가자!" 하며 솔롱고가 일어났고, 우리도 따라 일어났다. 그런데 그때 담딘이 솔롱고의 손을 잡았고, 나는 화가 나서 그의 어깨를 잡아당겼다. 우리가 이러는 동안 수렌과 솔롱고는 천막을 나가 어디론가 가 버렸다.

"야, 넌 왜 망나니처럼 행동하니?"라고 대들자 담딘은 차갑게 웃으면서 "왜, 질투하니?" 했다. 지금 생각하니 나는 솔롱고에게 연정을 품고 있었던 것이다. 하지만 그 당시까지 나는 모르고 있었던 것이다. 그리고 보니 질투와 연정은 하늘과 땅 차이다.

망나니 같은 녀석이 솔롱고를 모욕하게 하는 것을 가만히 볼 수는 없었다. "창피하지도 않니?" 하며 힘을 다해 담딘의 얼굴에 주먹을 날렸다. 세 번째 주먹을 날리려는데 우리 마을의 촐론 영감님이 들어왔고 난 그대로 천막을 나왔다. 뒤에서 담딘이 눈을 감싸 쥐고 나오면서 "사람을 때리면 벌 받는다는 것을 알고 있지?"라며 겁을 주었다.

"다시 따라오면 더 때려 줄 거다." 하며 무시한 채 말을 타러 갔다. 솔롱고와 수렌이 기다리고 있었다. "오빠 왜 화냈어?" 수렌의 말에 나는 애써 화를 가라앉히고 수렌의 머리를 쓰다듬어 주면서 "괜찮아." 하고 미소를 지으려했지만 그러지는 못했다.

우리는 저녁에 집에 돌아가는 길에 가게에 들렀다. 두 여자는 눕혀 놓아도 다시 일어서는 나무 오뚝이 인형 두개를 샀다. 남은 돈으로 12개의 사탕을 사서 집에 있는 사람들한테 주려고 6개를 남기고, 나머지를 먹었다.

3

날아간 새는 돌아오고, 왔던 손님이 돌아간다는 말이 있듯이, 곧 솔롱고의 아버지가 온천에서 돌아왔고, 도르지 아저씨네는 이사 준비를 시작했다. 솔롱고가 이제 돌아간다고 생각하니 목이 멨다. 그동안 함께 지낸 한 달의 추억이 꿈인 것 같기도 하고, 어떤 때는 답답해 화가 나기도 했지만, 솔롱고를 보면 모든 분노가 눈 녹듯이 사라지곤 했다.

헤어지는 풍습으로 그동안 잘 지냈던 것을 이야기하면서 두 집이 서로 가족을 초대하고, 대접했다. 내일 아침 아저씨 집이 이사 가기로 하고, 집을 철거하고, 천막을 실었다.

아버지는 전날까지 아무렇지도 않다가 갑자기 열이 나 아침부터 누워 있었다. 아버지는 숨이 차는지 자꾸 마실 것을 달라고 했다. 심각한 것 같았다. 그날 밤 말떼를 지키는 일이 내 차례였기 때문에 아무리 답답해도 어찌 할 수가 없어, 저녁에 암말들을 풀어놓은 다음에 비옷을 가지고 나가려고 했다.

그때 아버지가 "내가 나갈 거다." 하며 힘을 모아 겨우 일어서더니 난로 옆의 주전자에서 차를 컵에 따라 마시고, 요구르트 두 컵을 연달아 마셨다. 아버지가 한번 마음먹으면 아무리 말려도 소용없다는 것을 잘 알면서도 나는 "아버지 몸이 아프시잖아요." 했더니 아버지는 아무 말 없이 일어나 "내 비옷 다오." 하며 내가 들고 있던 비옷을 가지고 나갔다.

우유를 짜고 들어오던 어머니가 "당신 누워 있지 않고, 어디 가세요?" 하고 묻자 "오히려 초원에서 밤을 새우면 몸에 좋을지도 몰라." 하며 무시했다. 말을 탈 때 "끄응!" 하며 겨우 올라탔지만 우리가 들었을 것이라고 생각했는지 잠깐 돌아보고서는 말을 재촉했다.

우리 세 식구는 문 앞에서 아버지가 안 보일 때까지 지켜보았다. 그날 저녁 나와 수렌, 솔롱고는 우리 집에서 밤늦게까지 사가이 놀이를 했다.

자정 쯤 수렌이 잠들자 우리는 같이 밖으로 나왔다. 누워 있는 양과 소가 ˘되새김질하고, 은색의 달이 우리를 비추고, 멀리 건너 마을의 개 짖는 소리가 들리고 있었다. 우리 둘은 양새끼 우리에 기대어 한참을 말없이 서 있었다. 나는 어느새 그녀의 손을 꼭 쥐고 있었다.

"솔롱고, 나를 잊을 거야?" 내가 물어보자 솔롱고가 "아니, 언제까지 안 잊을게." 하며 천천히 고개를 저었다. 우리는 또 한참 동안 말이 없었다. 하지만 난 솔롱고의 고향에 갈 수 있는 방법이 무얼까 온갖 방법을 궁리하고 있었고, 갑자기 좋은 생각이 떠올랐다.

"솔롱고, 내가 어트링 말51)들을 방목하면서 네 고향에 갈게. 마치 도르지 아저씨처럼." 이라고 했더니 솔롱고가 미소를 지으며 "그럼 내가 기다릴 거야." 하며 하늘을 보더니, "북서쪽이야."라고 했다. 나는 대답을 하지 않았다. 솔롱고가 머리를 내 어깨에 기댔고 우린 오랫동안 그대로 서서 움직이지 않았다.

"새벽이 됐어." 솔롱고가 속삭이며 내 손에서 손을 빼면서 "자, 들어가서 자자. 안녕." 하며 천막으로 들어갔다.

나는 집에 들어와 자려고 했지만 잠을 이룰 수가 없었다.

곧 어머니가 일어나서 아침을 준비하고, 차를 끓이기 시작했다. 또한 도르지 아저씨 가족도 일어난 것 같았다.

내가 일어나 집 밖에서 세수하고 있는 동안 아버지가 오셨다. 몸이 더 나빠졌고, 겨우 집에 들어가, 어머니에게 침대를 준비해 달라고 하고서는 누워서, "네가 도르지 집 이사 가는데 도와주고, 가축들도 고르고, 강 건널

---

51) 유목민들은 여름이 되면 말을 살찌우기 위해 풀과 물이 많은 곳을 찾아다니며 몇 개월씩 이동하며 사는데 이때 그런 말들을 칭함

때까지 배웅해 주어라. 돌아오는 길에 의사를 불러 오너라." 하고 말했다.

내가 낮은 목소리로 "아버지 만약 심하시면……." 하자 아버지는 더 이상 할 이야기 없다는 듯 벽을 보고 돌아 누웠다. 몇 년 동안 같이 방목하여 서로 정이 든 가축들을 헤어지게 한다는 것이 여간 힘든 일이 아니다. 나는 헤어진다는 것이 얼마나 어려운 일인지 온몸으로 느끼고 있기 때문에 가축 고르는 일을 힘껏 도와주지 않았다. 하지만 도르지 아저씨와 그의 장인은 긴 실부르(양이나 염소를 몰 때 쓰는 앞에 줄이 달린 긴 막대기)를 들고, 후려치며 금방 자기네 가축들을 골라 버렸다. 이사 가는 동안 나는 솔롱고와 함께 말떼를 몰았다. 곧 하르간트 강 가에 도착했고, 가축들이 강을 건너게 해 주느라고 애를 먹었다.

군 소재지를 한참 지나 나는 돌아와야 했다. 우린 말에서 내려 서로 마주보고 섰다. "자, 잘 있어." 하며 솔롱고가 재빨리 돌아 말을 타려다가 품에서 전날 가게에서 산 나무 인형을 꺼내 나한테 주었다. 그녀는 한숨을 쉬면서 "자, 안녕." 하고 나서 말에 올라 말을 달렸다. 그때서야 나는 "잘 가라." 하며 떨린 목소리로 말했다. 솔롱고가 달리는 동안 한 번 뒤 돌아보고는 미소를 짓고는 말을 재촉했다.

남쪽을 향해 이사 가는 구름 그림자가 솔롱고를 나한테 숨길 듯 끼어들어왔다. "갔다." 하고 내가 중얼거리며 말을 보자 "그래 갔어." 말이 대답을 하듯이 머리를 흔들고 있었다. (1958)

노람트의 사람들

페. 롭상체렌

설날을 며칠 지난 어느 하늘이 맑은 날이었다. 실제 봄날이라서 그런지 아니면 좋은 기분 때문이어서 그런지 무척 날이 따뜻하게 느껴지는 날이었다. 겨울 내내 반짝이던 하얀 눈이 사라진 지 오래였다. 낮에는 얇게 쌓였던 눈 무더기에서 김이 올라와 멀리서 보면 아지랑이가 피어오르는 것 같아 이제 머지않아 봄날의 아지랑이가 정말 피어오를 것만 같았다.

대머리 하임칙이 여기저기를 한참 살피다가 여우털이 달린 큰 모자를 벗어서 마치 귀찮다는 듯이 쌓여 있는 나무더미 위로 휙 던져 버리고 나서 다시 나무를 깎기 시작했다. 모든 일을 대머리 하임칙이 책임지고, 동년배들을 선동하여 끌어들였기 때문에 노람트의 앞에 세워질 겨울 숙영지용 가축 우리에 자기가 제일 먼저 나와서 일머리에 대해 시범을 보여주어야 했다. 또 대머리 하임칙은 남들이 오기 전에 사람들을 선동한 열정만큼이나 힘도 센지 스스로를 시험해 보아야 했다. 날이 선 도끼를 손에서 놓은 지 이미 오래여서, 나무 깎는 기술을 잊은 데다 어느 새 힘도 약해져 있었다. 처음에는 자칫 제 발등을 찍을 뻔했다. 그래서 버럭 화가 나서 땅에 침을 내뱉고 나서 또다시 나무를 깎기 시작했다. 이제 비로소 모든 일을 잘 할 수 있을 것만 같았다.

한참 일을 하고 있을 때 발당과 검브가 왔다. 검브는 젊었을 때 한껏 멋을 부리던 예전 그 모습이었다. 여러 가지 무늬가 새겨진 카펫으로 만든 안장을 하얀 낙타 등에 놓아 탔으며(만일 상상이 안 된다면 하얀 낙타 탄 것을 떠올려 보시오), 게다가 장식이 달린 에스기 신발52)을 신고, 허리띠에 실크 콧담배통집을 끼웠다. 한마디로 한껏 멋을 부렸다. 이와 반대로 발당은 수수한 모습 그대로였다. 지금도 그렇지만 젊었을 때부터 '나같이 시커먼 얼굴을 가진 사람이 멋을 부리면 남들한테 도리어 놀림을 당한다.'고 생각하여 행동도 털털하게 했다.

"야아, 대머리 하임칙의 명령은 정말 무서워. 내가 마누라를 울리면서까지 나왔으니 말이야." 하며 검브가 콧담배통에서 담배를 꺼내 주자 하임칙이 큰 코의 넓은 구멍으로 넣어 재채기를 하며 말했다.

"야, 정말 힘이 세군. 자넨 나이도 들지 않고, 젊은 날 그대일세. 나보다 두 살이 어리니 지금 예순아홉 살이 아닌가. 장식 달린 신발을 신고. 그나저나 거기다 요즘 노람가르의 둘째 딸을 꼬인다는 소문이 있던데 그 말이 맞는가?"

곁에서 발당이 거들었다.

"거짓말은 아닐 거야. 요즘은 노인네들까지 후세의 죄를 무서워하지 않는 세상이 되었어. 진짜 말 잘했다."

하더니 입을 크게 벌리며 큰 소리로 웃어 제쳤다.

검브가 발당의 말에 큰 소리로 맞장구를 쳤다.

---

52) 양털로 만든 신발

"맞아. 나이가 들어도 몸은 청춘이다. 상가스와라는 티베트 사람이 70 넘은 나이에 장가들어서 아이를 낳은 적은 있는데 내가 그 티베트 사람만 못할 게 무어 있냐?"

하임칙이 나섰다. 그러자 검브와 발당이 들고 나섰다.

"그렇다면 너의 힘을 좀 봐야겠다. 당장 도끼를 들어봐. 너의 힘을 이 두 눈으로 봐야겠다."

"그래, 한 번 봐."

검브가 금방 도끼를 잡겠다는 듯 여기 저기를 두리번거리더니 물었다.

"겨우 나무로만 가축 우리를 세울 거냐?"

"그게 우리한테 낫지. 내가 며칠 전에 도시에 갔을 때 공장에서 만든 울타리를 보았지만 겉으로야 멋지고 깔끔하긴 하지만 이 시골에 갖고 와서 지으려면 일이 한참 복잡할 것 같아. 여름이 되면 그 멋진 울타리를 어떻게 해. 그걸 누구한테 맡겨? 그런 일을 할 만큼 한가한 사람이 어디 있어? 아니면 울타리를 보호하여 둘러 싸인 또 다른 울타리를 이중으로 다시 지을까? 안 그러면 소들이 금방 울타리를 부수어 버릴 거야."

"아. 그렇구나."

발당이 하임칙의 말을 수긍하여 고개를 끄덕이다가 좀 망설이다가 말을 이었다.

"그것도 겉으로 보기보다 복잡하게 만들어졌어. 속에 솜 같은 것을 넣고, 양쪽에 나무를 대고 박는다고. 그 나무들을 수시로 바꾸고 고치지 않으면 조금만 틈만 보여도 가축들이 그것을 금방 찢어버려. 아마 어떤 놈들은 먹어치울지도 모르지. 한마디로 늘 손질을 잘 해야 관리가 되는 울타리라고 하더라."

"그 대신 울타리는 튼튼하고 따뜻하겠지."

하임칙이 계속 말을 이으려는데 검브가 그의 말을 끊었다.

"자네의 깐깐한 성깔은 여전히 그대로일세. 읍장이었을 때 실컷 명령했을 텐데. 깐깐한 버릇을 가진 사람은 그 버릇을 가진 채 그대로 죽는다더라."

그 말에 발당이 맞장구를 치며 하임칙에게 말했다.

"아마 그건 거짓말이 아닐 거야. 지금도 무슨 장이 되고 싶은 생각을 버리지 않고 있을 걸?"

하임칙은 국가 우수 가축민 넥델[53]의 첫 회원으로, 몇 몇 개의 회의에 대표로 참석했었고, 그 덕분에 집 안의 장식장은 무슨 무슨 감사장, 감사패, 표창장으로 가득 채워져 있었다.

하임칙은 많은 사람을 동원시켜 가축 우리를 지을 일이 생기자 예전제 버릇대로 나서겠다는 버릇 때문에 동년배 몇 명의 영감들을 이 일에 참여하게 만들었던 것이다. 만약 이 일이 없었더라면 이들이 이렇게 모일 일도 없었을 것이고, 결국 다 흩어졌을지도 모른다. 이제는 모두 나이가 들었기 때문에 집안에서 주로 쉬며, 기껏 일을 많이 한다고 해도 양이나 치고, 집에서 어린아이를 돌봐 주고, 훈계조로 몇 마디 잔소리를 하고, 젊은 시절의 화려한 날을 자랑하며, 가끔 남의 결혼식에 손님으로 초대되는 것 밖에 별로 할 일이 없는 사람들이다. 그렇기 때문에 이들이 이렇게 만난 것 자체를 아이처럼 기뻐하여, 옛 일을 생각하는 것도 즐거워 대화를 나누고 있는 것이다. 늙은이들에게 젊은 시절의 이야기는 해도 해도 끝이 없는 법이다. 누구에게나 할 얘깃거리가 많은 법이다. 그래서 그들이 하는 이야기는 일정한 방향도 없고, 화제는 수시로 바뀌어가고 있었다.

"도시 사는 영감들은 우리보다 더 행복할 거야." 하고 하임칙이 말했다.

"왜?" 발당이 전혀 모르는 말을 듣기라도 한 듯이 길고 작은 눈을 크게

---

53) 몽골에서는 1930년 때 사유재산을 국가에 바쳐, 공동생활을 하기 시작했는데 이 공동 동맹을 일컫는 말

치켜뜨며 물었다.

"우리와 비교하면 볼 것이 많잖아. 극장에 가지. 주말에는 시장에 가지. 집안에서는 허저르[54] 치지. 어떤 이들은 사원에 가서 불경을 듣지. 또한 멋도 잘 부리지. 그들은 어쩐지 우리와 수준이 같지 않고 우리보다 좀 위인 것 같더라. 그리고 늘 할 일도 많고. 내 생각대로 된다면 하루에 8시간 하는 일에 젊은이 한명 대신 노인네 두 명을 취직시켜서 4시간씩 일을 시키면 이 세상 안 될 일이 없을 것 같은데. 늙은이의 지혜나 수완으로 노인네 두 명이 젊은이보다 아무래도 뒤지기는커녕 도리어 더 잘하지." 하고 하임칙이 말했다.

그러자 검브가 흥 콧방귀를 뀌어 말했다. "우리 같은 시골의 영감들이 도시의 멋진 영감 할멈들을 부러워할 이유가 뭐냐? 그들은 허저르 치며 살면 되고, 그들은 그들대로 살고 우린 우리대로 행복하게 살면 그만이지."

하임칙이 자기가 한 말 가운데 여자와 관련된 말은 하나도 안 썼는데 검브가 영감, 할멈들이라고 말하며 여자 끼워 넣은 것을 두고 한마디 보탰다. "도시에는 너 같은 사람은 행복하지 못할 거야. 도시의 멋진 여자들은 노람가르의 둘째 딸처럼 성격이 사납고 거칠거든. 어두워지기 시작하면 문을 꼭 걸어 잠그고, 사람이 들어가려고 하면 무엇이 필요하냐고 먼저 물어본다. 그러면 넌 무슨 말을 하겠니?"

그러자 검브는 맞는 말이어서 그런지 아무런 대꾸도 하지 않았다. 발당과 하임칙이 큰 소리로 웃었다.

세 사람이 특별히 하는 일 없이 이렇게 잡담을 하고 있을 때 오른쪽 고개를 넘어서 짐을 실은 낙타 세 마리가 나타났다. 영감들이 이사를 오

---

54) 고스톱 같은 서양의 카드놀이

는 것이다. 낙타를 따라 작은 개가 눈 냄새를 맡으며 달리고, 낙타를 끈 단다르가 옆에 같이 다니는 조나이와 말 한마디도 건네지 않은 채 온다. 그는 마음속으로 너무 많은 것을 생각하고 있었기 때문이다. "하임칙이 도대체 우리를 무엇 때문에 끌어들이려고 하는 거지? 이 가축 우리를 여기다 짓겠다고 읍장하고 의논해서 결정한 것이라지만 읍장 제가 신이 아닌데 적어도 읍 사람들하고 의논했더라면 더 좋았을 텐데. 나중에 사람이 살 수 없는 곳에다 가축 우리를 지어놓고, 이 영감들이 국가의 재산을 낭비했다는 말이 나오면 나중에 죽은 다음에라도 욕먹을지도 모르겠네." 하고 못마땅하게 생각했다.

그렇지만 단다르와 같이 다니는 조나이는 전혀 다른 생각을 하고 있었다. 조나이가 몸이 작고 대신 눈이 커서 비록 용기는 없으나 마음이 무척 유약한 사람이다. 그의 아들이 화장을 두껍게 하는 몸집 큰 여자를 아내로 삼아 데리고 와, 아버지와 같이 살게 된 이후부터 조나이가 셔츠나 신발을 벗은 채 집 북쪽(몽골에서는 집안의 제일 어른이 집안의 북쪽을 사용한다)에 더 이상 앉지 못하게 되었고, 낮에는 쓰레기를 치우고, 저녁에는 옷소매를 걷은 채 밀가루를 반죽하거나 고기 써는 일을 하게 되었다. 말을 하더라도 작은 목소리로 해야 하고, 그러고 나서 잘했나 못했나를 확인하듯 며느리의 눈치를 살펴야 했다. 그런 조나이는 '내가 용기가 없어서 며느리를 무서워하고 있다. 며느리에게 잡혀서 사는 것 같다.'는 생각은 들지만 그렇다고 무서워하지 않을 수도 없었다. 동년배들과 시골에 가서 가축 우리를 짓겠다고 하자 며칠간 기뻐하여, 떠나는 날 아침 며느리의 얼룩 서랍에 숨겨져 있는 술병 중에서 세 병을 몰래 빼서 배낭에 넣어 버렸다. 이는 생각할수록 신나는 일이라서 연신 웃음이 터져 나오고, 이 사실을 같이 다니는 단다르에게 말하고 싶었지만 그의 무거운 얼굴을 보고 감히 말을 꺼내지 못하고 있었다.

단다르는 몸집이 크고, 길고 까만 수염을 기르고 있었는데, 코와 턱과 눈빛이 항상 아래로 늘어져 있었다. 무슨 일을 하든지 항상 나쁜 쪽으로 일어날 일을 먼저 생각하는 사람이다. 어디를 가든 자기 개를 데리고 간다. 이런 무서운 사람이 미간과 눈썹을 찌푸리고, 개한테까지 눈을 부라리자 조나이는 감히 무서워서 말을 못 꺼낸 것이다. 두 사람은 이렇게 한 마디 대화도 없이 이곳 늙은이들에게 왔다.

검브과 조나이는 젊었을 때부터 친하게 지내는 사이였다. 검브는 조나이를 좋고 나쁜 여러 일에 자꾸 끌어들여 큰일이 나게 할 뻔한 적도 있었다. 그렇기 때문에 조나이를 보고 검브는 말에서 아직 내리지도 않았는데 어깨를 잡아당기며 "자, 우리 모처럼 만에 씨름하자." 하고 몸을 흔들어 보이자 조나이가 말에서 빨리 뛰어 내렸다.

단다르가 "먼저 왔으면 집 지을 곳에 눈이라도 치우지 그랬어." 하고 잔소리를 늘어놓으며 말에서 내렸다.

이렇게 가축 우리를 지을 사람들이 다 모인 것이다.

설날 무렵의 해 짧은 날이 금방 지나고, 저녁이 되자 추워지기 시작했다. 아무것도 없는 허허벌판에 영감들이 집을 짓고, 또 개까지 데려와 한 마디로 시골 생활이 시작되었다.

이윽고 밤이 되자 영감들은 짐을 정리하고, 조나이가 갖고 온 짐을 풀고, 난로에 둘러앉아 재미있는 이야기를 나누고 있었다.

"사람은 늙어도 마음이 젊어야 해. 이 검브를 좀 봐. 오늘 나무 깎는 것을 봤는데 힘이 진짜 세다. 노람가르의 둘째 딸이 정말 많은 힘을 실어 주는 것 같다." 하고 하임칙이 웃었다.

고기를 먹던 발당이 "야! 하임칙, 넌 검브만 못하니? 땀이 대머리에 맺혀 그래도 힘이 세던데. 난 너를 말만 앞세울 줄 아는 놈인 줄만 알았지, 날이 선 도끼를 들 줄은 생각도 못했어" 하며 웃었다.

"남들한테 잔소리 하는 일이라면 우리 중에서 못 할 사람이 없을 게다." 하고 단다르가 영감들에게 말했다.

조나이가 과거를 회상하듯이 셔츠를 벗고, 벌거벗은 가슴으로 혼자 집 북쪽에 앉아 밤새도록 웃으면서 이야기를 나누었다. 말이 나오면 모두 그 말이 맞다고 맞장구를 쳐가면서 다시 술잔을 채웠다.

이 늙은 나이에 그렇게 많이 얻어질 것 같지 않던 행복감이 살아나면서, 이 다섯 명의 영감들의 시골 생활은 이렇게 시작됐다.

사람은 나이가 들수록 삶과 행복의 가치를 황금보다 더 귀중하게 여기게 되는 것 같다. (1960)

(해설)

『샤르 허브의 아지랑이』를 깊이 읽기 위하여

채길순(Pof Chae Gil-Soon / 명지전문대학)

우리에게 몽골은 가깝고도 멀다. 인종과 언어로는 가깝지만 문화나 생활은 너무도 이질적이다. 그래서 우리에게 몽골은 기껏 칭기즈 칸이나 초원과 같은 막연한 인상이 전부다.

여기에 번역 소개된 몽골의 단편소설에는 몽골인의 구체적인 삶의 모습이 오롯이 담겨 있다. 몽골인들에게 그리움은 여름 날 소낙비 끝에 초원을 긋는 무지개만큼이나 아름답다. 광활한 초원을 달리는 말발굽이나 사막의 모래 먼지가 피어 오르는 몽골소설에도 이러한 그리움은 서려 있다. 그런데 그것은 칭지즈 칸, 초원, 사막과 같은 특수성의 울타리를 넘어 우리의 삶과 너무나 닮아 있다.

이는 윤문자의 글인데, 소설의 행간에서 주고받게 될 문학과의 대화에 끼어드는 사족이 될지도 모르겠다. 하지만 낯선 여행길에서 만나게 되는 이정표거나 여행 안내자 정도로 여기면 어떨까.

여기 실린 몽골 단편소설은 몽골문인협회에서 선정한 몽골문학계 학자 및 소설가, 평론가, 시인, 저널리스트 등 각계의 의견을 종합하여 선정된 작품이다. 작품 배열은 작가나 씌어진 연대를 고려하지 않은 무작위 정렬이다. 이는 소설 감상이 작가나 시대적 배경 문제보다 작품 자체에 대한 이해가 먼저이기 때문이다.

몽골의 작가는 대개 당대에 해외 유학을 한 선구적인 지식인이고, 한 작가가 시, 소설, 희곡, 시나리오, 오페라, 대본, 평론 등 다양한 장르에 걸쳐 집필 활동을 하는 경우가 많다. 이는 몽골 소설이 작품 자체의 예술성보다는 계몽과 교술적 기능을 더 중시하는 일면의 결과로 보인다. 마치 한국의 신문학 시대에 이광수, 최남선, 신채호 같은 지식인들이 계몽을 목적으로 다양한 문학 장르를 섭렵했던 것과 유사하다.

서구 유럽의 소설에 익숙한 우리에게 몽골 소설은 여러 모로 낯설다. 그 중요한 이유의 하나로 몽골의 현대소설이 몽골의 전통적인 이야기 기술법과 동구 유럽이나 러시아의 소설 창작 기법으로 씌어졌기 때문이다.

몽골소설의 한국어 번역자는 권성훈(몽골 국립대 교수), 난딩쩨쩨그와 정용환(공역·전남대학교 연구원), 멘 드(몽골과학기술대학교 교수), 어트거(몽골국립대학교 대학원), 뭉흐자르갈 등이다. 필자가 원활한 의미 전달을 위해 몽골 문학작품이 지니는 고유의 언어미를 해치지 않는 범위에서 윤문 과정을 거쳤음을 밝혀둔다.

이 글은 낯선 몽골문학에 대한 이해를 돕기 위해 마련되었다. 이를 위해

1. 몽골문학사 개요
2. 몽골 현대문학의 흐름
3. 작품 해설

로 내용을 나누었다. 해설에서는 작가의 생애나 특기할 만한 시대 상황을 중심으로 정리했다.

1. 몽골문학사 개요

몽골문학사의 시대 구분은 학자에 따라 차이가 있으나 대개 다음과 같이 구분한다.

1) 고대문학 : 예부터 12세기 초반까지

2) 중세문학 : AD 12-16 세기

3) 근대문학 : AD 17-20 세기

4) 현대문학 : 1910년부터 현재

몽골문학에서 고대문학의 시기는 구전문학 시대로, 몽골비사가 씌어진 1240년대를 분수령으로 삼는다. 소수 민족 국가 형태의 시기였는데, 주로 구전이나 비석 문에 새겨진 내용을 재구(再構)하는 방법으로 문학을 만난다. 비석에는 주로 편지나 기념비 등의 내용이 새겨져 있다.

중세문학은 몽골비사가 등장하는 칭기즈 칸의 중흥 시기에 해당된다. 이 시기를 지나 왕조가 쇄락기에 접어들면서 1636년 내몽골이 청나라 지배에 들어간다. 1691년 동북부 할르크 몽골이, 1755년에 서쪽 바롱 몽골이 청나라 지배에 들어가면서 극도의 혼란 시기를 거치게 된다. 곧, 중세 봉건 왕조의 부침(浮沈)의 시기이며, 왕조 몰락을 분수령으로 근대기로 접어들게 된다. 몽골의 근대기의 특성은 나라 밖으로는 반청운동을 전개하는 시기이며, 안으로는 봉건 왕조가 내부의 부태 요인으로 몰락하는 내우외환(內憂外患)의 환경이다.

현대문학 시기는 1905년 아르따야유수의 독립운동을 시작으로 1910년 러일 조약을 통해 독립의 여건이 조성되는 때다. 1911년 몽골 귀족 세력이 무너지고 몽골이 독립을 선언함으로써 본격적인 현대문학 시기에 접어들게 된다.

요컨대, 몽골문학사는 대략 구전문학시기와 기록문학 시기에 따라 고대와 중세로 나누고 있다. 어쩔 수 없이 왕조 중심으로 시기를 나누게 되며, 봉건 시대 붕괴와 함께 근대화로의 이행 과정을 겪는다. 근대에서 현대로의 전환 역시 한국문학의 경우와 비슷하다. 안으로는 봉건 계급 타파와 같은 전근대성 철폐 문제와 외적 요인에 의한 현대성 쟁취라는 이중 과제를 동시에 수

행해야 하는 고투의 과정이라는 점에서 그렇다. 사회주의 붕괴에 따른 새로운 자본주의 도입은 개인의 표현의 자유를 넓히는 획기적인 사건으로 보고 있다.

2. 몽골 현대문학의 흐름

현대문학의 기점에 대해서는 학자마다 견해가 차이가 있지만, 이는 사회주의 출발을 기점(1921)으로 보려는 견해와 혁명 태동기(1910)를 기점으로 보는 견해 차이에 지나지 않는다. 이 두 견해를 보편적으로 수용하여 여명기(1900-1920)를 앞에 두는 것이 보편적인 분류이기도 하다. 이는 뒷날 몽골의 사회주의 혁명과 1986년에 일어난 러시아 페레스트로이카의 영향으로 가장 먼저 사회주의 체제를 붕괴시킨 역사 과정을 보면 몽골이 주체적 역사 과정을 지닌다는 특징과 연관이 된다. 이는 곧 몽골 현대문학의 한 특징이다. 이를 바탕으로 시대를 정리하면 다음과 같다.

1) 현대문학의 여명기(1900-1920)
2) 현대문학의 태동기(1921-1936)
3) 현대문학의 혼란기(1937-1939)
4) 전쟁시대의 문학(1940-1948)
5) 현대문학의 성장기(1949-1990)
6) 현대문학의 전환기(1990-2005 현재)

1) 현대문학의 여명기(1900-1920)
몽골의 현대문학 출발점은 1905년 아르따야유슈를 정점으로 하는 독립운동 시기와 러시아와 일본 사이에 맺어진 조약이 무너진 1910년으로 설정하고 있다. 이듬해인 1911년에 몽골 독립을 주도하던 지식인들에 의해 독립이 선언되는데, 이 시기를 몽골 현대문학의 출발점으로 삼는다. 이러한 의도는 현대문학의 출발을 사회주의 혁명에서 찾으려는 의도로 보인다.

이 시기 몽골 사회는 국내외적으로 혼란스러웠다. 청나라 및 몽골 지배계층들의 억압이 거세지자 이에 저항하는 민중들의 크고 작은 저항 운동이 빈번하게 일어난다. 아말사나(Amarsanaa), 친군잡(CHingunjav)과 같은 독립 운동의 대표적인 인물을 비롯하여, 악덕 부르주아의 재물을 탈취하여 빈민들에게 나누어주고, 민중을 권익을 위해 싸우는 "생 에르(좋은 남자)"와 정의로운 지도자들이 등장하게 된다. 민중들 사이에는 이런 독립 운동가들의 영웅담을 기리는 민요와 서사시가 입에서 입으로 전승되었는데, 이 시대의 문학이 고대의 영웅담과 서사시에 깊은 뿌리를 두고 있다는 특징을 보여준다.

한편 이때까지 전성기를 구가하던 불교문학이 쇠퇴하고 그 빈자리에 민중문학이 중심을 이루었다. 이 밖에 이 시기에는 고대 동양 철학에 바탕을 둔 문학 개론서와 중국, 인도, 티베트의 번역서들이 앞 다투어 출간되었다.

2) 현대문학의 태동기(1921-1936)

1921년 7월 11일 외몽골이 독립을 선포하고 나서 1924년 11월 26일 사회주의 국가 체제인 몽골인민공화국을 성립시켰다. 본격적인 사회주의 문학 시대를 맞이하게 된 것이다. 이 시기의 작품들은 온전히 사회주의적 관념에 충실한 문학으로, 사회주의 혁명을 찬양하고 인민군과 혁명당의 영광을 예찬한 혁명가의 전성시대를 이루었다.

3) 현대문학의 혼란기(1937-1939)

인민혁명 시기를 포함한 문학 혁신 시기로, 사회주의에 대한 변혁으로 시대의 특징을 정리할 수 있다. 즉 1937년부터 1939년에 이르는 시기에 사회주의 체제에 저항 세력으로 남아 있던 반사회주의의 인물을 청산하게 된다.

수많은 지식인들과 라마교 스님들을 혁명 반역자로 내 몰아 일대 숙청 사건이 자행되었다. 기록에 따르면, 27,585명이 인민재판에 회부되어 20,099명이 처형되고 5,739명이 투옥되었다. 당시에는 '갈등 없는 사회주의'라는 구호를 내세워, 모든 것을 사회주의자들이 정해 놓은 틀에 맞춘 정화작업이 진행되었던 것이다. 이렇게, 자유를 억압한 사회주의 리얼리즘의 문학 시기를 긴 암흑기로 보기도 한다.

4) 전쟁시대의 문학(1940-1948)

1939년 5월부터 9월까지 일본이 외몽골을 점령할 목적으로 할흐골 전쟁을 일으켰으나 주코프가 이끄는 러·몽 연합군에게 패해 그들의 기도가 좌절되었다. 이어 1941년부터 제2차 세계대전이 벌어졌는데, 이 시기 몽골 현대문학의 특징을 '남의 아픔을 자신의 아픔으로 자각하는 것'으로 보기도 했다. 이 시기의 문학 작품의 주된 내용은 (1) 독일과 일본군과의 전투에서 몽·러 군대가 어떻게 싸웠는지에 대한 묘사 (2) 국민들의 후원 및 이에 대한 예찬 (3) 몽·러 군대 간의 우호적 관계 등이다. 즉, '관념적인 사회주의 문학 틀'에서 크게 벗어나지 않았다. 따라서 작품의 줄거리가 단순하고, 인물에 대한 묘사가 영웅적으로 과장되거나, 전형적인 인물 유형이 많다는 비판을 받기도 한다.

여기에 각별히 1948년에 제1회 몽골 문인대회가 개최되면서 당시 몽골 문학의 현실문제와 전망에 대한 논쟁이 활발하게 이루어졌다. 이 문인 대회를 계기로 <TSog(속)>이라는 문학잡지가 창간된 것은 의미 있는 일 중 하나다.

이 시대의 문학은 몽골 문학의 장르를 확장시켰다는 긍정적인 성과를 들기도 한다.

5) 현대문학의 성장기(1949-1990)

이 시기는 사회주의 건설을 위한 투쟁기의 문학적 특징과 아울러 사회주의 체제의 모순에 대한 자각을 비롯한 문학론 관련 논쟁이 활발하게 진행되었다는 점을 특징으로 요약할 수 있다. 따라서 전반에는 '갈등 없는 혁명기'에 대한 자각과 이에 따르는 문제에 대한 논쟁이 활발하게 진행되었고, 1950년 후반부터 문학에 일대 변화가 일어나게 된다. 먼저 서정적이고 애틋한 단편소설이 나왔을 뿐만 아니라, 중편소설에서는 인물들의 일상생활과 심리 상태를 표현하였고, 1960년대부터는 장편소설의 시대가 열리게 된다. 장편소설에서는 로도이담바(Lodoidamba.CH)의 <맑은 타미르강(Tungalag Tamir>(1959)과 같은 사회·역사적 배경으로, 민중들의 자유분방하고 행복한 삶에 대한 갈망을 담고 있다는 데 획기적인 문학적 의의가 있다. 이런 장편소설의 흐름은 1980년대까지 지속 되었다. 이 시기를 리얼리즘 장편소설의 전성기로 보기도 한다.

6) 현대문학의 전환기(1990-2005현재)

이 시기의 특징은 개혁과 인본주의와 민주주의 문학으로 요약할 수 있다. 1986년에 일어난 러시아 페레스트로이카의 영향으로 1989~90년에 몽골에서는 개혁의 바람이 사회 전체를 흔들었다. 급기야 1992년 1월에 몽골인민공화국이 무너지는 등 사회 모든 분야에 걸쳐 변화와 개혁이 일어났다. 몽골의 현대사 중 가장 큰 특징은 사회주의를 가장 먼저 선택하고 또한 가장 먼저 사회주의를 포기하는 자주적인 역사를 지녔다는 점이다. 이 같은 변화는 문학계에 고스란히 반영되어 변혁과 전통 회복이라는 두 극단의 움직임으로 나타나게 되고, 진정한 인간주의에 바탕을 둔 인류 보편적인 자유문학 세계가 펼쳐지게 된다.

3. 작품 해설

여기에 실린 16편의 몽골 단편소설은 몽골 사회의 시대적 격변 정황이 직접 반영되기보다는 대체로 은유되고 있다는 특징을 들 수 있다. 물론 사회주의 체제 문학의 특징인 공동 집단의 삶의 가치를 우선에 둔다는 특징에서 벗어나 개인의 삶에 천착하고 있다는 사실만으로도 나름대로 시대 반영이라 할 수 있지만, 현실에 대한 적극적인 대응에 한계를 보이는 관념적인 작품들이 많다.

1)「스님의 눈물」(데.나착도르즈 / 1906~1937))

데.나착도르즈는 1906년에 투브아이막(道)의 에르덴솜(郡)에서 태어났다. 어린 시절에는 가정에서 교육을 받았고, 성장기에는 러시아와 독일에 유학했다. 오늘날 몽골문인협회의 전신인 몽골현대문인협회를 창설한 나착도르즈는 18세인 1924년부터 1937년 사망할 때까지 13년이라는 비교적 짧은 시기에 소설, 시, 오페라, 극본 등 여러 문학 장르를 넘나드는 왕성한 작품 활동을 했다. 여기에 소개된 「스님의 눈물」은 대표작이며, 이에 버금가는 소설 「어두운 바위」가 있다. 시에는 「사 계절」, 「우리 고향」이 있고, 삼각관계의 사랑을 내용으로 한 오페라 「오치르타이의 세 사람」이 있다. 그의 많은 작품이 러시아어와 독일어로 번역 소개되었다. 나착도르즈는 31세라는 비교적 짧은 생애를 살았으나 곤고한 삶을 살았다. 뚜렷한 이유 없이 두 번이나 구속된 것이 그의 험난한 삶의 과정을 잘 보여주고 있다.

「스님의 눈물」은 스님이 여자의 유혹에 빠져 육체 관계를 맺으면서 겪게 되는 정신적 갈등을 해학적으로 다루고 있으며, 파계(破戒)의 혹독한 대가를 치른다는 비극적인 소설이다. 이는 당시 사회에 팽배해 있던 종교의 문제점을 풍자 수법으로 묘사하여 인간의 본성과 모순을 동시에 보여준 작품으로 평가 받고 있다.

2)「벌거벗은 초상화」(체렝톨가 투멩바야르 / 1959~   )

체렝톨가 투멩바야르는 1959년 울란바타르 시에서 태어났다. 26세인 1985년에 「제비 날개」를 발표하면서 창작 활동을 시작했다. 『언덕의 속삭임』, 『무당』, 『점칠 때 나온 늑대』 등의 단편소설집을 출간 했으며, 단편소설 「오트깅 치멕」은 '몽골문인협회 상'을 수상하기도 했다. 시나리오로는 「하얀 모유(母乳)의 전설」, 「하늘의 뜻을 따라」등이 있으며, 발레 대본으로 「점쟁이가 말한 늑대」가 있다.

「벌거벗은 초상화」는 1998년에 씌어진 작품인데, 자유분방한 직업인 누드모델의 복잡한 심리를 해학적으로 그려 보인 소설이다. 특히 섬세한 내면묘사를 통해 출세를 지향하는 남녀의 엇갈린 욕망과 좌절의 과정을 보여주고 있다.

3) 「원한」 (달하아 노르브 / 1951~   )

달하아 노르브는 1951년에 고비알타이아이막(道) 보가트솜(郡)에서 태어났다. 1967년에 의학전문대학, 1983년에 몽골국립대를 졸업했다. 1975년부터 창작활동을 시작하였으며 「영원한 파란 뫼」, 「꽃 피는 석 달」, 「금강복드산 뒷덜미」, 「산의 파란 그림자」 등 수십 편의 장·단편소설을 발표하였고, 희곡과 시나리오를 창작하기도 하였다. '몽골문인협회 상'과 '나착도르즈 상' 수상으로 몽골에서 널리 알려진 작가에 속한다.

「원한」은 주인의 죽음 뒤에 벌이는 남녀의 무절제한 애정행각을 보여주고 있다. 이런 애정의 삼각 구도 안에 끼어든 전 주인을 그리워하는 개와, 이런 개의 죽음을 통해 애정의 파탄을 상징화하고 있다. 개를 향한 인간의 미묘한 심리와 정황을 사실주의적 기법을 통해 보여주고 있으며, 몽골 현대소설의 특성을 보여주고 있다.

4) 「바바」 (체.도르즈고톱 / 1940~   )

체.도르즈고톱은 1940년 아르항가이 아이막(道) 하사이아트솜(郡)에서 태어났다. 러시아 모스크바 언론대학교를 졸업했다. 몽골의 대표적인 우화작가로 알려졌다. 그의 작품으로 「횡령 아이」, 「말하는 공책」 등을 발표하여 나착도르즈 상을 수상했다.

역시 우화 소설 「바바」는 힘이 센 '바바'라는 상징적인 원시인을 통하여 인간의 오만과 카리스마를 희화적으로 고발하고 있다. 이 소설은 권력과 폭력의 비극성을 동시에 고발하는 이중적인 구조를 지닌다. 따라서 몽골 고유의 정서보다 인간의 보편적인 심리를 묘사한 작품으로 평가되고 있다. 이 작품은 러시아어, 불가리어와 영어로 번역되어 널리 소개되었다.

5) 「나루터」 (달하아 노르브 / 1951~   )
「나루터」는 1982년에 씌어진 작품으로, 앞에 소개된 달하아 노르브의 작품이다.

바보스러울 만큼 순박한 뱃사공 '햄치그'(지방 관리의 말에 의하면 약간 머리가 돈 사람이다)가 이 소설의 주인공이다. 햄치그가 만나는 사람은 도시에서 나온 관리나 학생들, 그리고 지역 관리를 빼면 그의 눈에는 모두 '좋은 사람들'이다. 그러나 독자들의 눈을 통해 인지되는 인물들은 주인공 '햄치그'를 빼고 모두 권위적이고 이율배반적인 인물들이다. 이를 작가가 이 소설을 통해 보여주려는 '의도'라고 본다면 사회주의 체제에 속한 관료들의 권위적이고 나태한 모습을 고발하려는 의도가 숨겨져 있다는 점에서 풍자소설이다. 그러나 이런 작가의 의도는 은유되어 '엿보일' 뿐이다.

6) 「샤르 허브의 아지랑이」 (더르즈접드 엥흐벌드 / 1959~   )
더르즈접드 엥흐벌드는 1959년 울란바타르에서 태어나 1985년 기술대학교를 졸업했다. 1980년에 「민달 꽃이 다시 핀다」라는 단편소설을 발표하면서 창작 활동을 시작했다. 「오트킹 치멕」이라는 소설로 '단편소설 대회'에서 몇 차례 특상을 받았으며, 1992년에 '세르오드 상'을 받았고 연이어 '몽골문인협회 상'을 받았다.

「샤르 허브의 아지랑이」는 낙타와 더불어 살아가는 고독한 여인의 사랑과 건강한 삶이 초원을 배경으로 전개된다. 몽골 소설적 특성을 잘 보여주는 작품이다.

7) 「연인의 나무 칼」 (다쉬도오롭 / 1935~ ?)

「연인의 나무 칼」의 저자인 다쉬도오롭은 1935년에 동드고비아이막(道) 델게르항가이솜(郡)에서 태어나 모스크바 고리키 문학대학교를 졸업했다. 17 세인 1952년부터 창작 활동을 시작하여 「영리한 어린이들」, 「초원에 뜬 무지개」, 「고비 찬양」, 「몽골」, 「고향 언덕」 등의 시와 「고비의 웅두르」, 「노래하는 홍고르 산맥」 등의 소설이 있으며, 「세 친구」, 「일식 된 해」, 「모두의 엄마」, 「흐린 날씨는 개일 겁니다」, 「초원의 메아리」 등 시나리오·희곡·오페라 대본을 창작하여 여러 장르를 넘나들며 왕성한 작품 활동을 했다. 몽골 문단의 권위를 인정하는 '나착도르즈 상'을 수상했다.

「연인의 나무 칼」은 몽골 민족의 생활 방식과 몽골 문화를 잘 보여주는 작품이다. 몽골에 서양문화가 처음으로 도입되면서 겪는 시기의 해프닝을 호기심어린 순진한 시골 어린이의 눈을 통해 해학적으로 묘사하고 있다.

「연인의 나무 칼」은 세 가지의 문제로 요약된다. 첫째는 부도덕한 부르주아 계급을 풍자한다. 주인공인 나와 이웃집 여자친구 사란과 소꿉놀이를 즐기는데, 나는 부잣집 주인의 아들이면서 솜(郡)의 국영점포 사장을 흉내 내고 사란은 제일 부자라 할 수 있는 남닥 부인의 흉내를 내면서 부르주아 계급을 비판한다. 둘째는 프롤레타리아 혁명 선전이다. '빨간 깃발을 휘날리며' 들어온 이동 극단 '아이막 예술단(도립극단)'의 공연을 통해 프롤레타리아 혁명 전사들의 활약을 보여준다. 세 번째는 문명 충돌 문제이다. 하얀 영사막에 비친 '전차나 말과 사람들이 흰 천에서 떨어지지 않고 붙어 싸울 수 있는' 영화를 신기하게 여기는 시골 아이들의 천진난만한 눈이다.

그러나 작가의 문제적 인식이 주제 하나로 집약되기보다 이야기 흐름 안에 혼용되어 흩어져 있을 뿐이다. 따라서 대상에 대한 뚜렷한 적대감이나 갈등이 없다. 그렇지만 몽골 초원을 배경으로 펼쳐지는 서정적인 풍경과 함께 부자와 귀부인의 삶을 동경하는 천진난만한 아이들의 눈을 통해 사회주의 환경에 대한 권태감이 은연중에 드러난다.

8)「걸림돌」(페.바야르사이항 / 1959~   )

페.바야르사이항은 1959년에 자브항아이막(道) 차브할랑트솜(郡)에서 태어나 1982년에 몽골국립대학교를 졸업했다.『아빠가 겨울에 올 겁니다』,『고요한 고향』,『난 빛을 바란다』,『도시의 영감(靈感)』,『넓은 세계』 등의 소설집을 발표했다. 1997부터 2001년까지 몽골문인협회 회장을 역임했다.

「걸림돌」은 1980년대부터 몽골에서 불기 시작한 개혁 바람을 가장 사실적으로 그려 낸 작품으로, '관료'들의 무기력하고 게으른 모습과 부도덕한 행위를 비아냥거리면서, 나태한 관료가 결국 이 '사회 발전의 걸림돌'이라는 사실을 리얼하게 표현한 소설이다. 소설의 사건 구조로 보나 문학적 성취로 보나 단연 돋보이는 작품이다.

이 소설은 주 인물인 임업협동조합장 바리드가 언 강을 두고 굳이 먼 낡은 나무다리를 건너 출근하는 길에서 만나는 사건을 순차적으로 기록한 일종의 세태소설이다. 바리드가 만나는 인물은 다음과 같다. 우체부로 일하다 월급이 적다는 이유로 갑자기 임업협동조합의 목수 일을 하는 고처(결국 술 먹고 오토바이를 타다가 나무다리 난간을 들이받고 강물에 빠져 죽었다)에 대한 회상, 아이들에게 학교에 늦게 간다고 잔소리하는 같은 임업협동조합 직원 아릴드, 주정뱅이 의사 더터브의 후임으로 온 처녀 의사 토야, 빵집에서 일하면서 10명이나 되는 자식들을 먹여 살리기 위해 빵을 빼돌리는 영양기사 바다르치, 도청에서 밀가루를 싣고 나온 별로 할 일이 뚜렷하지 않은 운전사, 하나뿐인 아들이 살 집에 나무 가구를 값싸게 들여 놓으려고 조합장 바리드를 조르는 경비원 늙은이, 십 년 넘도록 군청에서 무위도식하다 쫓겨난 주정뱅이 의사 거터브 등이다. 이들은 모두 사회 개혁에 '걸림돌'이 되는 인물이지만 오직 처녀 의사 토야와 임업협동조합 직원 아릴드만이 궁

정적인 인물이다. 패기 넘치는 처녀 의사 토야는 부임하자마자 호텔, 군청, 임업협동조합, 학교, 유치원, 사우나를 검사하여 그곳 담당자들에게 벌금을 물게 하여 정체되어 있던 군 소재지 사람들을 발칵 뒤집어 놓는다. 작가는 이 사건을 통해 개혁의 필요성을 낮지만 강하게 웅변하고 있다. 실제로 몇 해 뒤에 몽골의 사회주의 체제가 붕괴되었다.

9) 「욕심이 지나치면」 (베.도그밋 / 1945~   )

베.도그밋은 1945년에 도른고비아이막(道) 알탕시레솜(郡)에서 태어났다. 회계전문대를 거쳐 몽골국립대 국어국문학과를 졸업했다. 1993년에 '몽골 정부 상'을 수상했으며 『야생마 홀랑』, 『파랗게 보이는』, 『삶의 운명』 등 장·단편 소설집 10여 권을 발표했다. 「잔인한 호닥트의 수호신」이라는 시나리오를 창작했으며, 이 영화는 미국 국제 영화제에서 우수상을 받았다.

「욕심이 지나치면」은 쫓기는 탈옥수가 늑대의 위협과 추위 때문에 삶과 죽음의 경계를 넘나들면서 겪는 정신적 고통을 다룬 작품이다. 죽음을 눈앞에 두고도 물질적 욕심을 버리지 못하는 인간의 탐욕 문제를 상징적으로 보여주고 있다.

10) 「아직 해가 지지 않았다」 (페.롭상체렌/ ?~1972)

페.롭상체렌은 1960년대 몽골의 대표적인 작가 중의 한 사람이다. 「봄새들」, 「아직 해가 지지 않았다」, 「노람트의 앞에서」 등의 단편소설은 몽골 문학에서 중심적인 위치를 차지한다. 수의사와 기자 생활을 했다.

「아직 해가 지지 않았다」는 1960년 초에 발표되었는데 부부간의 갈등을 통해 가치 있는 삶이 무엇인지를 보여주고 있다. 삶에 권태를 느낀 여자는 도에서 주관하는 '공동 건초 생산 작업'에 참가하여 즐거운 공동 작업을 통해 자신을 찾는다는 일종의 계몽소설이다. 이는 사회주의 관념 소설의 한 전형을 보여준다.

11) 「땅거미가 내릴 무렵」(데.바트바야르 / 1941~   )

데.바트바야르는 1941년에 동드고비 아이막(道) 델게르항가이솜(郡)에서 출생했다. 1966년에 몽골국립대학교를 졸업했고, 1963년부터 창작활동을 시작했다. 「영원한 텡게르의 세력 안에서」라는 시나리오 공동 작가이자 「두신 지르밍네」, 「빛」, 「초록 사원의 그림자」, 「사랑을 사랑해라」 등의 희곡, 「높이 단 깃발」이라는 역사소설을 비롯하여, 『행복한 말(馬) 여덟 마리』(1974), 『금방지』(1979), 『새는 행복하다』, 『뛰어 달린 노루』(1984), 『다가오는 기쁨의 직감(直感)』(1990), 「연인의 보호신」(2001) 등 꾸준히 많은 소설집을 발표했다.

「땅거미가 내릴 무렵」은 사람의 벼슬아치의 아부와 권력에 대한 욕망을 풍자 수법을 통해 보여주고 있다. 귀족이 처음 보는 바퀴벌레를 신기해하면서 이를 통해 출세하려는 어리석음은 관료의 행동을 우화적이고 익살스럽게 표현하고 있다. 이 작품으로 '몽골 정부 상'을 받았으며 뒷날 러시아어 및 영어로 번역되었다.

12) 「악마 더의 마지막 꿈」 (베.린칭 / 1905~1977)

베.린칭은 1905년에 태어났다. 몽골 현대문학 창시자 중 한사람이다. 대표작으로 「새벽빛」, 「코끼리가 젊었을 때」 등 소설을 들 수 있고, 「군주(君主)」, 「아노 왕비」, 「비밀이 샌 편지」, 「보니아 낙하산사(落下傘事)」 등 수십 편의 단편소설, 시집 『베르 꽃』을 펴내고, 역사를 소재로 한 시나리오 「척트 타이즈」를 창작했다. 언어학자로 활동하면서 동시에 활발한 연구 활동을 했다.

「악마 더의 마지막 꿈」은 몽골의 <아큐정전>으로 볼 수 있다. 몽골의 왜곡된 역사 전개를 가장 단적으로 표현해 주는 소설이다. 이런 역사적 흐름에 휩쓸리는 어리석은 인물의 행적을 보여준다. '악마 더'는 상가의 수위로, 자신의 옛적 모습을 숨기며 살아가는 인물이다. 죽음이 가까이 다가오면서 과거에 자신이 권력에 아부하며 고문하고 무고하게 죽였던 인물들이 꿈에 나타나면서 비참하게 죽어가는 '악마 더'의 모습을 그리고 있다. 따라서 그의 악몽은 왜곡된 몽골 역사의 한 단면이며, 무고하게 희생된 민중들의 모습이 꿈의 형태를 빌어 고발된다. 1930년 대 '스탈린 시대' 때 몽골 사람들의 생활을 생생하게 묘사하고 있다는 이유로 이 작품은 한때 '반혁명(反革命) 작품'으로 비판을 받기도 했다.

13) 「늙은 늑대가 울었다」(데.남닥 / 1911~ ?)

데.남닥은 1911년 어버르한가이아이막(道) 타락트솜(郡)에서 태어났다. 1929년에 독일에서 유학을 하고 돌아왔다. 대표작으로는 「투쟁」(1934)이 있고, 「새로운 길」, 「사라이 강의 세 왕」(1941), 「오롤마」(1971), 「예감(豫感)」(1979), 「목숨을 잃은 자를 기다리는 사람」 등 수십 편의 장 단편소설을 발표했다. 몽골 정부에서 주최하는 상을 2회나 수상했다. 그의 많은 작품은 여러 나라의 언어로 번역 소개되었다.

「늙은 늑대가 울었다」는 몽골인이 스스로 20세기 몽골 소설 중 가장 빼어난 소설이라고 평가하는, 다른 단편소설에 비해 비교적 긴 소설이다. 이 소설은 1960년 대 중반에 창작되었으나 20여 년 동안 발표가 금지되었다. 그 이유는 상징주의(象徵主義)적인 스타일로 사회주의(社會主義) 체제를 비판했다는 것이다. 그러나 동물 세계의 생존 법칙인 약육강식(弱肉强食)의 운명을 타고 난 늑대의 투쟁을 우화적으로 표현할 뿐, 사회주의 체제를 비판하거나 자본주의 체제를 옹호하는 내용으로 보기는 아무래도 무리가 있어 보인다. 이 소설은 몽골 고유의 특성을 보여주는데, 늑대를 통해서 인간의 사회적인 문제를 고발하려 하기보다는 인간과 자연(늑대)과의 화해를 보여준다.

이 소설은 표면적으로 늑대의 본능적인 삶을 중심에 두고 있지만 특히 몽골 민족의 삶에 깊은 상징성을 부여하고 있다. 늑대의 싸움 규칙이나 암컷에 대한 보호, 즉 종족을 번식을 위해 질서를 중시하고 있다는 점에서 그렇다.

14) 「불행한 사랑」 (게.아유르자나 / 1970~   )

게.아유르자나는 1970년에 바양홍고르아이막(道)에서 태어났다. 1994년 러시아 모스크바시 고리키 문학대학교를 졸업했다. 『미성년(未成年) 시』(1995), 『유일한 밝은 잎』(1995), 『세월이 쉴 순간에』, 『남자의 마음』, 『철학(哲學) 시』(2001) 등의 시집과 「눈의 소설」, 「누워 있어야 하는 사람」, 「마술 아지랑이」(2003) 등의 소설을 연이어 발표했다. 2002년 몽골 문인협회 우수작품상인 '금 깃털' 상을 받았다.

「불행한 사랑」은 2001년에 발표한 「사랑이 없는 세상의 블루스」라는 포스트모더니즘 연작소설 중의 한 편이다. 이 소설은 젊은 남녀가 겪게 되는 사랑과 권태를 현대 도시를 배경으로 보여주고 있다. 비교적 내면의 갈등을 중심으로 전개된다는 점에서 현대 소설적 기법에 충실한 '도시 소설'이다.

15) 「솔롱고」 (체.로도이담바 / 1917~1970)

체.로도이담바는 1917년에 고비알타이 아이막(道) 타이시르솜(郡)에서 태어났다. 대표작 「모자 쓴 늑대」(1945)를 비롯하여 「솔롱고」, 「부러지지 않은 기둥」, 「촐론」, 「한 방울 눈물이 뭘 말하는가」 등 많은 작품을 통해 몽골 현대 단편소설이 한 단계 발전하는데 기여 했다고 평가한다. 장편소설로는 「우리 학교네」와 「알타이에서」, 「맑은 타미르 강」을 그의 대표작으로 꼽는다. 특히 장편소설 「맑은 타미르 강」은 1954부터 1967년에 이르기까지 13년에 걸쳐 창작했으며, 러시아어, 불가리어, 베트남어, 독일어, 코바어, 일본어, 이스라엘어 등 20여 나라의 언어로 번역 소개되었다.

「솔롱고」는 몽골인들의 생활상이 섬세하게 드러나는 사실주의 기법의 소설이다. 초원을 배경으로 젊은이들의 무지개처럼 아름다운 사랑이 곱게 펼쳐진다.

16) 「노람트의 앞에서」 (페.롭상체렌/ ?~1972)

이 작품은 1960년에 발표되었다. 독거노인, 그리고 그 노인이 안고 있는 현실적인 고뇌와 행복을 형상화했다. 몽골인들이 기대어 사는 자연과 풍속이 잘 드러난 소설이며, 전형적인 사회주의 시대 몽골인들의 삶을 보여주고 있다.

이른바 개방이나 개혁이라는 이름으로 진행되어 온 세계사적 흐름은 지금도 진행형이다. 한때 악덕부르주아 세력에 대항하여 인류의 지상낙원을 건설하겠다는 꿈을 지닌 리얼리즘 신봉자들은 사회주의 국가를 건설하였고, 불과 한 세기를 채우지 못하고 붕괴되었다. 동서 긴장이 사라진 빈 자리는 결국 미국을 중심으로 한 상업주의 문화가 자리잡아가고 있다. 이에 따라 미국 중심의 상업주의 문화가 새로운 문화제국의 위세를 떨치고 있으며, 각 나라의 특성과 창조성의 벽이 허물어지고 획일화되어가고 있다. 이 같은 잘못된 세계화에 저항하고 좀 더 바람직한 세계문화 창조의 대열에 합류하기 위해서라도 나라마다 고유 문학 정립 문제가 절실하게 대두되고 있다. 역설적으로 민족 간의 문학 교류 역시 강조되고 있다. 이런 의미에서 이 <몽골현대단편소설선『샤르 허브의 아지랑이』는 나름대로 의미를 지닌다고 할 수 있다.

몽골 현대단편소설선 1

샤르 허브의 아지랑이

등 록 1994.7.1 제1-1071
인 쇄 2006년 7월 20일
발 행 2006년 7월 25일
지은이 더르즈접드 행흐벌드 외
  역   난딩쩨쩨그와 정용환 외
편 저 채길순 / 한국몽골문학연구회
펴낸이 박길수
펴낸곳 도서출판 모시는 사람들
       110-775/서울시 종로구 경운동 88 수운회관 1303호
       전화 735-7173, 737-7173 / 팩스 730-7173

값은 뒷표지에 있습니다.

ISBN 89-90699-40-1
(세트) 89-90699-01-0